まえがき

「光陰矢のごとし」というように月日の経つのは早いものである。第二次世界大戦が終結して早くも六十六年を経た。わが国の昭和という年号が平成になってからも二十三年も経ている。

　この「昭和わたしの証言」も今回で三冊目となってしまった。多くの友人知己が筆を起こして執筆、歴史書に書かれていない知られざる昭和の出来事をも執筆、後世に残る記録ともいえる文を寄せていただいた。

　昭和という年号は史上初めて六十年間ほど刻んだが初めの二十年間は戦雲たなびく「欲しがりません勝つまでは」の時代であった。しかし日本は二十年八月十五日に無条件降伏、連合国に六年間も支配されたが講和条約によって以降、五十数年平和を守り続けている。

　昨今、世は電脳の発達により自由、平等、便利な社会が続いているが反面、わがままな傾向が一層強くなり親切、孝行、優しさといった風潮が消えつつある。

　吉田松陰の辞世の和歌のように「親思う心に勝る親心」といった孝行というのも希薄になっている。古代中国の古典にあるように「三枝《さんし》の礼《れい》」という長幼の序も希薄になっていて礼節など「どこ吹く風」といった昨今である。三枝の礼というのは子鳩は枝に留まるとき常に親鳥より下の枝に留まるということからの出た言葉である。

　昭和初期の不便な時代に幼、少年期を送ったこのシリーズを今回執筆した人々はみんな「欲しがりません」の時代を生きてきた人々であり、その証言は後世に伝えたい生の証言であろう。

　各人の昭和の記録はぜひとも後世に伝えたいと思う。各人の書いた証言はまさに「昭和の歴史」といえよう。わたしの企画、出版した「昭和の忘れ草」全四巻と共に

たい。

三年晩冬

執筆者代表　津森　明

目次

昭和の思い出

雨宮　惠二

わたしは昭和五年生まれである。長野県伊那市が出生の地。翌昭和六年に満州事変が始まり翌七年には上海事変が起こる。日本の所謂十五年戦争の体制が昭和二十年まで続く中で、そこにどっぷり浸かって青少年期の成長をなした典型的な軍国少年の一人であった。八十歳を超えて老耄著しく記憶も定かならぬものもあるが、わたしの心の中に今もある思い出の二、三をここに記してみたいと思う。

(一)

幼少の頃歌ったのは「ボクハ　グンジンダイスキヨ　イマニオオキクナッタナラ　クンショウツケテ　ケンサゲテ　オウマニノッテ　ハイドウドウ」また「テッポウカツイダヘイタイサン　アシナミソロエテアルイテル　トットコトットコアルイテル　ヘイタイサンハイサマシイ　ヘイタイサンハダイスキダ」と正に軍人志向、兵隊賛美の軍国調の童謡（?）であった。小学一年生になれば、よく知られている「サイタ　サイタ　サクラガサイタ」の国語読本、第二課は「コイ　コイ　シロコイ」、第三課で早速「ススメ　ススメ　ヘイタイ　ススメ」とストレートに軍国礼賛の調子が出てくる始末。修身の時間も「キグチコヘイハ　シンデモ　ラッパヲ　クチカラハナシマセンデシタ」という話などを教えられながら、一年坊主の時から軍国教育をたたき込まれた。

少年期に歌った軍歌（?）は、たとえば

天に代わりて不義を撃つ
忠勇無双のわが兵は
歓呼の声に送られて
今ぞ出で立つ父母の国
勝たずば生きて帰らじと
誓う心の勇ましさ

「天に代わりて不義を撃つ」とはよくも言ったものだ。軍拡・侵略の戦争もこのように美化されていた。また

勝ってくるぞと勇ましく
誓って国を出たからは
手柄立てずに死なりょうか
進軍ラッパ聞く度に
目蓋に浮かぶ旗の波

弾丸《たま》も戦車《タンク》も銃剣も
しばし露営の草枕
夢に出てきた父上に
死んで帰れと励まされ
覚めて睨むは敵の空

夢の中とは言え自分の子供に「死んで帰れ」などと語ることの不条理。戦争はこうした歌を少年たちにも平気で歌わせる素地を巧みに造ってしまうのだから恐ろしい。

この軍国教育の集大成は「教育勅語」であった。四大節の式典では必ずこの勅語が奉読された。また修身の時間には冒頭クラス全員で教育勅語の奉読がなされるのが常であった。勿論、小学低学年で教育勅語の全文暗記は必修であった。（八十路の今も諳んずることが出来る）。その勅語に出てくる徳目は一見首肯出来るのである。「父母に孝に、兄弟に友に、夫婦相和し、朋友相信じ、恭倹己を持し、博愛衆に及ぼし、学を修め業を習い、以て知能を啓発し、徳器を成就し進んで公益を広め…」と続く。正に古今に通じて謬らず、中外に施して悖らぬものである。しかし、その徳目の最後に「一旦緩急アレバ義勇公に奉ジ、以テ天壌無窮の皇運を扶翼スベシ」とあるのである。言うならば一旦緩急ある時には、天皇のために、国家のために命を捧げ、死ね、ということが当時の徳目の究極目標であったのだ。どんな時にも「天皇陛下万歳」と叫んで、莞爾として死んでいける人間の形成がこの勅語の意図するところであり、戦中の教育の唯一絶対の目標だったのである。今ではとても考えられないことだが、当時は極めて真面目に厳格にこのような教育が実践されており、我々少年の心はその教育によって完全に「洗脳」され切っていたのである。NHKで放映された朝ドラ「おひさま」の中でも戦時中の教育情況が出てくるが、あれではまだ生温い。当時の教育はもっともっと厳しかったのである。

わたしが一年生のある日、校庭に於ける朝礼の時（わたしが通っていた小学校は全員裸足だった）わたしがちょっと私語しているのを見咎めた隣のクラスの教師が後からやってきて、いきなりわたしの裸足の踵を革靴で蹴飛ばしたのである。足払いを食った格好でわたしは転倒した。朝礼後、痛む踵を見ると、何と踵の厚い皮がべろっと剥けているではないか。小学校一年生なんてまだ幼児のようなものである。だが担任もその教師もわたしを医務室につれていくことさえしなかった。帰宅まで放置であった。少国民は朝礼の時に私語などしてはいけなかったのだ。そして軍国少年はただ我慢だったのである。母は泣いた。今だったら教師の暴力行為で大問題になるのであろうが…。

こんなこともあった。小学生中学年の頃であったか、今日は講演会があるということで、全学年講堂に集まった。何と講師は町の在郷軍人会長のA少佐である。校長の挨拶に引き続いてA少佐の講演（子供にもわかる易しいお話、それが曲者ではあったのだが）が始まった。支那事変（当時の呼称をあえてそのまま使う）に参戦した体験などをユーモアを交えて結構長時間語られた。そしてその最後には腰の日本刀を引き抜いて振りかざし、「これでチャンコロ（この蔑称を使いたくないが、敢えてここに出す）を何十人も斬ったんだぞ！」と誇らしげに叫び、天皇陛下の御為には自分の命をも捧げて見敵必殺、尽忠報国の誠を致さねばならないのだ、とその講演を結んだのである。我ら少国民の心が「撃ちてし止まむ」の精神でまたまた昂揚する一日となったのである。これが教育の現場でなされる講演会とは、今の常識ではとても考えられないのだが、戦時中は事実としてあり得たのである。かくして、我らは否応無しに軍国少年として育て上げられていったのである。

それにしても教育というものの恐ろしさを今更ながら痛感させられる。本当に柔軟な青少年たちの更地のような心を冷酷にもいびつに固めてしまう、教育というもののあのデモーニッシュな力、それは平成の時代にも生起する可能性は充分にあるのである。〇〇神話のごとき、正にその一つの例である。世の大勢に流されてはならない。真実ごかしに騙されてはならない。どんなことも二度、三度、四度問い直す執拗さを常に持つべきである。二度と呪わるべきあの時代の再来を招かないためにも…！

（二）

わたしのアルバムの中に、かつての戦時中の一枚の写真がある。モノクロ写真が茶色に変色している。これは当時の海軍飛行予科練習生の訓練風景を撮ったもので、一種のデモ写真であったのかもしれない。（当時はこのような写真を一般人が撮ることは絶対出来ないことであり、カメラを手にうろうろしているとスパイ嫌疑で直ちに逮捕というのが落ちであった。軍事施設にカメラを向けることなど絶対の御法度であった。すべてが軍事秘密。それかあらぬかこの写真にも背景が全く無いのが不気味である）。

赤い血潮の予科練の
　七つボタンは桜に錨
今日も飛ぶ飛ぶ霞が浦にゃ
　でかい希望の雲が湧く

こういう歌に心を燃やされ、希望を抱いた十代の若者たちが全国から志願して予科練に集まったのである。しかし、その訓練は生易しいものではなかった。軍隊教育はまことに厳しく、軍人精神注入棒は容赦なく若者たちの臀部に炸裂し、彼らの心は軍人精神、就中、特攻精神へと弥が上にも昇華変容を遂げていったのである。

当時の海軍の軍人たちが歌っていた歌に次のようなものがある、

貴様と俺とは同期の桜
　同じ○○の庭に咲く
咲いた花なら散るのは覚悟
　見事散ろうよ　国のため

(○○のところに所属の航空隊名を入れて歌うのである)。これは、はっきり言って死の覚悟をなさしめる歌である。今で言えば中学生、高校生の年代の若者が、こうした死を覚悟した歌を歌わなくてはならなかったのである。この写真をよく見ると、予科練生たちのあどけないような笑顔が写っている。だが彼らはそのにこやかな笑顔の奥に「咲いた花なら散るのは覚悟」という死の覚悟を秘めていたのである。この写真の中の若者たちの何人が特攻隊として出撃し散華していったかは不明である。わたしが知っているU海軍航空隊からも、日本の敗色濃厚になった時期になって、数次にわたって特攻隊が出撃した。出撃機総数は百十四機。そして未帰還機九十九機と記録にある。殆どのものが散華したのである。そして、帰還した者は、軍事秘密の守護のためということで、敗戦の日まで社会と隔絶の幽閉の憂き目に遭ったのである。

わたしは、明日特攻隊として出撃する隊員たちがU神宮に最後の参拝に詣でる隊列に何度も出会ったことがある。茶色系の飛行服に身を固め、当時の若者の憧れだった白いマフラーを首に巻き、日本刀を手にしていた。しかし、彼らの表情の殆どが能面のように動かぬ硬いものであったことを今も忘れない。「咲いた花なら散るのは覚悟」と口では一応歌ってみても、心は口ほどに簡単に定まるものではない。明日、自らに襲いかかってくる死と現実的に真向かいになった時、彼らの心は千々に砕けたことであろう。しかも、それを誰に訴えることも相談することも出来ず、ましてや泣くことも叫ぶことも叶わず、ただ軍人精神・大和魂という抽象的な枠の中で格好をつけて耐え、瞑目するしかない彼らだったのである。十七、八歳の青年（少年）である。その顔面が能面の如く硬直するのは当然であったであろう。戦争は、国家が若い青少年たちにこのような非道・非理を押しつけて、敢えてそれを佳しとしてしまう恐ろしいものである。わたしはこの写真を見るたびに、戦争の非情と不条理を深く思わしめられるのである。

（三）

今回の東日本大震災は正に国難と言っていい出来事である。真の復旧、復興が少しでも早く実現していくことを心から祈るものである。この震災救援のために自衛隊が素晴らしい働きをしていることを嬉しく思う。自衛隊が国土防衛隊としての働きにもっと力を入れるべき、と日頃思っているわたしである。今回の自衛隊の働きのために、予備自衛官が招集されたという報道に接した時、わたしは反射的にかつての戦時中、敗色濃厚になった情況下、予備役が召集されていたことを思い出したのである。

昭和二十年春、同じ隣組のKさんに召集令状が来たのである。Kさんは若い頃は重機関銃隊に属していた猛者、

（その雄姿の写真を何度見せてもらったことか）、鬼とでも取っ組むほどの偉丈夫。自営業は安泰であった。だが、当時、Kさんは四十歳をはるかに超えていた。中一を頭に六人の子供がいる子福者であった。召集令状は想定外であった。あの時期の出征は死を意味し、永遠の別れそのものだったのである。生木を裂くような悲劇を家庭の中に引き起こしつつ、男性は戦場へと駆り出されていったのである。

出征の朝である。大勢の市民が駅頭で見送る中、Kさんはしたたかに酔っ払っていた。足元が定まらず、呂律も回らぬほどに。当時歌われていた「出征兵士を送る歌」はこういうものだった。

わが大君に召されたる
　命栄えある朝ぼらけ
称えて送る一億の
　歓呼は高く天を衝く
いざ征け強者《つわもの》　日本男子

華と咲く身の感激を
　戎衣の胸に引き締めて
正義の戦　征くところ
　たれか阻まん　その歩武を
いざ征け強者　日本男子

ここには、出征兵士の栄光と誇りとが高らかに歌われている。だが、その日の朝のKさんの姿には晴れがましさなど微塵も感じられなかった。美人の奥さん、六人の子供たちを残して、どうして素面で戦場へ赴くことができるだろうか。「恵二君、君はU中学の優等生、模範生や、うちの子供たちをたのむぞ」わたしの肩に手を置いて、酒臭い息を吹き掛けながら何度も哀願するように言った。わたしは今もあの言葉を忘れていない。その日のKさんは「強者」ではなく、美人の奥さんの夫、六人の子供たちの父親、一人の生身の人間の素顔を皆の前に曝け出していたのである。当時の堅苦しい常識からすれば「日本男子にあるまじき…」と言われかねないKさんの姿、一種のカリカチュアとも見える様相だった。だが、見送りの市民誰一人としてこれを笑う者はいなかった。みんなKさんの心中が痛いほど分かっていたのである。また変に慰めごとも言えなかった。当時、物分かりのいいような発言は反戦・厭戦思想の持ち主と決め付けられ、しょっぴかれるのが落ちだったのである。日の丸の旗が打ち振られ、万歳の歓呼の声の響動もする中、列車はホームを離れていった。Kさんの耳には万歳も聞こえず、目には日の丸の旗など見えてはいなかったのだと思う。列車の中で酔いが醒めた時のKさんの心中如何許りであったか、正に察するに余りありであった。

このようなケースはKさんに限ったことではなかった筈だ。全国諸所で現れ方は違っても同じような悲劇は起こっていたのだと思う。「日本男子」「大和魂」…当時押しつけられた抽象的な、タテマエの言葉のしがらみの中で、泣くことも抗議することも許されず、アルコールの中に埋没するしかない男の悲しさ。このような無慙を繰り返してはならないとわたしは強く思うのである。

追記のように一筆加えるが、Kさんは敗戦後しばらくして、無事帰還したのである。ご一家と共に隣組一同その生還を喜び、祝杯を挙げたのであった。しかし、その逆のケースが国内にどれだけ多く存在したかを思う時、わたしの心は決して明るくはならないのである。

（四）

わたしは昭和二十年八月の敗戦の日を陸軍兵器廠で迎えた。旧制中学三年生であった。学徒動員されていたのである。

花も蕾の若桜
五尺の命引っ提げて
国の大事に殉ずるは
我ら学徒の面目ぞ
ああ、紅の血は燃える

またまた歌である。歌というものが「洗脳」のために如何に有効であるか、を思わしめられる。

国家総動員法に基づき、昭和十九年の学徒勤労令によって中等学校以上のほぼすべての、生徒学生が軍需工場などに動員されたのである。わたしが派遣されたのは陸軍兵器廠の分廠で軍用機搭載用機関砲の製造が主たる任務であった。その中の二十ミリ機関砲（略称ホ五）の試射班に配属されていた。完成した砲を一門ずつ試射する重要な現場だった。

前年の入廠の日、正に国の大事に殉ずるという昂揚感に溢れていた我らに昼飯が出た。何と赤飯ではないか。陸軍も我らの入廠を祝してくれるのかと喜んだ。だが目の前に出されたのはコーリャン飯であった。当時は食糧難の時代、「銀飯が腹いっぱい食えれば死んでもいい！」と本気で思っていたわれわれ。空腹にまずいもの無し、である。われわれはそれを貪り食った。殆ど全員がその日に下痢をした。何とも悲しいスタートであった。

翌日から早速鑢のかけ方の訓練がはじまった。併せて油砥石の使い方も教えられた。その仕上げのテストとして、鉄の素材で三センチの立方体を作ることを命じられた。班長の検査は厳しい。ノギスで計測、「オシャカ」の烙印が押され、ハンマーで叩き潰されること幾度か、汗と涙の日々であった。

だが、わが班の主たる任務は試射である。試射場は工場のはずれの谷底に作られた半地下壕の中にあった。その射場に機関砲を搬入するのがわれわれの第一の任務であった。谷の上まで荷馬車（字の如く馬が引いていた。時々、工場の中でその馬が小便をし、大きな糞をたれるのである、今ではとても考えられぬこと）で運ばれてきた機関砲を、一門ずつ谷底まで担いでいくのである。十四、五貫はあったであろうその砲は、栄養失調で痩せ細っているわれらには鉛の塊のように思われた。谷底までの道は舗装はされていない。雨の日などぬかるんだ急坂道の登り降りは極めて危険な重労働であった。だが、反抗など出来なかった。文句など言えなかった。しかし、一ヵ月も経たぬうちに、砲一門を一人で担ぐまでになっていった。今思っても、どこからあんな力が湧いてきたのか、全く不思議である。軍国教育の賜物（？）であったのか。

射場には五つの銃眼があり、それぞれに試射台が備えられていた。その試射台に機関砲を設置することも我らの役目であった。技術将校が試射するのを脇で見ているのだ。二十ミリ砲と言えども榴弾曳光弾が使用されていた。銃眼の向こうの闇に描かれる光の条は凄まじいものであった。だが我らを最も悩ませたのは狭い射場を圧する発射の轟音、砲が出す物凄い硝煙とその言い難い悪臭であった。防音用の耳栓など無く、マスク一つ与えられなかった。まことに心身を痛め付けるものであった。今だったら差し詰め「気分が悪くなったから救急車を！」というところだろうが、戦時下に救急車のキの字もあらばこそ…只々耐えるしかなかったのである。

もう一つの任務は発射のための弾帯づくりであった。三十発、五十発の弾丸を手動で繋いで弾帯をつくるのである。あの弾帯の重さは今でも手の感覚としてわたしの中に残っていると同時に、テレビニュースの画面などで外国軍隊の兵士（特に若い少年兵など）の肩にかけられている弾帯などを見ると、かつての日を思い出して体が硬直するのを抑えることが出来ないのである。

当時の勤務状態は一週間交替の日勤・夜勤であった。月月火水木金金の時代である。動員学徒といえども フル夜勤、現在のような夜勤明けの休みなど皆無。正に戦時体制であり、人格も人権も一顧だにされなかった。まことに暗い日々であった。しかし、泣き言は許されない。「国の大事に殉ずるは　我ら学徒の面目ぞ」と、己の心身を打ち叩いて国策に従わせるしかなかったのである。（こんな無理が祟ったのであろう、敗戦後、わたしは結核を発症し一年休学の羽目になった）。

当時、朝鮮半島から連行され、わたしたちの工場に動員されていた方々のことを思うと、今も心が痛むのを禁じ得ないのである。その方々の労苦はわれらの比ではなかった。彼らはいつも最も厳しく、最も危険な現場に追いやられていたことを、わたしははっきりと覚えている。彼らがひそかに歌っていた朝鮮語の悲歌の声は、わたしの耳にははっきりと残っている。

ある朝、作業に一区切りつけて半地下壕の射場から地上に出てみると、上空の様子がいつもと違う。空を仰ぐと、日本軍の戦闘機と西進中の米軍Ｂ29の編隊とが激しく撃ち合っているではないか。かなりの上空であるが、機銃のバリバリいう発射音がはっきり聞こえていた。そのうちに日本の戦闘機の一機がＢ29編隊の先頭機に吸い込まれるように体当たりしていったのである。それは鬼やんまに小さな糸とんぼがぶつかっていくように見えた。Ｂ29はしばらく進行を続けていたが、ゆらりゆらりと揺れ始め、次の瞬間、紅蓮の炎に包まれて墜落。落下傘数個が青空に開き、近くのＨ山に落ちていった。時間にして四、五分ぐらいの出来事だったと思う。

結局、日米両軍の兵士十二人が戦死したのである。平和であれば死ななくてよかった青年たち。ただ戦争という名の下に互いに何の恨みもない青年たちが、あの青空の中で無惨にも刺し違えて散っていったのである。戦争とはそういうものなのだ。因みに今、わたしが住んでいる老人ホームからＨ山が真向かいに見えるのである。わたしは何か因縁のようなものを感ずる。Ｈ山を見るたびに、わたしはかつての日のことを思い起こす。そして散っていった日米の青年たちの慰霊を念じ、平和の祈りを新たにするのである。

わたしたちの工場から二、三キロ離れたところにＵ海軍航空隊があった。先述のようにこの航空隊からも特別攻撃隊が出撃していったのである。ある日、この航空隊がＢ29数十機の猛爆を受けたのである。空を覆う黒雲のようにB29の大編隊は襲いかかってきたのである。我ら軍国少年にとって絶対に負けることがないと信じられていた、あの威容を誇る帝国海軍航空隊が、正に一挙にして壊滅するのをわたしはこの目で見たのである。兵舎は全滅、保有する航空機の殆どを失った。周りの町村を含めてその被害は甚大であり（新聞報道は「わが方の損害軽微」と一行書いてあった）、その惨状は地獄に近いもので、筆舌に尽くし難いものだった。「大和魂さえあれば…」という軍国少年の意気がいささか揺らぐのを感じたのは確かであった。

昭和二十年の八月に入って、敵の偵察機が我が工場の上空を旋回するようになった。迷彩など何の役にもたってはいなかったのだ。過日、海軍航空隊の壊滅するのを見たわたしたちは、われらの工場の壊滅が予測出来たのである。上からの命令で工場の営庭に銘々の蛸壷を掘った。殆ど無言であった。みんな自分の墓穴を掘る思いであったことは疑う余地がなかった。あの日の不気味な沈黙を思い出すと、今も体が震えてくる。

八月十五日、戦は終わった。「玉音放送」は雑音のみで、その意味は不明であった。現場に戻り、中隊長の訓示で敗戦を知ったのである。呆然たる思いと同時に、これで死なくて済むという安堵の思いが心に込み上げてきたことを今も忘れることは出来ない。戦争がもう一ヵ月続いていたら、今のわたしは存在しなかったであろう。

それにしても、わたしも一人の軍国少年であった。神州不滅を信じ、悠久の大儀に殉ずることこそが最高、究極の目標であったのだ。軍国教育の申し子のような存在だった。わたしをそのように仕上げていった教育というものの悪魔的力とその恐ろしさを痛感する。そして、決して二度とこのような教育がなされてはならないと思う。平和と自由と人権を学び、人間らしい生き方へと導かれたのは、正に戦後のことである。

ふるさとに感謝

和泉　幸男

はじめに

　このたび、わたしが尊敬する大阪香川県人会の会長和田弘毅氏からお電話を頂き「昭和わたしの証言」のパートⅢを発刊するので投稿しないかとのお誘いを受けた。

　出生の頃から昭和三十年代までに重点を置き、当時の社会状況、生活環境など歴史の彼方に葬り去ってしまうことなく伝えていこうというのが本著の意図で、原稿用紙一万字くらいで「わたしの証言」をまとめて欲しいとのこと。わたしは今まで挨拶文などの依頼で四百〜六百字の原稿は書いたことがあるが正直に打ち明けると最初は戸惑った。

　わたしの過去について日記を探し始め古いアルバムを見たり、同級生に語りかける。未来を託す子供たち、孫たちに口頭で伝承することは不可能であり、昭和の時代に生きてきたわたしの歴史について、これを機会に書き残すことが意義あることと考えるようになった。

　古希を迎えた今日まで人生の節目として「ふるさとに感謝」の気持ちでわたしの筆不精に挑戦する。

一　駅前旅館　朝日屋

　わたしは昭和十六年、善通寺市の駅前、朝日屋の次男として生まれる。

　戦前の善通寺市は総本山善通寺の門前町として、また陸軍第十一師団の軍都として賑わいをみせていた。現在のJR善通寺駅前の朝日屋は、そんな時代の思い出が染み込んだ、市内でも数少ない店で、今年で創業百四年目を迎える。朝日屋が町の中心部から今の地域に移ってきたのは大正時代のこと。当時は旅館を営んでおり多くの兵隊さんや面会の家族で繁盛し寝る時間もなく家人は立って寝ていたとのこと。現在、店の切り盛りをしているのは長男、和泉哲男の嫁、千恵野さんで三代目となる。

　JR善通寺駅は明治二十二年五月、讃岐鉄道会社の駅として使われ始めて以来、この場所にある。当時は琴平〜多度津〜丸亀間の約十五キロメートルの鉄道で、善通寺や金刀比羅宮への参拝客が多く「巡拝鉄道」とも呼ばれていた。その後、明治三十九年に国有鉄道法により買収され、大正十一年秋には陸軍大演習の開催に合わせて駅舎を大改築している。さらに平成三年に改築、屋根が寄せ棟造りになったものの、計画は当時のまま。表玄関やホームには大正の頃の木組みがそのまま残っている。八十年も前に造られた石段を踏み、駅舎を出ると、町並みの向こうに五岳山の緑が望める。

太平洋戦争（大東亜戦争）が始まった年にわたしが生まれ、終戦の四歳までは善通寺の駅前広場が唯一の遊び場であった。

当時、第十一師団の兵隊さんが、出征するとのことで、見送りの家族を含め子供たちは、団体列車の汽車を待っていた。どこの戦地に行くのかなどは知らされていなかったようで、近所の子供たちが大勢の兵隊さんの中に入って行くと、布袋から乾パンや金平糖を出して、わたしたちの小さな手に数個ずつ分けてくれた。

その頃は、甘いお菓子類は口に入らなかったので、その甘さは今でも忘れられない。今になって当時の兵隊さんが、わたしたちにどんな思いで、手渡してくれたのかを考えると、胸に熱いものが込み上げてくる。

当時は戦争中のため、空襲警報のサイレンの音がすると、家の前の防空壕に入るよう、母親から口うるさく言われていた。度々のサイレンの音に段々と慣れてきて、トタン板のドアをよけて空を見上げると、雲の上を飛行機が飛び去っていくのが見えた。

わたしの家は商売をしている関係で、家族と話す機会が少なかった。今、振り返ると、防空壕の中で、ローソクをつけ、怖い思いをしながら父、母、兄との四人家族で話ができる一家団欒のひと時であったように思われた。

母親に防空頭巾を縫ってもらい、冬は寒いので毎日被って近所を走り回っていた。昭和二十年に入ると香川県下への空襲も激しくなり町内会でよく防災演習や訓練が執り行われていた。サイレンが鳴ると各家族は各々がバケツに水を入れて外に飛び出しわが家の屋根に向かって水をかけていた。

わたしは小さいので屋根に水が届かず、軒下に水をまいていた。当時の社会状況が分からないため水遊び感覚で楽しい思い出だけが残る。

二十年の七月四日の夜半「高松が空襲を受け、燃えている」と母に起こされ、高台になっている善通寺駅まで走っていく。東の空が焼夷弾のため火の海となり、空一面が真っ赤に燃えているという不気味な光景であった。

初めて日本は戦争をしているのだと実感した瞬間だった。

戦争で若い働き手が兵隊に取られるため、食料をはじめとする物資が極度に不足し、ほとんどの物資が統制化に置かれ、配給切符の制度となっていた。

旅館・食堂経営をしていた朝日屋は、お客に食事を提供する関係で配給切符も別枠があったようである。

商売をする両親は、一人でも多くの人に食事を提供できるよう、工夫をして雑炊を販売していた。大きな鉄釜の中に、大根、にんじん、さといも、芋のつる、ずいきなどの野菜と麦飯を入れて、醤油や味噌で味をつけて煮た粗食であった。味がよかったので評判となり、店の前に行列ができた。家に持ち帰る人は、どんぶりを持って買いに来ていた。わたしは三～四歳頃のことなので、うろうろすると仕事の邪魔になるので、大きな籠に入れられ、店の前の陳列棚に閉じ込められていたことが記憶に残っている。

二　旧陸軍　第十一師団の偕行社の思い出

「偕行社」は旧陸軍の現役将校のための社交の場として使われていた。

明治三十六年に建てられたこの建物は、木造平屋で、寄せ棟造りの大屋根をのせた横長の建物には切妻造りの玄関に特徴があり、全体にルネッサンス様式を基調とし

旧陸軍第11師団「偕行社」

た端正なつくりになっている。戦後、大きな改造があったが、外観は明治の頃の雰囲気が残っている。

　この建物は大正十一年に皇太子（後の昭和天皇）がご宿泊されるなど、長く社交の場として使われていた。戦後はアメリカ軍が進駐し、一時使用していた。しかし昭和二十四年に当時の善通寺町が土地を譲り受け、昭和二十九年から善通寺市庁舎及び公民館として使われ、昭和五十五年に市立郷土館として改修復元されている。現在、偕行社の旧名称を残し、広く市民に利用される多目的ホールとして活用された。

　戦後は偕行社の正面玄関の前に立派な築庭があり、木が生い茂り子供たちの遊び場となっていた。庭の中央に空き缶を置いて缶を蹴っている間に周囲の木の陰や草むらの中に隠れて日が暮れるまでかくれんぼをして遊んでいた。

　市役所ができるまでは駅前通りの入り口から偕行社まで三百メートル近くあり、大きな築山や広場があり、草野球をしたり相撲をしたり夏休みにはラジオ体操の広場として使われ遊び場には不自由しなかった。

　当時の子供たちは、家でテレビを見たり、ゲームをすることもなく、塾に通い勉強する子もいなかった。年長のリーダーが「野球をしようか」といえば、二、三人が各家に回り、十人から二十人近くがすぐに集まる。年上から年下関係なく仲間になり、わんぱく盛りの日々であった。

三　恩師　遠山いとゑ先生を忍ぶ

　昭和二十二年、善通寺町立東部国民学校から東部小学校になり、同年四月に入学した。当時は、集団登校でないため近所の遊び仲間同士が誘い合い、三十分近くかけて登校する。

　家で作ってもらったわら草履を履いて登校する子や下駄を履いたり、下駄の歯が段々と擦り切れるとゴムを張ってきたりする子もいた。高学年になって、やっと運動靴を履いてくる子が一人か二人いたくらいであった。

　登校時、正門に八時頃に行くと、小使いさん（用務員）が、カランコロンと鐘を鳴らしていた。その後、朝の会（ホームルーム）に間に合わないと遅刻になるため、道草はできない。

　楽しみは下校時で、わざわざ寄り道をして、友達とともに田畑のあぜ道を通り、つくしやスカンポ（いたどり）を取ったり、稲穂からイナゴをみつけては藁に刺して家に持ち帰って焼いて食べた。香ばしい苦味ある味は忘れられない。レンゲの花咲く頃は広いレンゲ畑で大の字になって寝そべったり、女の子は花を採っては手で編み、頭にのせたりして遊んでいた。

ある男の子は、田んぼの中の肥溜めにはまり、川で体を洗って泣きながら家に帰り、親に叱られたと後日語っていた。

また「夕焼け、小焼けの赤とんぼ」と歌いながら家路に着いたこともあった。そして、四季の変化に順応しながらのびのびと育っていった。現在の登下校は治安への不安から、地域のボランティアによる見回り隊や登下校の生徒がカードをぶら下げる管理システムの導入などが取り入れられている私学もある。そのような今日の社会情勢を見ると考えさせられる。

各小学校においても、当時は伝染病対策や衛生予防対策に取り組まれていた。

特に学童の寄生虫、回虫対策について学校の湯沸かし場で回虫がわかないように虫下し用として小使いさん（用務員）が大きな釜に麦わらを煎じたお湯を沸かし、コップに入れたものを飲まされた。香りは芳ばしいが美味しい飲み物ではなかった。ある時は、栄養失調にならないようにするために油っこい肝油を飲んだこともある。各家庭に石鹸も少なく、また頭を洗わない子供も多く、しらみをわかしていた。学校の運動場にクラスごと生徒を並べ、大きなポンプでＤＤＴを頭から背中に吹き付けられたこともあった。

運動場の片隅に二宮尊徳の像が建っていた。先生からは金次郎の話をよく聞かされた。

江戸末期の農政家で、相模国（神奈川県）の農家に生まれ、川の氾濫と父の病気で貧窮に陥った家計を助けるために幼い時から山に木を取りに行ったり、わらを編んだりして父に代わって村の夫役にも出た。その道中に本を読んで勉強し、後に報徳精神による計画的な農家経済の改革を行い農村復興に尽力した。

当時の子供たちは、貧乏な家庭が多く家の手伝いは積極的に行っていた。十一月二十三日、勤労感謝の日は、どこの家も国旗を立てていた。父母に感謝、お米を作るお百姓さん、工場で働き社会を支えてくれる工員さんに感謝したものだ。これらは学校教育が日本の復興に大きく影響していたようである。

当時の国立教育研究所、小学校国語科指導要領に「日記は生活の記録であり、日記をつけることが好ましい」

と低学年からの指導目標の一つに挙げられていた。その推薦の詩は次のようなものであった。

「わたしたちが　日本を作るんだ。

ぼくたちの中に学者がいる。政治家がいる。芸術家もいるんだ。

ああ　ぼくたちの力で、知恵で、美しい日本を作るんだ。

海のむこうの雲のかなたで、青い鳥がまっているんだ。」

これらの詩を読んでいると少年期の夢も膨らみ未来への志向性も高くなっていった。

小学六年生になって遠山いとゑ先生から、「修学旅行は高知に行く」との話があった。香川県から県外に出たことがなかったので今から考えると海外に行くような気持ちになっていた。

高知は森林率が日本一で田畑の耕地面積も少ない。香川県は昔から美味しい讃岐米が取れるとのことで毎年修学旅行の宿泊先には米二合を持っていくことになっていた。母親から新聞紙にお米を入れてもらい、こぼれないように袋で包んで持参していた。

最初に見た桂浜はわたしの心に強い衝撃を与えた。太平洋に横たわる茫洋とした黒潮、白く砕ける大きな波、緑濃い松林との調和がすばらしい。


その横に、幕末の志士、坂本龍馬の高さ五メートルぐらいの巨大な銅像が建っており、台座と合わせると十三メートル位の巨大スケールなので驚いた。

生まれてから十二年間、穏やかな瀬戸内海を眺め、海水浴で遊んでいた生活環境で育った。それまで知らなかったが狭い小さな日本の国に四国山脈を越えるだけで、自然環境の大きな変化と厳しい環境の中から生き抜いた土佐の高知県人の中から数々の偉人を輩出してきている理由が理解できた。

長い歴史と独自の風土のもと、新しい時代を夢見た人々、坂本龍馬、岩崎弥太郎、板垣退助、中江兆民、牧野富太郎、吉田茂など、多くの傑物が出てきている。

修学旅行という社会体験を通して、わたしの人生にも大きな影響を与えてくれた。

当時、子供日記を毎日書き続ける女の子がいた。本人のご了解を得ているので一部を紹介させていただく。

小学六年生修学旅行の思い出
三月四日、天然記念物、土佐龍河洞にいく。
「初めて見る鍾乳石、いろいろな滝、
みんな何万年もの歳月をかけ、

自然の力でできたのかと思うと
目を丸くせんばかりに驚く。」
三月五日　高知　桂浜へ
「生まれて初めて見る太平洋
どこまでも　波　波　波と続いている。
アメリカを　ブラジルの海岸を
洗って帰ってきたのか。
返事もしないで大きく打ち寄せてくる波」

当時、女の子の大きな夢の日記は六十年経過した今日、ご子息は太平洋、大西洋、インド洋を渡り長男はイギリスの大学を出て中国を中心に諸外国を駆け巡るという形で具体化した。次男もアメリカのニューヨークで勤務、三男は中国の大学で語学を学び、かの地で事業に取り組み、三兄弟が世界の舞台で活躍している。

「少年よ大志を抱け」の母親による家庭教育の影響を受け「海のむこうの雲のかなたで、青い鳥が待っている」ようにその青い鳥が今、世界に羽ばたいている。

恩師、遠山先生は育ち盛りの小学五年～六年を担当していただいた。良いことをした時には誉めてくれ反対に悪いことをした時には厳しく叱られた。農家で育った先生は、校庭の一部に田んぼを作り、生徒に稲を植えさせ稲刈りの体験をさせた。できたおこめでパットライス（ポン菓子）を作り、食育の大切さを教えてくれた。

また先生は文学の才能もあり、ある女の子の年賀状の返事に「年々歳々花相似たり、歳々年々人同じからず」の歌が書かれていた。現在もこのことを覚えており人生の座右の銘としているとのこと。「能」の真髄を書いたとされる、世阿弥の「花伝書」では、「時分の花」（若さゆえの美しさ、時とともに散る）と「まことの花」（鍛え抜いた修行による美しさ、時とともに輝く）との花の違いを説いている。自分をたゆまず磨いた人だけが年をとっても変わらない「まことの花」を咲くことができると教えている。

将来の人格に大きな影響を与えてくれた恩師の言葉に感謝している。

同窓会の時、偉大な恩師に思い出の木を残そうとの話が持ち上がり、学び舎の庭に常緑針葉樹で低木の幹は地に伏している「伽羅（きゃら）の木」を植えることにした。

昭和二十八年卒、東部小学校六年桃組同級生有志一同が、平成二年五月二十日に恩師遠山先生を囲み報恩の気持ちを込め、母校の泉水のほとりに伽羅の木を植樹した。その時恩師に和歌を送る。

恩師 遠山いとゑ先生「伽羅の木」の前で

「童らが　共に歌いしこの大地
　　　　　恩師の慈愛　永遠に忘れじ」

後日、先生から三種の歌の返礼があった。参加者全員に届く。

「教え子の　愛に囲まれ　伽羅樹植え」
「囲まれて　師友の絆　深き伽羅」
「記念碑は　愛の伽羅樹を　傘として」
　　　　　　　　　　遠山　いとゑ

仏典に主の恩（社会・故郷）師の恩（人生の師・教師）親の恩（両親）の三つの徳が説かれている。

現在の教育では、これらの恩についてあまり教えられていないようである。当時、わたしは恩師に報恩感謝の思いで小学校の卒業式に「仰げば尊しわが師の恩」の歌を声高らかに歌った。

その恩師も九十一歳のご長寿を全うしてご逝去された。師の恩は永遠に忘れじ。

四　手に汗握る甲子園　坂出商高

尽誠学園中等部を卒業。高校の進学問題で悩む。そのまま進級すれば、私学の学費で家庭の負担が増える。

その頃は、奨学資金制度を活用しようとすれば、学力が優秀でなければいけないとの高いハードルがあった。

親は将来社会で仕事をするには「読み、書き、そろばん」が大切であると、商売人の家としていつも語っていた。

八つ上の兄も、坂出商業を出ている影響も受けて、三十二年に坂商に入学する。

当時の記録を見ていると、三十年八月、第三十七回全国高等学校野球選手権大会で十七年ぶりに甲子園に出場。一戦一戦勝ち進んでいく坂商野球部の活躍ぶりに坂出市民は、固唾を呑んでラジオの前に釘付けにされた。まだ、各家庭にテレビがなかったため、市役所、警察、郵便局の玄関前にテレビが特設され、巧打、好守のたびに黒山の人だかりが甲子園の観覧席に劣らぬ割れるような拍手を送り、また赤鉢巻、白シャツで、鐘、大太鼓に合わせて三三七拍子の限りない応援をし町は人通りもなくなるほどであった。

一方、甲子園球場のアルプス席では優勝を願う約三千名の応援団の活躍もすばらしかった。この大会の名物の一つとなった坂商の守護神「久米通賢翁」の人形を先頭にチャンスが来るや打ち振る小旗の波とベンチの上で起こる鐘、笛、太鼓、歓声の合奏はさすがに広いマンモススタンドを揺るがした。

手を汗にぎる甲子園　アルプススタンドからの応援

第三十七回　全国高校野球選手権大会　対戦成績
第一回戦　坂出商（四―三）岩国工
第二回戦　坂出商（三―一）岩手
第三回戦　坂出商（一〇―一）日大三
準決勝　坂出商（二―一）立命館
決　勝　坂出商（一―四）四日市

惜しくも四日市高校に敗れたというものの準優勝高として輝かしい戦績を土産に選手たち一行は、関西汽船ひかり丸で元気いっぱい晴れの郷土入りをした。

この日、坂出市役所では用意した手旗を全市内へ配布したほか歓迎準備を整えるとともに、商店街、町内自治会でも早朝から笹の飾りつけやら紅白の横断幕を張り巡らせるやら万国旗、五色のモールなどで市内は歓迎一色に塗りつぶされ全市民あげて歓迎した。

市内は空前の人出、空では朝日新聞社の祝賀飛行、さながら凱旋将軍を迎えるかのようで坂出警察署のパトロールカーを先頭に市広報カー、東亜合成のブラスバンドを乗せたトラックに次いで坂商野球部と書かれた満艦飾に飾り付けた選手たちのトラック、応援団のトラックなど今や遅しと待ち構えて群がる市民から万雷の拍手と「よく健闘してくれた」との感謝の言葉がかけられ、打ち上げ花火が夕映えの空に炸裂し市民の歓迎気分は最高潮に達した。

第三十七回全国大会における野球部の快進撃は、学校の歴史に永遠に刻まれる不滅の大記録であった。

わたしが在校中の野球部の三十二、三十三年の活躍も目覚しいものがあった。

三十二年八月、県予選以来、安藤投手の力投で五十八イニング無失点で勝ち進んだ野球部は、甲子園でもよく活躍し、山形高校を四対〇、函館工高を五対一と破って準々決勝まで進出したが戸畑高に惜敗した。

三十二年十月、第十二回国体高校野球では優勝の栄誉に輝いた。

決勝で広島商高を降して堂々優勝し全国制覇を成し遂げた。

翌三十三年四月、春の選抜大会に四度目の出場を果たし、一回戦で興国高校に四対三で勝ち二回戦まで進出した。

坂商時代の在学三年間はクラスメートに野球部のメンバーが多く甲子園の応援の思い出が強く残っている。当時、生徒は応援により毎回出費がかさみ学校としての修学旅行を取りやめるにしたほどだ。ラジオ、テレビの話題の中で、坂出（さかいで）と呼んでもらえず、（さかで）

と呼ばれていた。とりわけ阪神間では、小豆島の坂手（さかて）の方が名が通っていた。

いずれにせよ坂商がふるさと坂出の地名を全国に轟かせたのはまぎれもない事実である。

卒業後、大阪に出た頃、友達や知人に出身学校を問われたことが何度かあった。「坂商」と答えた時「甲子園で強かった坂商ですか」と言葉が返ってきた時、母校坂商に誇りを感じたものである。

わたしもふるさとを離れて半世紀、母なる大地に建つ「坂商」を卒業した近畿の居住者、約千余名、それぞれが職場、地域で活躍している。こうした先輩、後輩たちが旧交を温め、更なる交友の絆を結び近畿と香川の交流を深めることを目的とした「近畿坂商会」は、本年で発足満十五周年の大きな節目を迎えた。

長い人生にはその人間形成の時代に応じてさまざまな種類の友人ができた。

物心がつき始めた頃の〝幼馴染〟、高校時代の頃の〝学友〟、青春時代の〝親友〟、社会人になってからの〝同僚〟〝遊び仲間〟〝飲み友達〟定年後の〝茶飲み友達〟〝ゴルフ、ウオーキング友達〟等々。

近畿坂商会は同窓会を通じて旧友との再会や〝生涯青春〟の仲間作りをサポートする会を目指している。

母校も三年後には百周年を迎えるがその伝統と歴史に誇りを持ち、全国に名を馳せた坂出商高も後輩たちによる夢の甲子園の実現を期待したい。

五、ふるさとの山に感謝

三十四年卒業後、わたしは次男であったため就職の道を決意する。学校からの紹介で坂商の先輩が経営するある石油販売会社に就職する。地図を頼りに大阪駅から市電に乗り換え桜川二丁目に着く。寮での住み込み先は元映画館のあったところをアパートに改造、先輩と二人で四畳半の暗い部屋での共同生活は、昼でも明かりをつけて寝起きをしていた。

ダニが発生したのには戸惑った。部屋を締め切り、バルサンを焚くことからスタートした大阪生活の初日だった。

生活環境が変わると食事内容も変わってくる。朝の食事は、パン二個と牛乳一本。香川では三度の食事は貧しいながらご飯が食べられた。昼の食事は社長の奥様も香川県出身者ということで毎日うどん。これは何杯食べてもよいとのこと。夜になって初めてご飯にありつけた。仕事の厳しさは我慢できたが、日々の食事には閉口した。

「故郷に錦を飾る」との思いで大阪に来たが不満の日々が続く。ある時、空を見上げると雲の間から恩師の顔が浮かび、「石の上にも三年」との叱咤が届く。

盆と正月には帰省が許されるが年末の場合、いつも三十一日である。宇高連絡船に乗り換え、紅白歌合戦を聴きながらペギー葉山の「南国土佐を後にして」の歌が心に響く中、高松桟橋に着いた。

生を受け、ふるさとで十八年。今では第二のふるさと大阪で五十二年になる。

大阪での厳しい生活と仕事を体験できたことがわたしの人生の大きな財産となっている。

石油業界で十八年勤務後、縁あって政治の道に入る。居住地の守口市から守口市議会議員二期、大阪府議会議員五期勤めた。

わたしの周囲に財産やお金を残している政治家もいたが香川県人らしく誠実をモットーに、どぶ板議員に徹したため財産は一切残らなかったが人脈という財産を残すことができた。

わたし自身多くの人に支えられて今日があるので第三の道は報恩感謝の気持ちで社会・地域貢献に取り組んでいる。

現在、大阪とふるさと香川の交流を図るために大阪香川県人会活動、近畿坂商会の同窓会活動、亡き妻悦子が取り組んでいたNPO法人「さぬき夢桜の会」は五年計画で満濃池に桜の千本植樹運動を目指す。多くの方のご支援とご協力により昨年、千本を達成した。NPOの設立者・初代理事長の和泉悦子の功績を讃えて、地元の理事の皆様により千本植樹記念碑・記念樹を満濃池の畔に建てていただいた。同郷の妻、悦子は常にわたしの傍で支え続けてくれた。生前、伝えることのできなかった感謝の言葉「ありがとう!」。妻の志は今も脈々と受け継がれ、現在、三千本を目標に挑戦している。さらに嬉しいことに桜の花の咲く頃に、大阪からバスや車で観桜に来る人が多くなっている。

石川啄木の詩に「ふるさとの山に向いて言ふことなしふるさとの山はありがたきかな」とある。

ふるさとの山・大麻山(象頭山)を仰ぎ、感謝。

昭和二十年八月後数年間の社会の一断面

糸山　東一

一　日本占領直後の連合軍の政策

今から思うと昭和二十年八月十五日以降、日本は連合国総司令官の全面的支配下に置かれ、日本国また日本国民は〝一大変革〟を迫られたのは当然の成り行きであった。

騎士道を尊ぶ古い感覚の〝戦争〟による敗戦ならば戦敗国は戦勝国が費やした戦費の償いを要求され、支払いを終えれば戦勝国や戦敗国の呼称はなくなり歴史上の記録としてのみ残るという形であった。しかしながら勝ち易い目標に戦いを挑み、前線や銃後もない補給路を断つ戦法、戦略爆撃の名のもとに工業地帯のみならず市民をも巻き込む無差別爆撃もあったような国家総力戦である〝さきの戦争〟では、人道的意味での個々への保障はありえても戦勝国の戦費の補償請求などは第一次世界大戦の苦い先例もあるのでありえなかった。平和に対する罪及び人道に対する罪で、〝事後法〟的でありながら連合国側は、極東国際軍事法廷を設置し、ＡＢＣ級戦犯を裁決し、戦争を終決させた。敗戦国日本は平和条約締結によっていろいろな形態を執っているが交戦国と国交を回復した。

〝さきの戦争〟の敗戦によって日本や日本国民の〝一大変革〟を迫ることとなった要因は、次のような経緯の中にあると見て取れる。

①　昭和二十年八月当時、日本の艦船や航空機用液体燃料は枯渇。造船や機械製作工業施設の被爆による損耗とアメリカ潜水艦による被害もあり稼働輸送船舶の激減。くわえて、戦闘での大きな損失もあって航空戦力と海軍戦闘艦艇は弱体化した。陸軍は、中国大陸や日本内地にかなりの戦闘力を温存していた。本土決戦の呼号もあった。しかしながら広島・長崎への原爆投下やソ連参戦もあって、これ以上の出血、また戦争の継続による国土国民の壊滅も推量され、政府首脳は激論のすえ鈴木貫太郎首相の卓越した指導力と胆力のもと、ポツダム宣言受託を御前会議で決めた。

②　航空機による特別攻撃や軍官民挙げての沖縄や硫黄島での奮戦もあった。戦争終結への具体的道筋として、(ａ)「合衆国、連合王国、〝ソヴィエト〟社会主義共和国連邦、中華民国ノ各政府ノ名ニ於ケル八月十一日

附合衆国政府ノ日本政府ニ対スル回答」（b）「米英ソ華四国ニ対スル八月十四日附日本国政府通告」（c）「〝ポツダム〟宣言ノ或条項実施ニ関スル八月十四日附日本国政府ノ四国政府ニ対スル希望申シ入レ」（d）「同日本国政府の四国政府に対する希望申し入れの回答」等々の交渉を経た。そして連合軍総司令官マッカーサーの〝軍政〟覚悟での日本乗り込みを瀬戸際で堪え切り、〝軍政〟を退けることが出来た。

③　占領軍進駐・降伏調印を経て第八十八臨時帝国議会となり東久邇内閣のもと、日本の近代の歩みをも滲ませた施政方針演説。同演説の主題であった〝さきの戦争〟の政戦両面の総活および今後の国の運営に対する総合的な質疑応答は済んだ。よって連合国総司令官の全面支配下であったにしても日本国政府は機能する態勢にあった。

④　『占領初期の基本指令・訓令』の一環である「連合軍総司令官の権限に関するマッカーサー元帥への通達」（一九四五・九・六）、「降伏後に於ける米国の初期の対日方針」（以後「対日方針」という一九四五・九・二二令達）、その一環の「政治犯釈放」（一九四五・一〇・四）を行い、さらに「日本占領及び管理のための連合国最高司令官に対する降伏後における基本的指令」（以後「基本的指令」という一九四五・一〇・一令達）。加えて、「〝国教分離〟に関する指令」（一九四五・一二・一五）も、東久邇内閣桂冠後に「基本的指令」に被さって令達された。敗戦後の治安維持に努めた東久邇内閣は、治安維持法など政治的自由の制限撤廃などの総司令部覚書は実行できないとして総辞職（一九四五・一〇・五）した。そして、幣原内閣（一九四五・一〇・七成立、結果として選挙管理内閣の機能を果たす）を経て、「望ましからぬ人物の公職の罷免排除に関する覚書」（一九四六・一・四）もあり、吉田内閣（一九四六・五・一六成立、同年五・三鳩山自由党総裁公職追放のため）による施政方針演説となった。

⑤　上記の「対日方針」や「基本的指令」の線上で、〝世界の安全平和を守る〟のもと〝日本国ガ再ビ米国ノ脅威トナラザルコトヲ確実ニスル……〟が、日本に対する米国の政治指導の基本思潮であった。また〝政治的及び行政的改組〟の始原点に掲げるため、〝憲法改正〟も視野に入ったと見てよい。

⑥　一九四五・九・二二米大統領声明、〝対日戦において有力な働きを演じた他国の軍隊が占領に参加すること

は歓迎するところであり……〃の文脈上で極東委員会、対日理事会を構成し、当該委員会の決定事項（一九四七・六・一九）「降伏後の対日基本政策」（以後「対日基本政策」という）の究極の目的、〃日本国ガ再ビ世界ノ平和及ビ安全ニ対スル脅威トナラナイコトヲ確実ニスル……〃等々を達成するための実施策、くわえて〃民主的ナ基礎ニオイテ組織サレル産業及ビ農業ニオケル労働団体ハ、奨励サレネバナラナイ……〃があり、組合活動等が活発化した。

⑦　『占領軍初期の基本指令・訓令』一環である「五大改革指示」（一九四五・一〇・一一）の文脈で、〃ヨリ自由主義的教育ヲ行ウタメノ諸学校ノ開校……〃の始原点に適う指標を構築するために、教育基本法制定（一九四七・三・三一）後一年を経て〃衆議院：教育勅語排除に関する決議〃（一九四八・六・一九）及び〃参議院：教育勅語等の失効確認に関する決議〃（一九四八・六・一九）、〃教育勅語等の取扱いについて〃（文部省通達　一九四八・六・二五）となった。

⑧　前に述べた「基本的指令」である〃政治的及び行政的改組〃に加えるに「対日基本政策」の文脈、〃民主的ナ基礎ニ於イテ組織サレル産業及ビ農業ニオケル労働団体ハ、奨励サレネバナラナイ……〃の線上で、日教組（小中学校教員の組合）の活動が活発化した。そして、この〃政治的及び行政的改組〃によった教育委員会の法的未整備状態の上に、更に前に述べた〃衆議院・教育勅語排除に関する決議〃等々も重なり、弱体化した県や市町村教育委員会等の教育行政機関を日教組が圧倒する状況も見られた、と仄聞する。

⑨　「対日理事会ソ連代表：マ元帥宛書簡」（一九四八・一一・一二）は、日本政府の罷業および団体交渉禁止令（一九四八・七・三一）を取り消す措置の必要性を指摘している。これに時期的に引き続く「マ元帥：昭和二十四年年頭の辞」（一九四九・一・一）は、〃……アジア大陸はいま自由が大きな動揺に見舞われているにもかかわらず、日本では諸君がその政治機構の中に自由と尊厳と平和の不滅の礎石を打ちたてた……〃と日本を賞揚するとともに、〃……日本国民は外国貿易に従事する適当な機会さえ与えられるならば、他国から輸入する物資と同量以上の物資を輸出用に製造し、完全な自立経済を確立できる意志と勤勉にめぐまれており……〃と述べ、対日早期講和また日本独立可能性の示唆とも受け取れる年頭の辞の内容であった。

以上④～⑨は、ＷＧＩＰ（War Guilt Information Program）の筋書きであり、早い段階での米ソ対立も垣間見てとれる。また、④～⑨は連合軍が実施した日本占領初期での日本政府への〃教育を含む政治〃指導の基本思潮、と分析できる。

一九四七・二・一連合軍総司令部命令で、全国官公庁労組二五十万人を中心とする「二・一ゼネスト」を止めた。「対日理事会ソ連代表：マ元帥宛書簡」（一九四八・一一・一二）と「マ元帥：昭和二十四年年頭の辞」（一九四九・一・一）の二書簡が示唆するものとして一九五〇・六の朝鮮戦争勃発一年以上前に既に〃日本占領政策の転換〃があぶり出される。

平成二十一年刊行の『昭和わたしの証言』糸山執筆分に引き続く本稿では、日本占領初期の占領政策下での一日本人の感慨を示したい。そのために極東委員会方針によって日本に令達した連合軍総司令官の枢要な〃教育を含む政治〃指導の令達条文を時系列に並べ、それを下敷きにして、小・中学高校生の時に〃筆者や筆者の周辺人物〃が体験した過去の事実の一端を考証する。

二、筆者の体験と周辺人物像の一端

（筆者の体験 一）

わたしは、昭和二十年八月の日本の敗戦以降、大学へ進学するまで七、八年間佐賀で暮らした。占領軍が佐賀に進駐してきたのは昭和二十年秋。銃を肩にして少ないときは五～六人、多いときは十人近くの軍装の兵士が市内を行動していた。小学校最上級学年のわれわれは、進駐軍（初めは〃進駐軍〃、あとから〃占領軍〃と改称された。この事実からも、「〃ポツダム宣言ノ或条項実施ニ関スル八月十四日附日本国通告」が効いている）を見た、見ないで大騒ぎしていた。肩にした銃は、日本陸軍の三八式歩兵銃を見慣れていたので違和感はなかった。しかしアメリカ兵の自動小銃は、はじめは不気味だった。二、三回見るうちに慣れた。意外におとなしい日本人と思ったのか、また過剰防衛は逆効果と感じたのか、間もなく銃を肩にしたアメリカ兵を目にしなくなり、軍装無銃の兵士の散策となった。

北九州に進駐したアメリカ軍は、佐世保から入ってきた。目立たないように、夜間を移動して佐賀に入ったようであった。今から思うと前に記した「〃ポツダム〃宣言ノ或条項実施ニ関スル八月十四日附日本国通告」の通り、〃……連合国側ノ艦隊又ハ軍隊ノ日本本土進入ニ付テハ日本側準備ノ関係モアリ予メ予定ヲ通報アリタキコト……〃、〃……連合国ノ指定スベキ日本国領域内ノ占領ノ地点ハ其ノ数ヲ最小限度ニ止メ……〃に沿っていたように思える。夜九時以降は外出禁止であったし、抜き取り検査ではあったが郵便物は開封検閲されていた。アメリカ軍の移動を秘すため、と推量される。

（筆者の体験 二）

夜間に進駐のため移動するアメリカ軍戦車隊について次のような体験がある。旧制佐賀中学通学途上に河幅十メートルほどの多布施川があり、一見頑丈そうな太い石材で築かれた石橋が架かっていた。「辻の堂」橋と言われていた。佐賀の連隊跡の兵舎に通じる最短コースであったので、アメリカ軍部隊が移動中の宿営のため必ず通るポイントであった。

当時の日本の道路は〃道路予定地〃と俗称され、未舗装の道路が大部分であった。戦車が通ると土道はキャタピラの痕が刻まれ、戦車の重量に耐えかねて石材橋桁が一、二本折れて、川底に落ち込んでいた。戦車は、日本本土侵攻のために特別軽量に造られたスチュワート型戦車だったと記憶している。しかし、それでも石橋は耐えかねたのだろう。

この石橋の地点では、戦車はとくにスピードを落とさねばならなかったので戦車観察のポイントであった。外出禁止令にもかかわらず、悪童二、三人示し合わせ、夜陰に紛れ堤防の陰から戦車を観察した。われわれは、戦車兵に発見されることなく無事に帰れた。しかし不運にも戦車兵に発見されたグループもあった。発砲こそなかったものの十二・七ミリ対空機銃を向けられたと怖い体験談を語ってくれた。このことがあってからか、町内に触れが回り、大人たちの悪童連に対する監視の目がきびしくなった記憶がある。

この経験（夜間外出禁止や郵便物開封検閲）を裏打ちする〃日本占領及び管理のための「基本的指令」〃は見当たらない。しかし、同「基本的指令」の条文のなかに〃……占領軍の安全維持の必要……〃等々が散見されるので、上記のような具体策が生み出されたのであろうか？

（筆者の体験 三）

旧制佐賀中学一年となり、上級生から聞いた挿話である。旧制佐賀中学は、俗に言われていた軍人学校であった。海兵、陸士に何人通ったかで、学校が評価されていた時代も、過ってのことであった。

進駐軍に目をつけられていたのか、不意打ちのアメリカ軍ＭＰの校内検査が時折りあったらしい。某月Ｘ日、泣く子も黙るアメリカ軍ＭＰ数人が、佐賀中学を急襲した。全校内に禁足令がしかれ、全ＭＰの一斉捜索がはじまった。全校教職員生徒固唾を呑むなか、いくばくかの後、血相かえたＭＰが指先にさして高々と掲げ示したのは、銃剣術木銃の剣先に被せる黒いゴム製サックであった、との話であった。

校長はじめ関係教職員が油をしぼられたのは、言うまでもない。『占領軍初期の基本指令・訓令』の「日本占領及び管理のための連合国最高司令官に対する降伏後における初期の基本指令」における〝十、教育、美術及び文書：……スベテノ学校ニオケル日本ノ軍事的及ビ準軍事的教育及ビ教練ハ、禁止サレル。貴官ハ、貴官ニ受ケ入レラレル教科ガ全テノ学校デ採用サレ……〟に基づくＭＰの不意打ち行動と推量される。

（筆者の体験 四）

周知のことである国民学校教科書の墨塗りは、体験した。今から思うと、連合軍総司令官マカーサーの日本人への対処は、精神的分野での厳しい制紂はともかくとして物質面では日本の実情を的確に把握して援助支援も吝かでなく、宥和的態度にあったようである。昭和二十〜一年の食糧事情が極度に逼迫したおり、品質は別として救援食糧を供給し、現在の学校給食の原型となる働きをした。

『占領軍初期の基本指令・訓令』の　六「〝国教の分離に関する指令」（一九四五・一二・一五）の冒頭、〝一、国家によって公けにつくられた宗教乃至教義を人民に対し直接強制的に信じせしめ或いは信じていると告白せしめることから日本人民を解放させるために……〟で始まる令達の条文は、戦時色が散見される教科書中で該当する部分の墨塗りの典拠となった。墨塗り修正は厳しく一度で済むかとかと思いきや二度、三度の墨塗りの記憶も残っている。

この教科書墨塗りの類型に値することであろうか、旧制佐賀中学に入った第一学期、中学ならではの形で、次のような体験をした。伝統や精神教育面の否定につながりかねない体験であった。

　旧制佐賀中学には、伝統的に新入生を〝しごく〟ということが行われていた。風評では知っていた。昭和二十一年入学のわれわれの学年が最後の体験者となった。

　数日前から〝総員集合がかかるぞ〟との噂が流れていた。昼の弁当を終え外へ出ようかというとき、三年生位の上級生が〝総員集合武道場〟と叫びながら教室に入ってきた。〝来るものが来た〟との感覚で、何はともあれ同級生共々走って武道場に正座した。

　竹刀を持った体格のよい五年生が大声で怒鳴っていた。何を言っているのか分らない。次々と怒鳴る五年生が代わった。最後の演説者は、タイプが違う竹刀を構えた白皙痩身の上級生で、話終えて解散となった。〝佐中魂〟という言葉だけ記憶に残っている。

　後日、生徒指導の教師（当時は〝生徒監〟と言っていたと聞く）が、〝総員集合〟を掛けた責任者の五年生を呼び出し言い諭した、と聞いた。

　このことがあってから〝総員集合〟はなくなった。と同時に、この後の学校全体の雰囲気が何となく弛緩し、上級生の態度にも何がしか覇気が失せたような感じを覚えている。上級生の下級生に対する〝作られた或いは架空〟の威圧的態度がとれなくなり、上級生としての行動がとり辛くなったからかもしれない。

　上級生の下級生に対する、また先任者の後任者に対する〝作られた或いは架空の特権〟による態度は、現在の社会また組織・グループの中にも見受けられる。組織・グループのもつ〝悪〟と言えるものかもしれない。技量・技術・能力に秀でた者が何事かを〝差配〟する、このことは必要事である。この〝差配〟がない組織・グループは、発展性に陰が出てくるかもしれない。わたしが体験した〝総員集合〟は、あまりにも作られすぎで架空過ぎた特権によっていたのかもしれない。

　一九四五・一二・一五総司令部渉外局「〝国教の分離〟に関する指令」は、「〝軍国主義的過激〟マタ〝国家主義的過激〟ナ宣伝ニ神道ノ理論オヨビ信条ヲ悪用スルコトヲ防止スル、」の見地から令達されている。人間の或いは人格の〝芯棒〟の喪失に通じかねない「〝国教の分離〟に関する指令」は、現在の世情のあまりにも現実的で刹那的な実利に走りすぎ、理念や道理また伝統を軽んずる風潮にあるとき、考査を要する課題であろう。

（筆者の体験　五）泣く子も黙るMPの上を行く怖い存在があった。CICと言われていた機関であった。宏荘な佐賀の旧藩侯鍋島家別邸を接収し、本拠として活動していた。ジープと俗称されていた小型四輪駆動車を、たとえ信号があったにしてもなくても、フルスピードでサイレンを鳴らし疾駆していた。

佐賀は田舎町であり、十分か二十分歩けば田圃にぶつかった。田圃を区切る田圃道があった。リアカーという人力で引く荷車が通る道幅（現在の軽四自動車が通れる道幅）の直角に曲がった田圃道を、ジープが強引に曲がった痕が残っていた。田圃道から轍がはずれるような〝無茶な走行をする〟と、子供心に思っていた。

大人達は、ヒソヒソ話で鍋島佐賀別邸は諜報機関とか特務機関の本拠と言っていた、と記憶している。所属機関員は強面を狙い、ジープで生活道路を猛スピードで疾駆し、田圃道を無茶苦茶に運転走行していたのだろう。

講和条約締結後、ＣＩＣは撤退していった。接収が解除された後、鍋島家は日曜日の一日を割き、ＣＩＣが退去した邸内を開放し、自由に見せてくれた。特別に立派な材料を使った庭園に面した心地よさそうな四畳半位の小さな部屋があった。無残にも白ペンキで再塗装されていた。いまでも鮮明に覚えている。

このＣＩＣ設置の根拠も、管見の故か、『占領軍初期の基本指令・訓令』や前に記した「対日基本方針」、「基本的指令」、「日本占領及び管理のための連合国最高司令官に対する降伏後における基本的指令」等々のなかには見当たらない。おそらく、いろいろな〝指令〟や〝方針〟の条文中に散見される「……占領軍の安全維持に必要……」に係わり、設置されたのであろう。軍隊が外国に駐留するかぎり、諜報機関や特務機関はつきものである。

（筆者の体験　六）

小学校のときの唯一の身近に感じた進駐軍兵士の思い出がある。

十人近くの友人とただ一つ学校に残っていた、半分潰れかかったような表面を革で覆ったボールを蹴飛ばして遊んでいた。そのボールの由縁は覚えていない。サッカーの真似ごとであり、人類のスポーツの原始形態の実践であったのか。

そこへいつの間にか、濃いベージュ色の制服略帽を身に着けた端麗な感じの長身の進駐軍兵士がわれわれの遊びを見ていた。何か平べったい冬瓜のような物を手にして立っていた（いまから思うと、アメリカン・フットボールの球であった）。

突然、活発にボールを蹴飛ばしていた一人の友達の腕をつかみ、そのボールを立て友達の手の平で支えさせようとした。勿論のこと、その友人は活発な性格であったものの、びっくりして半ベソ掻きながら兵士の手から逃れようとした。その兵士はますます強く友人の腕をつかむ……。周囲の我々はオロオロするばかり……。

どうなるかと思っていたらその友人は急におとなしくなり、素直にそのボールを立て手の平で支えた。おそらくもみ合っているうちに、その兵士の目が優しいのに気づいたのだろうか……。

その兵士は五、六歩下がり、助走してボールを思い切り蹴飛ばした。ボールはクルクル回りながら飛翔し、五十メートルほど離れた校舎の窓ガラスを微塵に砕いた。

宿直の老教師がボールを手にして怒鳴りながら飛び出してきた。しかし窓ガラス破損の犯人が進駐軍の兵士とわかると、何とも言えない表情になり、黙りこんだ。

老教師は、手にしたそのボールを兵士に返そうとした。兵士は笑いながら手を振り振り、ボールは受け取らずその場を去っていった。我々が歓声を上げると、何度も何度も振り返りながら手を振り、最後は略帽をななめに被り直し、ひょうきんな笑顔を見せて立ち去って行った。

今だからできる推量であるが、その兵士は佐賀民事部将校でなかったか……ということである。数年後の高校生のとき、県内教育（小、中、高校）を担当する佐賀民事部民間教育課長の肩書で進駐軍将校（当時の担当はバーツ中尉との由であった）の配置を知った。バーツ中尉は昭和二十年十月来日、同二十一年十二月佐賀民事部着任であるので上記の兵士はバーツ中尉ではない。

このバーツ中尉のことについて、わたしが若い時、社会科学科所属T教授の若かりし頃、佐賀県で高校教師とバーツ中尉の通訳を兼任していたとの話から多くのことを知ることが出来た。

進駐軍スタッフの一部所である民事部民間教育課長のポストは『占領軍初期の基本指令・訓令』の「五．日本占領及び管理のための連合国最高司令官に対する降伏後における初期の基本指令（二〇・一一・二）」における〝十、教育、美術及び文書〟に「教育機関ハ、デキル限リスミヤカニ再開サレル……」の線上から、設けられたのであろうか。それとも前に記した「〝国教の分離〟に関する指令」の〝一、……軍国主義的過激ナ国家主義的ナ宣伝ニ……〟の条文の延長線上のものなのだろうか？

（周辺人物像　一）

昭和二十年八月以降数年間、身近にいた男性の大人の多くは戦争に大なり小なり係わっていた。

学制改革による〝新制高校〟になった二年の担任W先生は、わたしの人生に大きな影響、インパクトを与えた。わたしの専攻が理科化学になったのも、W先生の一言「文系は自学自習ができるが理系はできない」で、大学は理系学部進学となったからである。W先生は大阪工業大学（現在の大阪大学工学部）機械科出身であり、歯車を専攻したと聞いた。当時のことであるから学徒出陣となり、技術科初級士官（中尉と聞いた）として航空機整備海軍技術科士官の任務でフィリピン、クラーク・フィールド地区で海軍機の整備に携わっていた、と授業中の息抜きの話のなかで聞いた。また歯車の歯の曲面の形、「○○○曲線（専門学名は失念した）」の話も聞いた。

W先生は、敗軍のフィリピン戦線で、飢餓に苛まれながら辛うじて命を取り留め、幸いにも日本の土を踏むことができた方であった。南方戦線に行かねばならなかったから結果として飢餓の苦しみとなり、奇蹟的にも生還できたギリギリの体験。この体験を始終考えているようであった。

何故このようなことになったのか。なぜ南方戦線に行かねばならなかったのか。なぜ支那（W先生は〝中国〟ではなく〝支那〟の表現であった）と戦争になったのか。支那へはイギリス、フランス、ドイツなどが進出し、イギリスやフランスはアヘン戦争や南京事件でかなり乱暴な残忍な行動を執った。何故、日本の支那大陸への進出が支那人（中国東北の人も含んだ発言だったのか、当時のわたしには難しくて分らなかった）の気に障ったのか。日本人は、支那人の目から見て西洋人より劣っていると思われていたのか？　この最後の言葉は、呟くような、押し殺したような低い声であった、と記憶している。三、四人の友人とW先生を囲んでの戦争体験談終わりの言葉であった。

わたしの青年前期に強烈な印象を残したW先生は、朝鮮戦争が勃発した直後、一学期を終え学年の途中であったにもかかわらず、大阪の先輩友人が誘っているとの理由から製造工場再建の要員として働くため、校長ほか周囲の制止をふりきって勤務地佐賀を離れた、と聞いた。ほかに何某かの日本人の手に届かない特別な理由もあったのか――？

十人近くの友人と、授業中であったが見送りに行った。

W先生の吃驚した様な、感激の顔は忘れられない。列車が動き出す時、W先生の同僚である体育教師の妹の、新婚間なしの奥さんが泣き出したのを覚えている。

授業をサボリ駅まで行ったことを進級しクラスが変わり、新担任から酷く怒られた。

（周辺人物像 二）

世界史のS先生は凄いぞとの噂は、上級生から伝わっていた。わたしの高校時代は朝鮮戦争勃発当時であり、敗戦後の混乱期の余波も残り、日本の経済復興の前だったので、生活物資が極端に不足していた。

世界史のS先生の貧乏ったらしい服装は、見ものであった。男女共学の女子生徒はどのように見ていたのか。授業中、S先生のベルトが緩み、ベルトを締め直した折、ヨレヨレの皮のベルトが切れた。S先生曰く

「――女房が新婚のプレゼントに呉れたのにな――」

S先生の世界史の授業は圧巻であった。あまりにも高級過ぎて高二の若者がどれほど理解していたかは分からない。歴史好きだったわたしも断片的にしか分からなかったし、記憶も断片的である。現在わたしは日本と中国との国交を歴史的にみているので外務省編『日露交渉史』（原書房、一九六九）の内容が嘗てのS先生の話にあった、と気づくことが再々ある。

日中国交の焦点は、日清戦争後に起きた三国干渉であり、これを引き摺った北清事変に続く日露戦争、複雑に引き継ぐ日露の戦後処理が醸し出した〝日中交渉〟、〝いわゆる二十一カ条問題〟である、と考えている。S先生は熱意を込めてこの〝二十一カ条問題〟を話してくれた。

わたしは断片的にしか覚えてない。日本人顧問の数、日本人や朝鮮人の満州の地での居住のこと、満州の鉄道敷設のこと等々、単発的な単純な事は分かって聞いた記憶がある。しかしながら条約の条文を聞き取り筆記せよで、ながい難しい内容の口述筆記の苦しい記憶は忘れられない。

条文自体の意味も難しく分り兼ねる一つの条約の条文だけでなくこの条約と関連する別の条約の条文を読み下し理解し、二つの条文から日中国交の機微や国際的環境のもと、日本と中国との難しい交渉ごとを理解せよ、などなど……。

無茶苦茶な世界史の授業だったなと現時点のわたしは推量している。高二の若者では高級過ぎてついていけなかった。優秀な同級生は、サシでS先生と話していたの

を覚えている。

今の理解で言うと日中交渉（二十一カ条問題）を中国側にのませるための交換条件、いわゆる山東還付の条文を重要なことだから聞き取り筆記して双方の条文の関連性も含めて日中国交の機微を理解しろなどの無理難題な授業のようであった。

日露漁業交渉の話も授業のなかにあった。何故、日露漁業交渉秘話の部分に飛んだのか記憶にない。今の理解で言うならば日露戦争後のポーツマス講和条約の条文から飛び火した、という話の筋であろうか。

W先生はわたしの担任であったので先生の出身大学学部学科など聞き及んでいた。しかしながら世界史のS先生は単なる授業教科の担当教師である。つまり失礼な言い方であるが先生の器量が分からない、ということであった。

今でこそ、「日露漁業交渉史」の内容など、文献資料が豊富に出回っている状況なので、時間と手間及び金さえ惜しまねば何とか分る状況にある。しかるに朝鮮戦争勃発当時、昭和二十五年或いはそれ以前の段階で、「日露漁業交渉史」などは外務省の資料整理担当者以外はかなりのコネで外務省資料に触れない限り目にすることはできない。S先生とはどんな経歴の方だったのか未だにわからない。

（周辺人物像 三）

日中戦争が泥沼化し、昭和十三年四月国家総動員令法制定となり、俗に言う「師範徴兵」も在りえることとなった。T氏はその一人である。

他県もおおよそ同じであろう。佐賀の田舎では、土地や家を守るとの感覚で師範学校へ進学し、教師として教育に携わりながら地域を育成するという人がかなりいた。T氏は太平洋戦争勃発前に佐賀師範を卒業し、一旦は地元の小学校（当時は国民学校と言われいた）に勤務した。

太平洋戦争の緒戦は日本有利に進み、南方からゴム、砂糖の当時としては貴重資源が内地還送され、小学校児童の男子に軟式の野球ボール、女子に大型のゴムボールが一個あて配られた。市内小学校のわたしは一個もらった。しかし、T氏の勤務校は山間部であったので、クラスに十個しか配られなかった、との不審顔を今でも覚えている。

日本有利に進んだ緒戦期を終え、昭和十七年初夏のミッドウェー海戦直前の海軍将兵の大移動に合わせるようにしてT氏は海軍に徴集され、訓練ののち重巡妙高の主砲砲塔配置になったと聞いた。一時は海軍兵学校志望のため佐賀中学進学を準備した由を後年に聞いた。優秀な方であったのだろう。

T氏の厳しい人生は、ここから始まる。T氏が乗り組んだ重巡妙高は緒戦のジャワ沖海戦以降では太平洋戦争天王山と言われたア号作戦（マリアナ沖海戦）まで哨戒警備訓練の連続であったと聞く。しかし南方炎天下での主砲砲塔内の高温のなか砲塔員を督励して八インチ主砲の操作訓練に励み過ぎたらしい。主砲砲塔内の温度は五十度を越すと聞いている。砲塔員の練度を上げるため、訓練に打ち込み過ぎて倒れたようであった。

内地の海軍病院で療養のあと師範出の兵曹ということで海兵団の教員配置となり、昭和二十年八月兵曹長で復員した。〝兵曹長も格が落ちたものだ〟と、自嘲ぎみに呟いていたのを思い出す。

T氏は山間部の庄屋筋の生まれだったので、家業は土木請負業であった。復員後は教職に復帰せず、家業を継いだ。戦時中の役場の予算は厳しく土木工事など手が回り兼ねていたのでその反動があったからか、敗戦後の日本の地方役場は、県全体の予算は少ないにも拘わらず、かなりの土木工事量を持っていた。地方の荒廃がすごかったのか、土木請負業は大盛況という状況だった。

T氏の抱いた〝さきの戦争〟観は、戦後十年経つか経たずして亡くなったので、残念ながら聞いていない。しかしながら話を交わす言葉の端々から戦争に対する「忌避」や、いわゆる「自虐観」など微塵も感じなかった。妙高乗り組み当時に彼が接した上官である海軍士官の、〝爽快〟、〝勇猛果敢〟、〝男らしさ〟〝スマートさ〟などなど、断片的ではあるが「賛美」と受け取った。また、彼の性格も、そのような面を持っていた。

そのような彼の性格だった故か、妻帯していたに関わらず、仕事繁盛の金回りがよかったことでもあり、佐賀の花柳界で大いにもてたらしい。現在の土建業界、今は〝ゼネコン〟と言われる大企業も、その出発点は敗戦直後の地方での土木請負業を切り盛りし、上手く発展させて現在の姿になったと聞く。

敗戦という厳しい現実、好きであった日本海軍の壊滅等々が重なり、精神的な、また〝芯棒〟が抜かれたのか。女色に溺れ、さらに戦時中の無理が祟って罹病した悪性マラリアが再発し、戦後十年足らずで亡くなった。

三　元海軍軍医の人物像へのアプローチ

去年十二月末、研究会での講演、学徒出陣K元海軍軍医中尉の話「軍医が迎えた敗戦の日」を聞いた。昭和十九年東北帝国大学医学部卒業後、戸塚海軍軍医学校入校し、半年間の教育の後、第二河和航空隊の軍医配置に就かれた方が経験した太平洋戦争末期の凄まじい軍学校の状況。また航空機搭乗員の半数が訓練で死亡するという激しい実戦的訓練について、軍医勤務体験者の真実の声であった。

そこには綺麗ごとの話などなかった。戸塚海軍軍医学校というと、せめて二階木造建て校舎での軍陣医学教育を想像する。しかし実態は、南方からの戦略資源の内地還送も米潜水艦の猛威ために儘ならず、掘建て小屋の三段木造ベッドの居住空間。また、湯を沸かす罐など在りえようがなく一列に並んで水のなかを進むのが〝入浴〟という衛生環境。医学の実科教育は大学医学部で済んでいるので心身の鍛錬が中心であり、いかに海軍士官らしく恥ずかしくなく死ねるかの胆力涵養を目標とする、昭和十九年当時の軍学校の厳しい教育が披露された。

戸塚ケ原の原野に急遽建造した千六十二人収容の軍医学校なので資材が極度に払底していた当時、掘建て式小屋が精一杯で在ったのだろう。

「皆さん、掘建て小屋を知っていますか？」

から話が始まった。

わたしとしては初めて聞く体験談であった。〝建てまえ〟でなく〝本音〟の実体験者の話であったので、説得力があり違和感はなかった。飾り立てた、作りものめいた体験談ではなかった。返って爽快感を覚える話であった。

第二河和航空隊での軍医勤務の話は、俗に聞くような海軍士官のパリッとした白の軍服姿で颯爽と着任する、ではなく〝ラッパ服〟で着任したので当初は隊員達から馬鹿にされ相手にしてもらえなかった、という話から始まった。この航空隊は水上機による特別攻撃隊であった。隊員二十四名は全員特攻を志願した者、死ぬこと以外考えていない同世代の男達と日常を共にしたK元軍医中尉は、今思い返しても九十一年生きてきた中で最良の友人であったと話した。当時の敗色濃い状況から本土決戦の呼号もあり、その時は軍医とはいえ軍人として当然死ぬものという述懐でもあった。

搭乗員二十四名の水上機（二式水上戦闘機）による特攻攻撃のための緩降下操縦訓練（降下角度三十度とのこ

とだった）中、十一名が上げ舵を取れず水面に激突。三千メートルの高度からの緩降下であっても、水面はウォーターハンマー現象によってコンクリート並の硬さになっており、水中から引き揚げると、厳重に身に纏った飛行服のなかで遺体は鼻骨まで砕けバラバラになっていた、との軍医としての凄まじい実見談もあった。

このような〝生と死の隣り合わせ〟の特攻訓練パイロットと寝食を共にしたK元軍医は、人生の最も厳粛であり充実した時期であったとして話を結んだ。この講演の最後の項目は、「日本の現状を憂うる 人物を失った日本」であった。数多くの滅多に聞くことのできない話をされたので残念ながら時間切れとなり、このテーマでの話は聞けなかった。

元海軍軍医のK氏は自宅での医院開業と共にかって人間形成に大きく関わった旧制高等学校そして寮歌に想いを馳せ、日本寮歌振興会会長を務めている。「国」を憶う心情、「国」を背負って立つ人。このような視座は、第二河和航空隊の軍医配置の得難い体験によってより鮮明になったと筆者は見る。

歴史を語る事例で、〝反日日本人〟や〝自虐思考〟などの表現で批判されるのを聞く。筑波大I教授は、「教科書裁判」で世間の注目を集めた。I教授の主張の焦点は、〝さきの戦争〟で日本が行ったいろいろな行為を、教科書に隠さずに〝記述せよ〟との由である。一理ある主張ではある。

教科書では、記すスペースは有限であり、記す項目を立てバランス良く記述せねばならない。どんな項目についてどの程度記すか、他とのバランスが取れているか等々、十分に検討せねばならない。スタンフォード大学マーク・ピーティーの言「……教科書ガ研究者達ニヨッテ国家ノ〝アイデンティティ〟ヲ定義スル〝大キナモノガタリ〟ト呼バレルモノヲ生ミ出ス時、教科書ハソノ〝シンボル〟トシテ重要ナ役割ヲ果タス事ガアル……」は、肝要な考えである。

「教科書裁判」の原告、筑波大学I教授は生真面目な歴史学者であり、直立不動の姿勢で講義し、また依頼された講演の前には体調を崩すという虚弱な体質でもあった由と聞く。I教授の虚弱な体質と「教科書裁判」を結び合わせることは、不謹慎かもしれない。〝体を張って争いごと〟をする、このようなことは〝あまりよいことではない〟は真理である。しかしながら個人また国家の間に、意見や主張の違い、紛争や一触即発の事態が尽きることは望めない。冷厳な現実の世界で日本は生きて行かねばならない。

良質の一次資料を集め、科学的な記述手法によって、厳密な歴史ストーリーを構築する。当然の結論である。ここから始めねばならない。

四．近現代史の重要性

筆者は、戦争の道に奔った過去の道筋を、二十世紀前半での地政学的環境と現在のものとの変動の有無に拘わらず、精密に見極める必要があると考えていた。そして、戦争の結末として齎された廃墟と窮乏の中から起ち上がり現在に至った道程を、日本人として誇りを抱き認識せねばならぬ、と考えていた。この考えは〝さきの戦争〟で前途を秘めつつ倒れた出陣学徒や陸海将兵、および戦災等で不運にも死に至った方々のためにも、必要事と思う。そして、このような認識を次に記すことに繋げたい。

中国や韓国等の近隣諸国の歴史教科書では、スタンフォード大学フーバー研究所教授マーク・ピーティーが指摘した「……教科書が研究者達によって国家のアイデンティティーを定義する〝大きなものがたり〟と呼ばれるものを生みだす時、教科書はそのシンボルとして重要な役割を果たすことがある……」を実践しているようである。

歴史のストーリーに科学的記述の厳密さは必要である。マーク・ピーティーの指摘の重要性に鑑み、日本の歴史教科書のストーリーに考査を加える必要性は言をまたない。何故ならば、「ある国家の若者が学ぶ過去は、彼らが未来において直面する衝撃に対する反応を規定すると考えられるからである……」（マーク・ピーティー）。

現在の世界で、自国が他国の軍隊に駐留され、警備されていたのはイラクであり現在のアフガニスタンである。両国とも無差別自爆テロや駐留兵への発砲などさほど珍しいことでない。また政府機関構築のための国政選挙のさい、投票や開票また選挙管理など、新聞報道のレベルの情報ではあるがお寒いかぎりである。

日本も〝さきの戦争〟の終結処理を一歩誤れば、イラクやアフガニスタンのような〝惨状〟にならなかったと断言はできない。イラクやアフガニスタンと日本では国の近代化への歩みが違うので国の惨状が予測できたとする単純な考えはありえない。しかしながらこのような〝惨状〟も在りえたとする推量は、あながち荒唐無稽でない。

ポツダム宣言をめぐる緊迫した日本側の交渉があった

からこそ、連合軍の日本占領は、緊迫と緊張のもと進んだと推量できる。そして連合軍総司令官令達を容れた諸施策の線上で日本の国政に携わり曲がり角を乗り切った政治家のもと日本国民が経済を復活させ現在に繋げた。

二十世紀前半、日本の北東アジアでの〝厳しいきつい行動〟があった。事後法ではありながら、極東国際軍事法廷でその〝行動〟が処断された。ＷＧＩＰの線上で、また日本国自身の選択によって現在の国の姿に変えた。日本の隣国である北東アジアの国々の近代における過去の現実を精確に認識し、現実に起きているまた将来で起きうる譲るべきでない歴史問題の論点は譲らず明確に主張せねばならない。このような考えは、「歴史問題を過去の反省や謝罪として見るだけではなく、国際協調の課題としてとらえる」（日中歴史共同研究日本側委員波多野澄雄筑波大学教授）の言を待つまでもなく、歴史問題をもつ国家間において友好を保つ原点であり、友好関係構築の出発点でもある。

日本の将来を担う若者たちへの歴史のストーリーを構築するために、科学的厳密さで近代の歴史的事実を検証せねばならない。すなわち、東アジアの諸国が発展しつつあるなかの日本にあって、日本の北東アジアにおける過っての行動を裁断した「リットン」報告書も容れて、マーク・ピーティーの提言に適う歴史教科書編集に衆智を結集すべきであろう。また、口述説明に自信が持てないとして日本の近代の歩みに触れることを避けようとする授業は、好ましくない。

（平成二十三年三月一日）

昭和を生きてきて

井原　彰一

わたしは昭和十九年三月十四日に生まれた。終戦の一年半前なので戦争のことは何も記憶に残っていない。東京で生まれたが空襲で危ないというので父の実家の長野に疎開した。

誕生に関しては、一つの特徴がある。それはわたしが一卵生双生児の兄として生まれたことだ。当時、自宅に産婆さんが来てくれて出産したが、わたしが母の胎から出た後、産婆さんがまだ胎がかなり大きいのを見て、まだ一人残っているかも知れないよ、と言ったそうだ。今と違って出産直前まで双生児であることが分からなかったと言うから驚きである。小学三年の時、「双子のロッテ」という映画が上映され、双子の子供ばかりが招待されて見に行った。終戦直後、母は何でもお揃いの服や靴やカバンなどを揃えなければならなかったので大変であったと思う。

わたしは医者なので、ここで一卵生双生児について記しておきたい。よく一卵生双生児は神様のいたずらで、自然にできたクローン人間と言われる。確かにＤＮＡは全く同じなのでクローン人間ということが出来るだろう。

では、遺伝子が同じなら人格としても同じかどうかという問題が残る。わたしとわたしの双生児の兄弟は身長も同じだし、顔も似ているし、髪の量も同じ、皮膚の色も同じである。しかしながら、職業、生き方、価値観・人生観という観点で比べるとかなり違う。わたしの双生児の兄弟は早稲田大学工学部（応用化学）を卒業した後、出光興産に勤務して結婚し、現在年金生活を送っている。

それに対して、わたしは二十四歳で洗礼を受け、東北大学医学部を卒業して医者になり、その後聖ドミニコ修道会に入会してカトリックの神父になり、現在坂出にある聖マルチン病院で医師・チャップレンとして働いている。同じＤＮＡをもっていても生き方や思想・価値観は大きく違う。人格的存在としては、全く別の独立した存在である。ＤＮＡが同じと言っても、せいぜい生物的次元で身長、髪の質、皮膚の色、顔の造形や体質等が似ているというだけである。

ここにクローンは決して「代用」にはなり得ない根拠がある。ｉｐｓ細胞を使って代用の心臓、代用の腎臓等が造られ再生医療に大きな可能性が開かれるだろうが、脳に対して代用の脳を造ることは可能かどうか大きな問題になるところだ。他の臓器と比べて人間の脳は余りにも複雑すぎて「代用の脳」は造れないというのがわたしの予感である。

・中学、高校時代―安保反対運動

昭和二十五年宇都宮市にある戸祭小学校に入学し、昭和三十一年に宇都宮大学附属中学校に入学した。学校から帰るとすぐ山に入って夏は蝶を採集し、秋は鈴虫やコオロギを飼育するのが楽しみだった。特にアゲハチョウやオオムラサキなどの幼虫を飼育し、さなぎになりやがて羽化する時は徹夜で羽化の瞬間を見とどけようとしたことが想い出される。

父は薬剤師で国立病院に勤務していた。昭和三十二年国立栃木病院から国立横浜病院に転勤したので、それにつれてわたしも神奈川県藤沢市にある鵠沼中学に転校した。昭和三十四年神奈川県立湘南高校に入学し、質実剛健の建学精神に基づき卓球部に入って体を鍛え、勉強も楽しくした。

昭和三十五年、父が東京の国立第一病院へ転勤になったのに伴い、わたしは新宿高校に転校した。転校したとたん、状況は一変。昭和三十五年一月十九日に岸信介総理大臣は日米安全保障条約に署名して以来、日本国中「安保反対」の政治運動が展開するようになった。新宿高校内にも授業に出ずにデモに参加する生徒もおり、校内にはただならぬ雰囲気が漂っていた。六月十五日未明、全学連主流派は国会突入戦術をとっていたが、国会構内で警察隊と衝突。東大生樺美智子さんが死亡するという事件が生じるに至り、岸内閣は総辞職し、池田内閣に引き継がれたのである。

・大学時代―受洗と医局入局拒否

一年間の予備校生活をした後、昭和三十八年東北大学医学部に入学した。親元を離れて仙台で下宿生活が始まり、青春の新たな頁がめくられたという思いを強くした。

当時は学生運動の全盛期。若者にとって安保問題は自分の人生を考える上で、大きな課題となったのである。共産主義に傾倒するか、あるいは人間存在の原点に戻るために聖書を学ぶか、という風潮が支配的だった。マルクスの「資本論」は、必読の書物。学生は下宿に集まっては社会について、政治について、人生について大いに議論したものだ。わたしは共産主義に引かれながらも、解剖の実習で人体の構造を通して命を見つめたり、病床に伏す患者さんが苦悩する姿や臨終の場面を見たりする中で、共産主義で人間の全ての問題を解決することは出来ないと感じ学内の聖書研究会に顔を出すようになっていった。聖書を読むうちに、永遠の命とか、永遠の神とか、「生きるも死ぬも主のため」とか、「外なる人は滅んでも内なる人は日々新しくされてゆく」とか、「神の国は近づいた。悔い改めて福音を信じよ」など素晴らしい言葉に出合ったのである。佐藤千敬神父、ピエール・ビソンネット神父の指導を受け、大学五年生の時にカトリック北仙台教会で洗礼の恵みを受けた。

当時、全国の大学で学園紛争が拡大、一九七〇年安保闘争の前哨戦を呈していた。翌年医学部を卒業し、医師国家試験に合格して精神科を選んだが既制の医学部の医局体制を批判して医局入局をボイコットした。若い医師たちは市中病院に結集して大学の医局に依存しない自主研修路線を構築しようとしていた。わたしは岩手県一関市にある県立南光病院（精神科の専門病院）に就職した。

精神医学の研修と同時に作業療法やレクレーション療法などを通して、入院患者さんと生活を共にする毎日だった。慢性期の精神疾患の人たちが家族からも見放されてしまう悲惨な姿を目の当たりにしたが、それでも『この人たちの人生は決して無意味なものではない。却ってこの世で他の人々から称賛される人の人生より、神様の眼で見ると、人間の思いや知恵を超えた次元でもっと深い意味がある』と強く思った。究極的な人間の存在は、心理療法や薬物療法、福祉の力だけでは救われない。根本的な救いは神の救いによる。だんだんと医療の担い手から神の〝道具〟になろうという思いが強くなっていった。

ただ医師を辞めて神父になることについては一年間悩み、家族からの反対もあったが神様は一枚上手。結局「（神様に）捕まった」という思いの中に、昭和四十五年二月に病院を退職した。二十六歳の春のことだった。

・医療の世界から宗教の世界へ

心の中では「出家」の覚悟をもって修道院に入り、神父になることを決めていたが、日本人として日本の宗教的伝統の中に身を置き、東洋の宗教性を体で感じてから西洋文化の中で受け継がれたキリスト教の中に入っていこう、という気持ちを持っていた。そこで、すぐに修道院には入らずに、仙台の輪王寺という曹洞宗のお寺で修業させて頂きたいと住職に頼んだところ住職はわたしの思いを理解して下さり、快く認めて下さった。こうしてわたしは荷物をまとめ、輪王寺に移り座禅の生活を始めたのである。毎朝四時に起床して坐禅をし、玄米菜食の生活だった。

世の中では一九七〇年四月二十八日の沖縄デーに、社共などの統一行動がもたれ、安保反対運動が盛り上がったが、六月二十三日、日米安保条約は十年間の固定期間が満了し自動延長された。

人生は不思議なもので昭和三十五年高校二年で安保条約に目を向け始めた時には、自分がクリスチャンになって、しかも神父になることを目指すなどとは夢にも思わなかった。

輪王寺での生活を続けながら、カトリック信者でありながら坐禅を通してキリスト教神秘主義に関心を持っている鎌倉のグループと連絡を取った。そしてこのグループを指導されていた安谷白雲老師の接心に、わたしも何回か参加した。

昭和四十五年十二月の或る日、輪王寺の禅堂に高橋さんというお坊さんが突然現れ、奈良に吉本伊信という浄土真宗のお坊さんが内観道場を開いているので、ぜひそこを訪ねてみるとよいと教えて下さった。それまでわたしは「内観」という言葉を聞いたことはなかったがカトリックの告解と似ているところがあり、ぜひ行ってみたいという閃きを感じたのである。

早速奈良の内観道場に手紙を書いたところ吉本先生からすぐに来てよいとの御返事があった。昭和四十六年、年が明けて間もなくのころ、わたしは内観道場の門を叩いた。内観は「身調べ」とも言われる浄土真宗に伝わる修行法の一つで自己の罪悪感をとぎすませ、救いの体験を得ることを目的としている。当時、日本全国から様々な問題や悩みを抱えた人々が集まって来て「集中内観」という方法で一週間ひたすら自分を見つめることに専念する姿は実に感動的であった。

内観道場に十ヶ月お世話になった頃、わたしの心の中にいよいよ修道院に入る時が来たという思いが固まり、渋谷の聖ドミニコ修道院を訪れジラール院長に面会した。わたしの思いを聞いて、ジラール院長は、修道院で一緒に生活を始めることを認めて下さった。こうしてわたしの新しい歴史のページがめくられキリスト教の伝統に基づいた修道生活が始まった。

当時、渋谷修道院ではカナダの神父が多かったために日々の祈りはフランス語で行われており、まずはフランス語の習得が目の前の課題となった。翌年には京都にある聖トマス修道院で修練期が始まった。カトリックの修練者は、禅寺で雲水と呼ばれる修行僧に相当する。祈りの生活、ラテン語やフランス語の習得、聖ドミニコ修道会（十三世紀にスペインの聖ドミニコにより創立された修道会で、正式な名称は説教者兄弟会と言われる）の会憲や歴史を学ぶ一年間であった。

昭和四十九年一月三日、修練期を共に過ごした宮本さんと一緒に有期誓願を立てた。これは三年間従順・清貧、貞潔の誓いを立てて誓願の生活をすることを目的としている。

・カナダ留学

翌年三十歳の時にカナダのオタワにある聖ドミニコ会の神学校に留学した。四十人程の修道士が共同生活を営みながら祈りと勉学の生活をする。三年の間、典礼、授業、食事、レクレーションを共にする中で一番霊的な糧になったのは聖書神学の勉強と聖トマス・アクィナス（十三世紀の聖ドミニコ会の聖人で、その神学的ヴィジョンのすばらしさから天使的博士と呼ばれている）の神学大全を原典（ラテン語）で学んだことだ。ゴーチェ神父が解説をしてくれ細かなところは分からなくとも肝要な部分、聖トマス・アクィナスの基本的なヴィジョンを把握することが出来たのは極めて有難いことであった。ラテン語のテキストを読んでフランス語で解説を聞くのは大変ではあったが決して苦痛ではなく真理を学ぶことの喜び、尊厳といった雰囲気を味わうことができ、すばらしい恵みの時であった。

初誓願から三年経った昭和五十二年一月、終生誓願（三年間だけでなく死に至るまで修道生活を生きるという誓い）を立て正式に修道会の一員になった。修道生活は祈りも勉学も典礼も共同生活も全てを聖書のメッセージを伝え証しすることに集約するような道ゆきである。オタワでの哲学の学びも三年を過ぎたところで日本に戻った。

それは三年間の体験や学んだことを自分でゆっくり咀嚼したいという思いが強かったからである。京都の聖トマス学院に移り、京都大学の中世哲学講座で山田晶先生の授業を聞いたり哲学の道を散策したり、カナダでの体験を思い返したりしながら一年を過ごした。

・スイス留学

昭和五十三年、いよいよ神学の学びを始める時が来た。今度はスイスのフリブールにある聖ドミニコ会の修道院で生活しながらフリブール大学神学部に入学して神学を学ぶことになった。三十四歳になっていたので、授業を受けていてもクラスの同級生はほとんど十年位は年下の学生であった。授業の内容は聖書学、教義神学（基礎神学、教会論、キリスト論、秘跡論等）、倫理神学、典礼神学、教会法、教会史、司牧神学、霊性神学、宣教学など実に多岐に及ぶものであった。

世界のいろいろな国から神学生たちが集まって来ていた。ただ単に教室で神学の講義を聞くだけではなく修道院で一緒に祈ったり働いたり寝食を共にしながらの生活、いわゆる同じ釜の飯を食う生活である。三十三名の修道者の共同生活だが実に国籍の数は十二カ国もあった。南米がチリ、ブラジル、アルゼンチンの三カ国、欧州がスイス、フランス、ドイツ、オーストリア、イタリア、ベルギーの六カ国、アジアが台湾、ベトナム、日本の三カ国から集まって来ていた。残念なことにアフリカからは来ていなかった。

同じ釜の飯を食うとは言っても十二カ国の国籍を持つ三十三名の人間が一緒に生活するのである。簡単であるはずがない。共同生活を可能にするために様々なルールが必要となる。第一には言語の問題だ。十二の国籍の中で使われる言葉は、フランス語、ドイツ語、イタリア語、スペイン語、ベトナム語、中国語、日本語の七つの言語である。共同体としてどの言語を公用語にするかを決めなければならない。ベトナム語、中国語、日本語はその言葉を話す人間が一人しかいないので自動的に除外される。

南米から来た四人のうちチリ人とアルゼンチン人の母国語はスペイン語であり、ブラジル人の母国語はポルトガル語だ。従って、スペイン語やポルトガル語は少数派であった。スイスではドイツ語、フランス語、イタリア語が使われるので、スイス人は全員この三カ国語を話し、それ以外にも英語やスペイン語を話す人が何人もいた。スイスの中でも居住地域によってドイツ語がもっとも自然である者、フランス語が自然である者、イタリア語が自然である者に分けられる。

わたしのスイス人の友人は、家庭の中では親とドイツ語で話し、近所の友達と遊んだり買い物をするときはイタリア語で話し、学校ではフランス語で話し、第二外国語として英語を習ったと言っていた。彼は十九歳なのにすでに英仏独伊語がペラペラなのである。よく話せないわたしは、世界の言語の中でも難しいと言われる日本語を話すのだからがっかりすることはないと自らを慰めていた。ベルギー人はフランス語、ドイツ語、英語を話し、中にはオランダ語を話す者もいた。オーストリア人の母国語はドイツ語だが、全員かなりの程度のフランス語を話していた。

このような状況の中で修道院会議が開かれ、長い議論の末に公用語はフランス語と決定された。個人的な会話ではどの言葉で話しても構わないが祈りや会議など公的な場ではフランス語で話すよう決められた。クリスマスパーティなど外部の客が多数来るような場合は、テーブルをドイツ語のテーブル、フランス語のテーブル、スペイン語のテーブルなどと言葉によってテーブルを分けて対応しなければならない。何をするにしても、常に言葉を意識して生活するという毎日であった。

第二のルールは食べ物である。スイスに住んでいるのだから基本的にはスイスの料理を食べるのが当たり前だが、月に一回は食卓デーと称して各国の料理をその国出身の者が作って食べてもらうようにした。食は文化なりで文化の違いを味わうことが楽しみだった。五年間のスイス滞在中、日本食を食べたのはわずか十回くらいしかなかったが日本食を食べられない辛さよりも言葉が正確に伝わらず、誤解されて苦しんだことのほうがずっと辛く感じられた。

第三のルールは修道院会議である。一ヶ月に一回全員集まって、共同生活に関するあらゆる問題を取り上げ皆で話し合うというものだ。これだけ国際色豊かな共同体であれば常にトラブルが発生し、問題を解決していかなければならない。しばしば民族的感情が高ぶることもあり、緊張した場面になることも少なくない。

実際、わたしが滞在していた頃は、日本の時計の技術（クオーツ）がスイスの伝統的精密機械産業を食い潰しかけている時であった。修道院の中でも、わたしに対する風当たりはかなりきつかった。十二の国籍を持つ三十三名が同じ釜の飯を食うということは並大抵のことではない。

Ｅ・Ｈエリクソンは自己同一性の構成要素の一つとして民族的同一性を考えているが、人類の歴史をひも解くとき、政治的戦争にせよ宗教的戦争にせよ、その背後に民族の熱き血がたぎっていることを見逃してはならない。イスラエルとパレスチナの問題、イラク戦争の問題、ボスニア・ヘルツェゴビナの問題、北朝鮮の問題、更にはナチスとユダヤ人の問題、インドとパキスタンの問題、旧ソ連の崩壊の問題などなど、これらの背景には民族・宗教の問題が深く潜んでいる。種々の難しさにも拘わらず、三十三人がともかくも共同生活を営むことができたのは、各々が持っている民族性を相対化する原理があったからだ。それは聖書の中で次のような言葉で表されている。

①「従ってあなた方は、もはや外国人でも寄留者でもなく、聖なる民に属するもの、神の家族であり、使徒や預言者という土台の上に立てられています。」（エフェソ二：十九―二十）ここに血の繋がりによる家族、民族の意識から神の家族、民族への超越が見られる。

②「あなた方は皆、信仰によりキリスト・イエスに結ばれて神の子なのです。洗礼を受けてキリストに結ばれたあなた方は皆、キリストを着ているからです。そこではもはやユダヤ人もギリシャ人もなく、奴隷も自由なものもなく、男も女もありません。あなた方は皆、キリスト・イエスにおいて一つだからです。」（ガラテア三：二六―二七）ここでは男女の違い、人種的な違いが止揚され、キリストに結ばれて神の子になることによって絶対的な個の尊厳・平等の地平が拓かれている。

③「ユダヤ人はしるしを求め、ギリシャ人は知恵を探しますが、わたしたちは、十字架につけられたキリストを述べ伝えています。すなわち、ユダヤ人にはつまずかせるもの、異邦人には愚かなものですが、ユダヤ人であろうがギリシャ人であろうが、召された者には神の力、神の知恵であるキリストを宣べ伝えているのです」（コリント前一：二二―二四）ここでは各々の民族の文化的・歴史的な伝統や価値観が相対化され、神の知恵、すなわち福音的価値観こそが価値の究極的根拠となることが示されている。

④「一つの霊によってわたしたちは、ユダヤ人であろうとギリシャ人であろうと、奴隷であろうと自由な身分の者であろうと、皆一つの体となるために洗礼を受け、皆一つの霊を飲ませてもらったのです。」（コリント前一二：一三）ここでは各々の民族の同一性が相対化され、聖霊によってすべての人間が一つになる可能性が拓かれている。キリストは父なる神に向かって「父よ、あなたがわたしの内におられ、わたしがあなたの内にいるように全ての人を一つにして下さい。……わたしは、彼らの内におり、あなたがわたしの内におられるのは、彼らが完全に一つになるためです。」（ヨハネ一七：二一―二三）と祈っている。父と子と聖霊の三位一体の神における相互内在性が、人間における神の内在性の根拠となり、人類が一つになる可能性が示されているのである。

これらの聖書の言葉を祈り、黙想し、修道院会議を開いて様々な問題を議論し、神学を学び、一緒に食卓を囲み、レクレーションを楽しみ、掃除などの共同作業をすることを通して各々の兄弟の民族性が相対化され、皆が一つになろうとする努力がなされ今も続けられている。しかしながら歴史をひも解けば、この理念を実現することは一筋縄ではいかないことは明らかである。人類はまだまだ歴史から多くのことを学ばねばならないだろう。

フリブールに行ってから三年が過ぎた昭和五十五年三月に、わたしは神学生の責任者から呼ばれた。「君はまだ神学を学んでいる途中だが、もう三十六歳になるのだから叙階の秘跡を受けてもよいので考えて下さい。」と言われた。

叙階というのは司教から按手されて神父になることを意味する。欧米では高校を卒業した後すぐに神学校に入ると、二十五歳位で叙階されて神父になることが一般的である。年齢的には十年も年上になるので、わたしの心の中では神父になることに対する迷いはなかった。同年七月五日に、他の二人の神学生と一緒に叙階されることが決まった。一人はフランツ・ミュラーというスイス人の神学生。もう一人はヨゼフ・アロバイディというイラク人の神学生だった。彼は元はイスラム教徒だったがキリスト教に改宗しカトリックの神父になろうとしていた。もはや故国に帰ることはできないと言っていた。イラクではイスラム教からキリスト教に改宗することは家族や社会と断絶することを意味する。その断絶を覚悟の上で彼は神父の道を選んだのだ。

スイス人のフランツの場合は、家族や友人が沢山来て祝福ムードが溢れていた。わたしの場合は家族は来ていなかったが在スイスの日本人の教会の仲間やフランスに居た日本人の聖ドミニコ会のシスター達がお祝いにかけつけてくれた。イラク人のヨゼフの場合は家族はもちろんのこと来るはずもなく、在スイスの友人が少し集まった程度だった。叙階式の中にもこのような違いははっきりと感じとることが出来、一人一人の人間の信仰の道ゆきは、年齢、民族性、歴史性などいろいろな違いはあるが、そうしたものの中に聖霊の導きがあること、又人間的な感情や思いを越えて神は人間を使って救いの業を実現されようとしていることを強く感じたのである。

神父に叙階されて近隣の教会や修道院でミサを捧げるようになったが、大勢の人の前で司式と説教をフランス語でやらねばならず、緊張の中に文字通り足がガタガタ震えたのを覚えている。

神父になってもまだ大学での勉学は続いており、学生としての生活のリズムは変わらなかった。朝起きたらミサに出て祈り、朝食が済んだら十五分歩いて大学の授業に出て昼は修道院に戻って昼食を食べ、午後再び大学に行って夕方、修道院に戻り、夕方の祈りをして夕食を食べ、夜は自主的な勉強をする――この単調なリズムがずっと続いた。全部で五年間このような生活が続いた。

この間、わたしが心の中で唱えた言葉は何と言っても「忍耐」という言葉だった。大学のシステムの中での勉学なので当然レポート、単位認定のための試験、修士課程の卒業論文を書かねばならず、自分のような外国人学生にとっては、語学のハンディは相当にきついものである。卒論のテーマは「イエス・キリストに於ける人間としての二次的存在(esse secundarium)について」だった。

神であると同時に誠に人間であるイエス・キリストに於いて、神としての存在と人間としての存在はどのように統合されるのかというテーマである。イエス・キリストの受肉の神秘を思弁的に説き明かそうとする営みだがこのような神秘はとうてい人間の知的な分析によって解明され尽くせるものではなく、むしろ人間の知性の限界を見極めることにより、この神秘の前に沈黙するしかないというところに論点がある論文だった。

・日本への帰国

スイスに来て早や五年の月日が流れ、いよいよ帰国の日が近づいて来た。一緒に学んだペルーやアルゼンチンから来ていた兄弟との別れは不思議な思いに満ちたものだった。五年間同じ釜の飯を食った仲間と、恐らくもうこの世で再び会うことはないだろうという思い。「今生の別れ」という別離の寂しさと、それぞれ自分の国に帰ってフリブールで学んだものを基にして福音（神の愛のメッセージ）を宣べ伝えようという熱情とが入り混じって、互いに『頑張れよ』と思いを込めて握手し合った。

三十八歳になった昭和五十七年三月に、日本に戻ってきた。しばらく東京の修道院で過ごした後、北仙台教会のブテット神父がカナダに帰国中で主任司祭が不在であるから、そこで司牧の経験をするようにとの管区長の命令で、北仙台教会に赴任することになった。自分が洗礼を受けた教会で司牧をするのは懐かしさの感情も伴い、信徒の方々もよく知っている人が多いので大変やり易く楽しくもあった。約一年後にブテット神父が戻って来たので、わたしは再び東京修道院に戻った。

東京では渋谷教会での司牧を手伝ったり、精神医学を学んだこともあるので、教会の信者さんの中で心の問題を抱える人たちのカウンセリングや霊的指導に従事していた。司牧経験を重ねると同時に、わたしの心の中に十年に渡って学んできたものを更に深めることを通して、日本にキリストを伝えたいという思いが強くなり、再び研究生活に入ることを決めた。そこで上智大学神学部の博士課程に入学し、博士論文の執筆に取り組み始めたのである。四十歳の時のことだった。

論文の指導教官は、ハンガリーから来たイエズス会のネメシュギ神父であった。彼はオリゲネスという教父の研究者として有名だったが、わたしは聖トマス・アクィナスに於ける人間イエスの存在の研究を更に深めることにした。

昭和六十二年の夏、パリの聖ヤコボ修道院に滞在しながら隣設されているショーショワール図書館に行って研究資料を集めた。図書館の奥の方にある書庫に十三世紀の写本が並べてあったが、それらの書物を直接、手に取って触れることにより神学の歴史の伝統を肌で感じることができたのは幸いだった。またヤコボ修道院にはヴァチカン第二公会議（一九六二～一九六五年に開かれた公会議で教会が現代世界の諸問題と対話をする扉を開いた重要な会議）で活躍したシュニュー神父やコンガール神父と話しをすることが出来、神学の深みを味わうことが出来たのは大きな恵みであった。それと同時に図書館で資料を読んでいる時に、聖ドミニコは卓越した知的才能を発揮しながらも、「病気で多くの人々が苦しんでいるのを見て、自分は本の中にうずくまっていることは出来ない」といって本を売り払って病人のために献身的に働いたという修道会の原点を忘れてはいけないという思いを強くしたのである。

・再び医療の世界へ

昭和六十三年の二月、坂出にある聖マルチン病院（聖ドミニコ宣教修道女会が運営する病院）の院長であったシスター曽我部から「同じ修道会に属する兄弟として、わたしたちの病院を手伝って下さい」と頼まれた。南光病院を辞して医療の世界から離れて既に二十年近い年月が経っていたので、果たして医者として働けるかどうか大きな不安があった。しかしながら、わたしの心の中に次のような聖書の言葉が沸き上がってきた。

・「わたし（キリスト）は道であり、真理であり、命である。」（ヨハネ十四：六）
・「わたし（キリスト）は羊たちに命を、豊かな命を与えるために来た。」（ヨハネ十：十）
・「外なる人は衰えても内なる人は日々新たにされる。」（コリント第二の手紙　四：十六）
・「彼（キリスト）は我々の患いを取り去り、我々の病気を背負った。」（マタイ八：十七）
・「疲れた者、重荷を負う者は、誰でもわたしのもとに来なさい。休ませてあげよう。わたし（キリスト）は柔和で謙遜な者だから、わたしの軛（くびき）を負いわたしに学びなさい。そうすればあなた方は安らぎを得られる。わたしの軛は負いやすく、わたしの荷は軽いからである。」（マタイ十：二八―三〇）
・「わたし（キリスト）をお遣わしになった方の御心とは、わたしに与えて下さった人を一人も失わないで、終わりの日に復活させることである。わたしの父の御心は、子を見て信じるものが皆永遠の命を得ることである。」（ヨハネ六：三九―四〇）

これらの言葉に押されるようにして、患者さんのために、身体や心だけでなく魂も含めて真の生命の尊さ、すばらしさが輝くために神の道具として働く時が来たと感じたのである。シスター曽我部と相談して聖マルチン病院に心療内科を開設すること、またチャップレン（病付司祭）として働くこととなった。上智大学での研究もあったので、当初はパートタイムで心療内科を始めたが、平成三年に博士課程の論文が終了し卒業した後、少しずつ準備して平成九年にはパートタイムから常勤になり本格的に病院で働くようになった。

考えてみると、わたしは生まれてからこれまでに二十三回も引越しをしたし八年間も外国で生活をする人生を送って来た。

「あなたの故郷はどこですか」

と問われたならば何と答えるだろうか。

「どこも住めば都です」と答えるかもしれない。

「故郷はキリストが準備して下さっている天上の住みかです」と答えるかもしれない。現在不整脈の持病を持っているが、この世の旅はまだまだ続く。旅が続く限り、一人でも多くの方に朽ち果てる命の中に、もはや永遠に滅びることのない命の輝き・喜び・希望を伝えて行きたいと念願している。

わたしの小学校時代

岩瀬　多喜造

往時茫々として記憶の霞の内に漂う中で、くり返し反芻されて思い出される事柄がある。それは過去を懐かしむ感情によって甘美な思い出にデフォルメされているかも知れない。また、苦しかったこと、辛かったことも時の作用によって中性化され、自分の人生の一齣として受容されていくものであろう。

以下は、まことに個人的なわたしの小学校時代六年間の思い出を綴ったものに過ぎないが、その中に戦中と戦後の昭和という時代の匂いを嗅ぎ取って頂ければ幸いである。

一、杉並第十国民学校

わたしは戦時色も濃くなった昭和十八年に東京の杉並第十国民学校に入学した。父が台湾から東京に転勤になり、一家が東京で二年間生活することとなった最後の年であった。

杉並第十国民学校には、わずか数か月しか通わなかった。入学して間もなく父が再び台湾に転勤になったためである。

したがって、この国民学校生活についてはほとんど記憶がない。春の運動会で「お馬の親子」の歌に合わせて集団で踊る中で、順序を間違えて恥ずかしい思いをしたこと、ソロモン諸島で戦死した山本五十六元帥の葬列を学校生徒全員と共に日比谷公園わきの道路に整列して見送ったことなどが思い出される。

当時の杉並区はまだ東京の場末で、青梅街道から入った道は未舗装で冬になると霜柱が立ち、昼にはそれが溶けて泥濘と化した。

家の近くには木材置き場があり、太い丸太が積み重なって置かれ、わたし達はその丸太の重なりの隙間を秘密基地に仕立てて遊んだ。

青梅街道には市電が通っており、母のお供で新宿に買い物に出掛ける時には、わたしは必ず運転席の近くまで行って、運転手の操作を見ていた。路線が分岐する場所で運転手が架線に合わせてパンタグラフのポールを操作する時青い火花が散るのを見るのが楽しみであった。

昭和十八年にはすでに食糧は配給制になっていたが、ある時雀のような小鳥の焼鳥が配給になったことだけは妙に印象に残っている。小鳥は羽を拡げた姿でたれをつけて焼鳥にされていたのである。また尾籠な話で恐縮であるが、便所のくみ取りの切符なるものも配給されていた記憶がある。

しかし、このような統制の中で、娯楽がなかったわけではない。家族で大相撲を観戦したこともあったし（しかしこの時、わたしは出てくる力士に誰彼見境なく「双葉山！」と声を掛けて父に叱られたらしい。）歌舞伎や寄席などにも連れていってもらった。寄席で覚えているのは、漫才師が、当時のアメリカ国務長官ハルを野次って、「アメリカには春は来ない。」と言いつつ、大腿につけた星条旗をヒタヒタと叩いて聴衆の喝采を浴びていたことである。

父が再び台湾に転勤となって、一家は台湾に戻ることとなった。内地と台湾を結ぶ航路を当時は内台航路といっていたが、航路の海域にはすでにアメリカ軍の潜水艦が出没している状況であり、安全は保障されていなかった。わたしは母と一緒に水天宮にお参りに行き、安全を祈願した。

東京から神戸まで汽車で行き、神戸で乗船するのである。わたしは物心ついて初めて夜行列車に乗り、駅近くになると赤・青のシグナルが処々に見られる夜景を飽きずに眺めた。

二、台北市立幸国民学校

台湾に無事戻ったわたしは、台北市立幸国民学校に一年生として通うこととなった。

この学校は鉄筋二階建で、天井は高く、当時としては立派な建物であった。

一年生の冬、わたし達幸国民学校の一年生が台北放送のラジオ劇に出演することとなった。題名は忘れたが、戦争ごっこをする子供達という内容である。わたしは隊長の役を割り当てられ、台詞を一所懸命覚えたはずであったが、緊張のあまり途中で順序より早く次の台詞を言ってしまった。しかし多少混乱したものの、何とか無事に劇は終了した。ラジオを聴いていた家族はあまりわたしの失敗に気付かなかったらしい。（今思うと気付かなかった振りをしてくれたのではないか。）

この国民学校の生徒は全員日本人であった。しかし例外として台湾人の子弟も一人か二人いた。その子供の家は立派でプール付であるという噂だった。

昭和十九年になると台湾の国民学校の教育内容も戦時

旧 幸小学校（幸国民学校）校舎校庭平面図

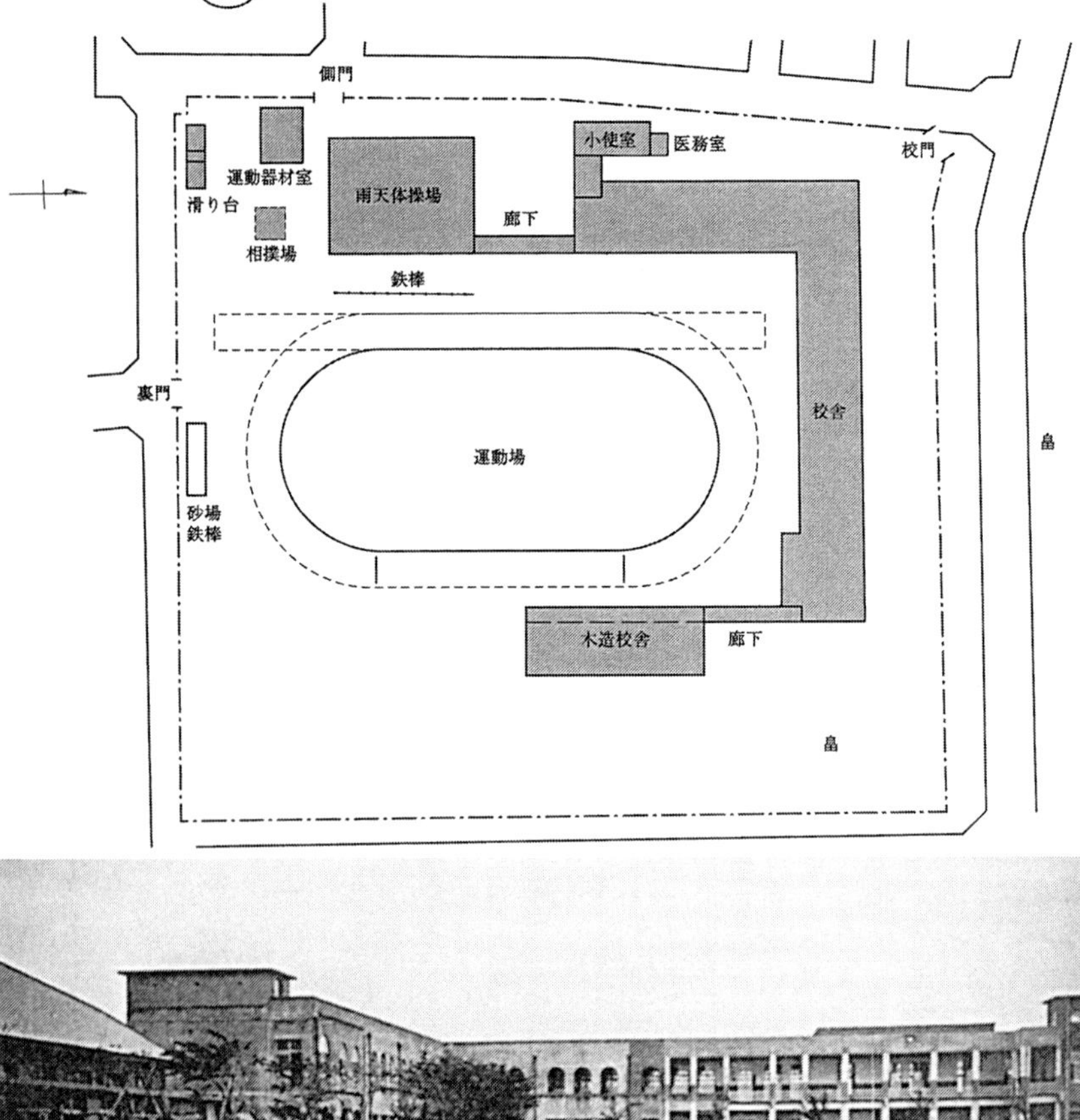

色が濃くなっていく。音楽の時間には敵の飛行機の音を聴き分けるための和音聴き分けの授業があり、モールス信号も教わったが、わたしはこの両方とも苦手であった。

　わたしは学校の授業とは別に教育勅語を暗唱したり、歴代天皇の名前を順に諳んじて得意になったりしていた。

　家の近所には絵の上手な年上の子供がいて、この子の描く絵は、戦闘機、軍艦、戦車という兵器ばかりであった。わたしも真似をして描いたが、とうてい及ばなかった。

　工作といえば、竹ひごをローソクの火で暖めて曲げて翼を作り、半紙を張ってプロペラを付けたゴムひも式模型飛行機を作ったり、肥後守という小刀で竹を割り凧を作って揚げたりした。肥後守は大活躍で、これで竹とんぼを作ったり、小船（船尾に樟脳を付けて走らせる）を作ったりしたものである。

　台湾のわが家は広く、敷地は三百坪ほどあった。隣りは下村さんという家で、三人の女の子がいて、一番下の子はわたしと同年代であった。下村家の主人は台湾電力に勤めていた。そのためか下村家には当時としては珍しい電気冷蔵庫があり、「うちの冷蔵庫はアイスクリームが作れるのよ。」と自慢されて家に氷冷蔵庫しかないわたしは大いに口惜しがった。家に電話（壁掛式）がはじめて設置された時、わたしは張り切って、下村家のお嬢さんに電話したが、「もしもし」と言ったきり、何を話すか全く用意していなかったため、「もしもし」を繰り返すだけで恥ずかしくなって電話を切ってしまった。

三、母の死

話は多少前後する。

　昭和十八年十月二十八日、わたしは学校の授業中呼び出され、迎えの車で台北市立市民病院に向かった。母が危篤であるという。

　病室に入るとすでに親族六、七人が集っていた。母はすでに口を利くことができなくなっていた。

　しばらくして、母が手を動かして物を書く仕草をする。母の母が、「妙子（これが母の名前）何か書くものが欲しいの？」と聞くとかすかに頷く。祖母が手帳と万年筆を渡すと「もうあと三十分なのに誰も気付かない……」と書かれ、後は字が乱れていて読めない。その後母は両手で自分の顔を撫でるような仕草をくり返す。祖母が「妙子、お化粧するの？」と聞くとまた頷く。祖母が白粉《おしろい》を塗り、口紅を付けてやるとほっとした表情になった。

　その時、父が「妙子、子供のことは心配するな、安心して死んでいけ。」と叫んだ。わたしは誰に言われたわけでもないが、続けて、「お母さん、僕いい子になります。」と誓った。母は満足げに頷き、わたしの頭を自分に近寄せて、わたしの鼻を撫でてくれた。母はわたしが何かいい事をしてそれを褒める時に、いつもわたしの鼻を撫でてくれるのであった。

そのあと、母は苦しい息の中で、自分の足を使って布団を正しく直し、ふるえる手を何とか合わせて合掌し、「ふっ」と息を吐いて事切れた。

居合わせた一同は、あまりにも美事な母の死に方に感動して、しばらくは声も出なかった。

その日の夕方、晴れているのに西の方に虹がかかった。わたしは母が極楽に往生したと信じて疑わなかった。

この時母が書いた手帳を祖母は引き揚げの時にも肌身離さず持ち帰った。そして現在わたしが宝物として引き継いでいる。

四、空襲

母の死後、父が再び東京に転勤になったため、わたしは姉と共に母方の祖母に育てられることとなった。

台北も昭和十八年の十一月ごろから空襲を受けはじめた。しかし内地の都市とちがって、焼夷弾による爆撃がなかったため、一夜にして全市が焼失するような事にはならなかった。

灯火管制がはじまり、電灯に黒い袋を被せ外に光が洩れないよう統制された。

家の庭の植木を抜き、防空壕が作られた。土地を浅く掘り、木組の上に土を被せただけの一畳ちょっとの広さしかない壕であった。

本格的な空襲のはじまりは、十九年十月であったかと思う。昼間Ｂ29の編隊が上空に現れた。わが方の戦闘機の迎撃はなく、高射砲弾が煙花火のように上空で炸裂するが全く当たらない。わたし達は防空壕に入ることもなく、ショーを見るような気分で上空を見上げていた。

空襲は一度や二度ではなかった。ある時は驚くほどの低空をスピットファイヤー機がかすめて飛んでいった。わたしはロッキードの双発機、グラマン等の戦闘機の絵をだんだん上手に描けるようになっていった。

爆弾で破壊された建物の跡には長さ十五センチぐらいの爆弾の破片がよく落ちていた。わたし達子供は何の役に立つわけでもないが、それを拾って箱に収集していた。

敵機から宣伝ビラが撒かれたこともあった。拾って読んではいけないと言われていたようであるが、拾えば見るのは当然である。しかし稚拙な日本語だなという印象だけで、内容は全く覚えていない。

台湾東沖で海戦が行われたのは昭和十九年十月十二日であった。

「その日は来たれり　その日はついに来た
　傲慢無礼なる敵艦隊捕らえ
　待ってたぞ　今日の日を
　拳を振り攻撃だ
　台湾東沖時十月十二日」

軍国少年だったわたしは今でもこの歌を覚えている。

五、疎開

大空襲の後、昭和二十年四月、幸国民学校は閉鎖され、集団疎開が行われることとなった。わたしは他の生徒とは別に、祖母の伝手《つて》を頼って、台北市の北およそ四キロ離れた士林《しりん》にある農業伝習所の所長さんのお宅に疎開することとなった。

この農業伝習所は、農業技術を台湾人の若者に教えることを目的とした施設で、台北市内を一望できる丘の南斜面にあり、所長の家の横にはレモンを中心とした広大な果樹林があった。

この家にはなぜか少年少女世界文学全集が揃っていた。学校の授業から開放されて、わたしは毎日のんびりとこの全集を読むこととなった。家なき子、母をたずねて三千里、小公女、ピーターパン、黒馬物語、宝島などがお気に入りで、何度も読み返したが、一番夢中になったのは十五少年漂流記であった。少年達の勇気と逆境の中にあって問題を解決していく大人も及ばない知恵と工夫に感銘し、独立心と自立へのあこがれが刺激されたためであろう。

ある日わたしは不思議な体験をした。農伝（農業伝習所のことを皆この略称で呼んでいた）の敷地を囲む密生した竹藪に一箇所人がやっと通れる穴が開いていて、その穴をかい潜って通ったとき、不意に悟りを開いたという心境になったのである。それはエピファニーともいうべき説明し難い体験であるが、あえて言葉にすれば「わたしは仏によって生かされている。」という認識に近いものであった。

農伝での生活は自由で楽しかった。わたしはレモンの葉に産み付けられたアゲハ蝶の卵から芋虫が孵り、芋虫が蛹となり、脱皮してアゲハとなっていく過程を観察して記録したり、水牛が水浴びをしている小川で見ず知らずの台湾人の子供達と一緒に泳いだりした。

しかし、恐怖の体験もした。ある日、一人で農伝に向かう坂道を登っていると、警戒警報など全く出ていないはずなのに、一機のグラマン戦闘機が飛来して低空に降下し、わたしに目掛けて機銃掃射を行ったのである。わたしは側溝に転がり込み事無きを得たが、側溝からはい上がって見ると銃弾の跡が何メートル置きかに点々とついていた。なぜ一機だけ飛んできたのか、なぜわたしが狙われたのか、未だに不思議に思われてならない。

五月のはじめのある夜、就寝中に大音響と共にガラス戸を通して障子が真っ赤に染まった。「裏庭に爆弾が落ちた！」とわたしは叫んで飛び起きた。しかしそれは間違いで、実は二百メートルほど離れた場所に爆弾が落とされたものだった。台北空襲の帰り、余った爆弾を米軍機が落としていったんだろうと大人達は話をしていた。

空襲は激しさを増し、五月末の大空襲で、台湾総督府の建物も爆撃を受けた。総督府の壮麗な塔が火煙に包まれて傾いているのが農伝の丘の上から遠望された。

六、終戦

八月十五日は台北も晴れて暑い日だった。

正午近く、農伝の正面の広場に実習生達が集められていた。広場の玉砂利が焼けて、その熱が足裏から伝って来るような暑さだった。わたしは集団の外からそれを見物していた。放送が終わって、知り合いの台湾人の実習生が、「戦争が終わった。良かったね。」とわたしに言った。わたしは事態を正確に把握できぬまま、猛烈に怒りがこみ上げてきたが黙っていた。

その夜わたしは大泣きに泣いたらしい。「陸軍と海軍が協力しないからこんなことになったんだ。」とも言ったそうである。そんな半可くさいことを大人の誰かから吹きこまれていたのだろうか。

大人達も先が見えぬまま、とに角疎開先から元の家に引っ越すこととなった。水牛に引かせた荷車に、荷物と一緒に乗って家に戻った。

終戦となってもほかの外地と違って、台湾人達が日本人に危害を加えるようなことは全くなかった。

食糧確保のため家の花壇を全部潰して野菜を作った。エンツァイ（園菜）は大成功だったが、キャベツは葉がうまく巻かず、トマト、なすもいま一つというところだった。

間もなく国民党の軍隊が進駐して来た。彼等は旧日本政府の統治機構を壊すことなく、これをそっくり利用しようとした。大人たちの会話に「徴用」「接収」という言葉が頻繁に交わされるようになった。公務員等の一部は国民党政府の役人として徴用され、公共施設だけでなく目ぼしい個人の住宅も国民党政府要人の住宅用等にあてるため接収されたのである。

十一月に幸国民学校に戻った。学校は幸安国民小学校という名前に変わり、校長は中国人になっていた。毎朝朝礼の時に歌うのは、中華民国国歌「三民主義の歌」であった。わたしは「サンミンツゥイーウォタンツートン」ではじまるこの歌を今でも歌えるのがちょっと口惜しい。

担任の先生は以前掲示用の黒板に色チョークを使ってわが方の戦闘機が敵艦を攻撃し、撃沈させている絵を上手に描いていた人であった。先生はそんなことをおくびにも出さず、新しい環境に順応しているように見えた。

終戦になったにも拘わらず、学校に通ずる道路の一部で舗装工事が行われていた。日本統治時代の予算が継続して使われていることに子供ながら不思議な思いがした。

町では委託販売というものが流行していた。内地に引き揚げる時に持ち帰れるものに厳しい制限があるという噂があり（事実そうなった）持ち帰り禁止品になるであろう宝石や装飾品を道路に仮設の店を開いて売るのであった。

七、引き揚げ

二十一年三月、わたし達家族にも内地に引き揚げるよう命令が届いた。持ち帰りができる物は、着物・下着・日用品に限定され、衣類も枚数が制限されるという厳しいものであった。通貨の持出も制限された。

一人がリュックサック一つという制限の下で基隆《キールン》港に集結させられ、港の倉庫で厳重な検査（身体検査に加えてリュックサックの中味の検査）が行われ、倉庫のコンクリートの床の上に二泊。この時わたしは本当に戦争に負けたことの悲哀を感じた。

翌々日リバティ船（戦時標準船）に乗船、内台航路の高砂丸とは大違いである。甲板から長い階段を下りた暗い広い船倉に何百人が詰め込まれた。

船内での食事はご飯とみそ汁だけ、みそ汁の具の多寡をめぐって、配給担当者との間でトラブルとなった者がいた。

医療体制や衛生管理の不備のためか、乳児が死亡した。水葬が行われ、読経のあと、白い布に包まれた乳児の遺体が滑り台のような器具で海に流され、波間に消えていった。

上陸したのは広島県の大竹港である。下船するとゲートがあり、そこで頭から大量の白い粉（ＤＤＴ）を掛けられた。制限されて持ち帰った通貨がここで更に一部を残して預かり証と交換させられた。

大竹の兵舎に三泊した。海岸に遊びに行って見ると同じ年格好の子供達が蟹を捕っている。話し掛けたが言葉が通じない。相手の言っている広島弁が理解できないのである。それでも子供同士、すぐに仲良くなって、兵舎の庭に放置されていた小型戦車の中に入って遊んだりした。

わたし達は大竹から長崎県の島原半島にある大正村（当時）に向かった。これはわたしの叔父の知り合いが大正村に居て、わたし達を預かってくれるという手筈になっていたからである。

長崎に向かう列車はものすごく混んでいた。わたし達はやっと通路に入り込んだが、網棚は満杯でリュックを置く場所もない。座席に座っている人が見かねて席の前にリュックを置かせてくれた。

駅に着くと乗り降りする人は通路が塞がっているので、窓から出入りする人が多かった。

大正村の大竹さんの家は農家であったが豊かであった。わたし達は温かく迎えられた。二週間ほど大竹家に世話になった後、わたし達は再び混雑する列車に乗って高松に向かった。途中で広島を過ぎたあたりで将校とおぼしい米兵が乗り込んできて、姉に向かって「モシモシコバババ」と言った。小婆と言われたと思った姉は気分を害し、そっぽを向いた。米兵はそのまま移動して行った。しばらく経って「コババ」は「今晩は」と言ったのだと気が付いた。

何度か列車を乗り換え、宇高連絡船に乗って高松に着いた。築港には叔父（後の養父）が迎えに来てくれていた。叔父は高松の桟橋は浮桟橋なんだと説明してくれた。近くの玉藻城は海水を堀に引き込んだ珍しい城だとも教えてくれた。市街地には戦災を受けたにも拘わらず、三越と生命保険会社の美しいビルが堂々と建っていた。

それから琴平電鉄で綾歌郡陶村（現綾川町）に向かった。この後二年間お世話になることとなった藤滝さんの家に着いたのは午後も遅くなってからであった。疲れ果てていたわたしは家に着くなり倒れるように横になり眠りはじめて、目が覚めたのは翌日の午後四時すぎであった。

八、陶村

藤滝さんの家は陶村を縦貫する琴平街道から北に三百メートルほど入ったところにあった。

わたし達は叔父夫婦と共に座敷など三部屋を借りて住むこととなった。家の前の作業場には四角いコンクリート製の水場があり、座敷の前には形の好い松の木が何本か植えられていた。裏にも小さな観賞用の池があり、時々池のほとりに蛙が現れたりするので、わたしは「古池や蛙飛び込む水の音」の池はこんな池かなと想像していた。家の裏手にはつるべ式の井戸があり、中に蛙が泳いでいることもあった。井戸の横に納屋があり、足踏み式の米搗きが置かれていたが、ある時青大将の大きな脱け殻があるのを見てからは納屋に入るのはためらわれるようになった。

家の右手には銀杏の木があり、秋の終わりには多くの実を落とした。左手にはゆすらの木があり、甘味の少ない実を摘んで食べたこともあった。

玄関はなく、表から入ると真直ぐ三和土《たたき》が奥まで通じており、奥の右手は風呂場と竈《かまど》になっていた。風呂はいわゆる五右衛門風呂であり、浮いている板の上に乗ってこれを沈めて、体が直接釜に触れないように入るのである。

屋根は藁葺きであった。

当時の陶村は国道である琴平街道が唯一の舗装道路であり、商店も国道添いにまばらにあるという静かな純農村であった。

琴電陶駅の駅前にも商店はなく、冬になると関東煮の屋台が出ていた。

わたしは陶小学校の三年に編入となった。入学して一番心配だったのは言葉である。先に書いた大竹での広島弁の件があるので、言葉で仲間はずれにされるのではないかと心細かった。しかし案ずるよりは生むが易し、幸いいじめにも遭わず、讃岐弁も少しずつしゃべれるようになっていった。

同級生の履物はほとんど皆草履である。わたしも最初は靴を履いていたが、そのうち草履になった。草履作りも習ったが、仲々しっかりしたものが作れなかった。

困ったのはしらみである。編入になってすぐにしらみを貰った。夜になると下着の縫い目に隠れていたやつが出てきて、血を吸うのである。刺されると兎に角かゆい。蚤にも悩まされた。蚤を退治するために畳の下に新聞紙を敷き、その上にＤＤＴを撒くのであるが、決定的な効果はなかった。

物資は絶対的に不足していた。学校で簡単な試験をする時に、生徒各自が紙を用意しなさいと言われるのには参った。使い古しの紙の裏でも利用したものである。

日常生活の面でも物の不足は特に引揚者にとっては厳しかった。

農家と違って食糧のほとんどを配給に頼っているのである。親たちは引き揚げるときに制限されて持ち帰った数少ない着物を農家の人達に三拝九拝して物々交換してもらい、じゃがいもやかぼちゃを得ていた。しかしそんなものではとうてい十分ではない。わたしは毎日空腹を抱えていた。

ある日夕飯に赤いご飯が出た。赤飯だと思ったわたしは喜んで、「今日は何か良い日？」と聞いた。大人達は苦笑して「これは高粱よ。」と言った。生まれてはじめて食べる高粱はおいしいとはいえなかったが、腹を満たすためには不足は言えなかった。

芋の茎も食べた。茎の表面の薄皮を取って、醤油で煮て食べるのである。叔父の釣ってきた鮒は茶殻と一緒に煮て臭みを取り、正月用の鯛の代わりになった。配給になった玄米は一升ビンに入れて竹の棒を上から差し入れて搗き、七分米にして大麦と混ぜて食べた。小麦粉は水《すい》とんにしてかぼちゃと混ぜて食べることが多かったけれど、自家製のパンを作ることもあった。この頃なぜか手製のパン焼き器でパンを作ることが流行《はや》った。電力制限の厳しい時であったから、違反が見つからないようこっそりと使っていた。お客さんが突然来ると、あわてて座布団をかけて隠すこともあった。

わが家では切り干し芋をよく作った。薩摩芋を茹でて輪切りにし、笊に入れて吊し、乾燥させるのである。いつもお腹を空かせていたわたしは、時々この笊から進行形の干芋を失敬した。

ある時アメリカ軍の携行用の暗緑色の四角い缶詰が配給になった。開けて見るとキャンデーとかゼリーそれにチョコレート等が詰まっていた。これはアメリカ兵士一人分のデザート用の缶詰であった。それをわたし達は五人に分けて大切に味わったのである。わたしはこのように物の豊かさに差があるのでは、日本がアメリカに敗けても仕方がないと痛感した。

食べ物ではないが、煙草の不足も甚だしかったようである。煙草の燃え滓を拾い集めてきざみの部分を取り出し、これを辞書などに使われているインディアン・ペーパーで巻いて再生するのである。そのための簡単な手巻き煙草を作る道具が家でも作られた。

戦後二十一年、二十二年の食糧難の時代を経験したおかげで、わたしは今もって食べ物を残すこと、残した食べ物を捨てることに強い抵抗を覚える。それは又、戦争中から「お米という字はお百姓さんが八十八回汗を流して作ったという意味が込められているのですよ。だからお米は一粒たりとも無駄にしてはいけません。」という教育を受けてきたせいもあるのだろう。飽食時代の今日、時間が過ぎれば捨てられるコンビニやファースト・フードの食品に、思わず「勿体ない。」と思ってしまうのである。

客観的に見れば辛い、苦しい戦後の時期であったかも知れないが、しかしわたしは少年期の二年間を陶村という自然豊かな環境で過ごせたことに感謝しなければならないであろう。

家の裏手にある十瓶山にはじめて登って、頂上から周りの風景を見渡したときの感動を忘れることができない。讃岐平野は美しい。緑の山肌を持つ小さな山が点在し、その間に瑞々しい色鮮やかな田が広がり、所々にため池と川が光って箱庭のような風景を形作っていた。

春の夕方祖母と姉の三人で夕月のかかる田舎道を散歩した時の風景は正に「おぼろ月夜」の世界そのものだった。

菜の花畠に入日薄れ
見わたす山の端霞深し
春風そよ吹く空を見れば
夕月かかりて匂い淡し

自然といえば、夏の宵、涼み台から見た満天の星も素晴らしかった。あの時のようにはっきりと乳白色の帯を作った天の川をわたしはその後見たことがない。

秋になると十瓶山や火の山によく茸取りに行った。初茸を見付ければ最高で、松茸、黄・白のしめじ茸も採れた。収穫の少ない時はねずみ茸やいくちんで量をカバーするのである。

ため池も多く、近くに北条池もあったから釣りもしたのだが釣果はさっぱりで、自慢できるものはない。

ごくわずかだが、農作業の手伝いをしたこともよい経験になった。当時は春・秋に農繁休業があり、小学校の授業は休みになる。秋の農繁休業のとき、わたしは近所の農家の稲刈りと脱穀の手伝いをした。稲の根本を束にして把み、一定の高さで鎌をぐいと手前に引く、この要領はすぐに覚えた。脱穀は足踏みの脱穀機を使ったのだが、遊びの感覚で仲々楽しかった。

学校の授業でも農作業の時間があり、十瓶山の中腹の畑に植えた甘藷を掘りに行った。芋はよく出来ていたのだが、残念なことに野鼠にやられて成果は少なかった。

九、三島先生

三年生の二学期から担任の先生が代わり、三島義雄先生となった。

三島先生は当時師範学校を出たばかり、二十代のはじめで教育に対する情熱はなみなみならぬものがあると感じられた。背は高く、色白で仲々の好青年であったが、剣道で鍛えた腕節は強く、また向こう意気の強い人であった。わたしはなぜかこの先生と馬が合った。

子供は経験も浅く、人の正しい評価などできないと大人は思っている。しかし子供にも鋭い直観があることを人は大人になると忘れてしまうのである。わたしは直観的にこの元気のいい先生は本物だと感じ、そして大好きになったのである。

先生はわたしに自分が読んだ本をどんどん貸して下さった。トルストイの「戦争と平和」ユーゴーの「レ・ミゼラブル（全訳）」など、小学校三・四年生には読めたとしても内容の深い理解ができたとは思えない本を、わたしはそれでも結構面白く読んだのだった。

しかし良いことばかりではない。ある日わたしは日曜日に兎に餌をやる当番だったのを忘れて、一日遊び呆けて、翌日学校に行くと、他の当番の二人と一緒に並ばされて先生からビンタを受けた。当時は先生が生徒を叱責して殴るのは当たり前であった。わたしは殴られた痛さよりも自分の不甲斐なさを感じてぼろぼろ泣いた。

厳しい先生だったが、わたしに目をかけて下さったせいだろうか、時々家に遊びに来て下さった。ある日先生がいらした時に小さな青大将が庭を横切っていこうとした。先生はその蛇を素手で捕らえて、尾を持ってぶら下げてわたし達の方に近づける。皆はキャーと叫んで逃げまわる。最後に先生は竹の先を二つに割って蛇の首を挟み、池の水の中に漬けて殺した。

その三島先生が転勤になった。転勤先は陶村よりもっと辺鄙な山際の西分村の分校である。事情は不明であるが、向こう意気の強い先生のことだから、校長先生と衝突でもしたのであろうかと子供心に考えたものである。

先生は相当がっかりしておられた。お別れの日、先生は島崎藤村の「椰子の実」の歌を原稿用紙に書いてわたしに渡して下さった。漂泊の旅に出るような気持ち、「いつの日にか邦に帰らん。」という望郷の思いをご自身の心境に重ねたのであったろう。

わたしは先生に「西分に遊びに行ってもいいですか。」と聞いた。先生は「勿論いいよ。」とおっしゃった。

その約束をわたしは実行したのである。陶から西分村まで三里、バスが通じていたかどうか記憶がないが、多分バスの便がなかったのであろう。夏休みのある日、わたしは歩いて西分村に向かい、汗まみれになって西分分校に着いた。独身の三島先生は分校の宿直室を宿舎としておられた。

先生は大喜びで、通りがかったアイスキャンデー売りの自転車の荷台に積んであるアイスを全部買い占めてバケツに入れて戻って来られた。あれだけ沢山のアイスキャンデーを一度に食べたことはその後ない。

分校の校庭で先生とキャッチボールをした。

夕食のとき、先生は一升ビンから茶碗に白い濁った液体を注ぎ、「飲んでみるか。」とおっしゃった。口をつけてみるとほのかに甘く、まことにうまい。一気に飲み干すと先生は「いい飲みっ振りだ。」と誉めて下さって、更にもう一杯注いで下さった。その瞬間わたしは目が回って前後不覚になった。翌日目を覚ましたのはようやく昼近くなってからであった。ドブロクの初体験であった。その晩のことは全く覚えていないが、わたしはたびたび嘔吐し、先生は介抱で一晩眠れなかったそうである。

翌年わたし達が高松に移り住むことになった時、三島先生はわたしを香川師範の附属小学校に推薦して下さった。先生は高松に用事がある度に家に寄って下さり、時間がある時は道路で（当時は全く車が通らない未舗装の道路で）キャッチボールの相手をして下さった。

十、香川師範学校附属高松小学校

五年生の一学期、わたしは簡単な試験を受けた後、附属小学校五年赤組に編入許可された。

附属小学校は田町にあった三階建ての池田屋ビルの仮校舎から、宮脇町の経専（高松経済専門学校）に仮校舎が移転した直後であった。

五年赤組の担任の先生は岸上孖雄先生、男女共学で生徒数は二十数人と少なく、皆とすぐに仲良くなることができた。

わたしが編入する前にこのクラスで動物を登場人物と

する劇をやったらしく、クラスの男子生徒はその時に扮した役の動物の名前のあだ名で呼び合い、和気藹藹とした雰囲気であった。

経専の校庭は広く、男子生徒は時々放課後ホームラン競争をした。野球といってもボールは小石を綿で包み、その外側を布で覆ったものである。生徒の父の中にゴルフを嗜む人がいたのか、ゴルフボールを芯に入れたボールを持って来た者がいて、このボールはよく飛んだ。

「六・三制野球ばかりが上手くなり。」という川柳が当時あったが、男子生徒は皆野球が好きで、プロ野球にも関心が高かった。選手のブロマイドを持っている者もいた。贔屓のチームは巨人と阪神がほぼ半分ずつだったように思う。

陶小学校も男女共学であったが、男子生徒が女子生徒と同じ遊びをすることはなかった。ところが、附属小学校のこのクラスでは、放課後男子生徒も女子生徒と一緒に毬つき、ゴム高跳びなどをすることがあるのである。面白いのは、毬つきで、最後に毬を納める時、女子生徒はスカートの後ろの裾で毬を包むのであるが、男子生徒は毬を手で掴む他はないので、仲々うまくいかないのであった。

女子生徒から本を借りて読むこともあった。

わたしは一方で当時ベストセラーとなった吉川英治の「宮本武蔵」を読みながら、他方で女子生徒から借りた吉屋信子の少女小説を「ステレオタイプ（当時はそんな言葉を知らなかったが）のマンネリ小説」と心の中で批判しながらも読んでいるのだった。

附属小学校には教育実習のために師範学校の学生さんが教えに来る。「教生の先生」の中には、はじめて授業をする時緊張してあがってしまう人がいる。生徒の方が上手《うわて》で、にやにやしながら面白がって教生を見ている。時にはからかって難しい質問をして教生を立ち往生させる奴もいる。しかし授業が終わると年があまり離れていないお兄さんのような教生達は格好な遊び相手だった。

岸上先生はまだ師範学校を出てから間もない頃であり、熱心な先生だった。「ひょうたん」が口ぐせで要するにひょうたんが細いくびれと太い部分があるように、勉強する時には集中し、リラックスする時には勉強を忘れて楽しく過ごし、メリハリのある生活をするという教えであったと思う。

五年生の夏、赤組の生徒は津田の海岸で臨海学校風の合宿をした。朝食後海水浴、昼食、昼寝、海水浴、自由時間、夕食、自由時間、入浴、就寝という規則正しい共同生活は生徒間だけではなく、先生と生徒の連帯感を強め楽しいものであった。

六年生の春休みには、岸上先生に連れられて、クラス全員で大歩危小歩危《おおぼけこぼけ》に旅行した。初日は生憎雨だったが、歩危《ぼけ》の吉野川の青い石は雨に濡れて却って美しく見えた。その晩宿の向かいの山の稜線に灯がちらちらと動いていくのを皆が火の玉だと騒ぎ、先生に叱られたことが思い出される。

何よりも忘れられないのは、六年生の夏、岸上先生から赤組の生徒全員が観音寺の先生のご実家に招待して頂いたことである。

出発の朝、わたしはよほど楽しみに張り切っていたのであろう。六時半発の列車に乗る予定であるにも拘らず、午前三時すぎに池田屋の先生の部屋（守衛室だったと思う）を訪れ、ねむ気眼《まなこ》の先生を叩き起こし、四時すぎに出発、途中で母親が喫茶店を経営している生徒の家に寄ってお茶を飲み、五時すぎにはもう築港駅に着いていた。

先生のお宅ではご両親に大歓迎を受けた。

有明浜で海水浴をした。遠浅で白い砂浜が美しかった。琴弾公園に行き、砂絵「寛永通宝」の大きさに驚いた。観音寺にもお参りをした。夜は皆でトランプをしたり将棋を指したりと楽しい二日間であった。

昭和二十四年、漸く復興が進んできたとはいえ、まだ食糧難の時代、よく二十数人もの生徒を受け入れて頂いたものだと、今になって先生と先生のご両親に対して感謝の念を新たにするのである。

この時代には、こんな先生が居られたのである。先生と生徒の一体感は極めて強かった。

六年生の一学期の半ば、天神前に木造二階建ての新校舎が落成した。移転して数か月の間は校庭はまだ未整備で草が生え、草の中にはかなへび（とかげの一種）がいた。わたしはかなへびを捕らえてびんの中で二、三日飼育したが、すぐに飽きて放してしまった。また校庭の片隅には石の塊が積み上げられてあり、わたしはまたまた石の隙間に秘密基地を作って楽しんだのである。

クラスを数班に分け、班ごとに新校舎の模型をボール紙で作らされた。測量と、縮尺、手技、協調と指導のまぜ合わされた課題であった。

六年二学期、常磐街と南新町の交差する角にあった南座で赤組の生徒は「父帰る」という劇（菊池寛作のものではない）を演じた。わたしは父親役を割り当てられ何とかこの役をこなした。
卒業前にわたしは学校新聞の編集委員となり、ガリ版刷り表裏二面のザラ半紙の新聞を発行した。その一面トップを何にするか、迷いに迷った末、学校新聞としてふさわしくないと思いつつ、その年の十月に成立した中華人民共和国の誕生をもってきた。あれから六十二年、今日の中国の発展ぶりを見ると、新生中国の建国を世界史的事件と考えて紙面を構成した先見の明を少し誇りたくなる気持ちになる。

以上は小学児童の目を通した戦時中の外地の様子、引き揚げと引揚者の生活、戦後の農村、復興期の学校生活を断片的に綴ったものにすぎない。全体的なパースペクティブに欠けているが、昭和という時代の一断面が伝わればと思う。

思い返してみて絶対的な物質不足の時代で、窮乏の極に至ったこともあったが、さほど不幸を感じなかったことは何故であろう。それは少年期特有の未来への希望と楽観の故でもあろうが、一億総貧乏という状態で格差が少なかったこと、家族の絆に支えられていたことも大きいと思う。

物質的な豊かさは人間の幸せの要素の一つにしかすぎないのであろう。
戦中・戦後の体験は否定的に語られることが多い。むろんあの戦争の惨禍をくり返してはならない。しかし物質的に豊かになった今日、それと引換に失った日本の伝統、礼節、道徳感に思いを馳せることも必要なのではなかろうか。

平成辛卯　昭和を思う

片山　泰弘

一、中学より高校の時代

昭和二十年　　大東亜戦争終戦（二歳）
昭和二十七年　サンフランシスコ講和条約（九歳）
昭和三十六年　国民皆保険（十八歳）

（一）禅寺との出会い

観音寺から汽車で二時間程西走、伊予小松に佛心寺という禅宗の寺があった。圓覚山と大書した山門を入るとそこには堂宇が遨然とそびえ、左右蘇鉄の大木が仁王の如く、砂利敷詰めた境内に雑物なく、塵想を拒む空間があった。この未知の異次元と感じた空間、ここにわたしが生きる上で何か大切な世界が在ると直感、この寺での生活を決意した。

入山の経緯はさて置くが師家は臨済宗南禅寺派で重きを就す本光軒三輪燈外老師。食肉妻帯を戒め厳しい禅宗の原点を歩まれ、当時、草深い田舎で人間《ジンカン》を絶ち、雲水との修業三昧の日々は正に秋霜烈日、世間と隔絶したものだったが、わたしには極めて新鮮、魅力的に思えた。頂度自己の長短を覚る年頃、この環境に自らを置いて内面を鍛えるべしと休暇ごとの禅寺生活が始まった。多感な中学二年の春だった。

以後、老師入寂までの二十年弱、教導頂いたが、それは後に認めるとして山内生活の一端を綴ると動物性蛋白は勿論御法度、何故か牛乳は可だった。味噌醤油は自家製（随分と塩辛かった）、蒟蒻を狸の肉・昆布を鯨の皮と称するのは坊主独特の諧謔の所以。粥座（朝食）・斎座（昼食）・薬石（夕食）は当時と雖も粗食の極。夏時分腐臭強い麦飯を水洗して喰った記憶もあるが、時にある壇家の法事を鶴首したものである。

（二）出合った二冊の本

昭和三十年代の初めに読んだ二冊の本はわたしに大きな影響を与えたがこれも中学一〜二年の頃。禅寺も含めわたしの精神構造の鋳型はこの時代に形成された様に思える。

先ずパールバックの「大地」。記憶を辿ると王龍の農への想い、奢侈に墜ちた二代目を経、再び大地へ回帰する王淵と美齢を描く大河小説である。これに共感、自らの未来を重ね農こそ人の本、農こそ国の本、農こそ我が進む道と、二宮尊徳翁たらんとしたか不明だが三段論法的に決意した。禅寺での自給自足の生活もこの思いに迫車を馳けた嫌いもあろうが、農への憧れは高校三年まで日々増幅していった。また、王淵米国留学先の教授の愛嬢との邂逅に若い衝動を覚えた青春の入口だった。

この時代の写真集を開くと未使用の大学受験票が几帳面に貼られ、色褪せた表には昭和三十六年北海道大学農学部とある。嗚呼、半世紀を経、医師として歩んで来た人生に満足しつつ医を楽しむ未来をも希求する今もこの受験票は我が青春の証である。話は外れるが平成二十年玉野市民病院退職の記念に扁額を納めさせて頂いた。文は小生、書は石賀桂樹先生（わたしの患者さんで書の大家）、墨痕凜漓に「医以楽之」と。病に苦しむ人に楽とはの疑義は承知だが有無を超えた無、哀楽を超えた楽即ち花紅柳緑の心境として御容赦頂いている。

この古びた受験票を見るたびに他の人生を歩む自分を夢想する。使用せばクラーク先生、高級官僚、ＪＡ幹部、王龍王淵の世界……。人口爆発・食糧危機・食糧自給率最悪の本邦の今、如何に農の世界に関与して古稀を迎えていたのだろうか。

大地に啓発された五年間、渇望し続けた農を捨て医に変心した理由は如何、今以って不可解である。しかしその日は突然やって来た。高校三年三学期一月下旬の夜、同級生の井川満君（阪大理学部教授）と母丹精の鍋焼うどんを喰いながら雑談中の「遺伝」の一言。わたしの頭の中でこれが爆発、メンデルや個体発生は系統発生を繰り返すと習った生物は好きな学科だったが、佛心寺の空間に感じたと同じ閃きが体を貫き遺伝→医学→医学部の回路が瞬時に完成してしまった。天の啓示というべきかこの時以来わたしの頭の中は新しい恋人「医」が占拠、慌だしく旺文社の「傾向と対策」を紐解くこと一ヶ月余、岡山大学のお嬢さんと目出度く結ばれたのは昭和三十六年、十八歳の春だった。

もう一冊は吉川英治の「三国志」である。江戸以来最も知られた中国歴史物語で、今なお少年の血を滾らせている。市立図書館で「これ」に出合ったわたしは一気に読了、黄塵萬丈中原に鹿を逐う英雄豪傑に魅了され、その余韻冷めやらぬなか週刊朝日連載の古典語典（文：渡辺紳一郎、画：清水崑）でわが国の多くの事が中国の故事・古典に由来するかを知り、彼の国への興味が倍増。

その上決定的だったのは高校漢文担当の宮武先生の講義、史記における美文調の語りでは慷慨する項羽を眼前に浮ばせ、杜牧の千里鶯啼緑映紅、水村山郭云々では教室の中に江南の春を感じさせた。この延長線上に和的漢文で雁書を送り、散歩に史記を嘯き浴中折々の漢詩を誦じて悦に入る今があり独学で漢和辞典を片手に覚束ない漢詩作りに時を忘れていた。何度辞書を引いても韻や平仄を覚えられぬも呆け防止そして安価で高雅な趣味と自賛している。ただ家内の評判は頗るよくないのが残念ではある。

二　大学生活から医師国家試験

昭和三十六年　岡大医進課程入学（十八歳）
昭和三十九年　東京オリンピック（二十一歳）
昭和四十三年　インターン制度廃止（二十五歳）

世界に冠たる国民皆保険制度実施の昭和三十六年医学部の門を潜ったのも不思議な縁だが当時は知る由もなかった。この記念すべき年一衣帯水の瀬戸内海を渡り、岡山へ勇躍乗り込んで弊衣破帽の学生生活を夢みたわたしにとり現実との落差は大きかった。先ずは春風万里の入学式。本来自治を重んずる大学の歌たるもの、自ら格調高く旧制高校寮歌（当時旺文社の螢雪時代の付録にあった）の如くあらんと想像しわが岡大校歌に胸を躍らせた。しかるに式場に流れる学歌学生歌の綺麗さ、スマートさに忘然自失、これが敗戦と新制大学たる所以かと屈辱感と寂寥感が胸を覆った。後々思えば「長瀾寄する燧洋…」と高歌した観音寺の旧制三豊中学校の先輩たちが、われわれ観音寺第一高等学校校歌の「青雲匂い陽に映ゆる…」に寄せた思いも同じと忖度、正に歴史は巡るのであろう。

今一つは角帽。これこそ地位の矜持・特権であり、さらに学生服、高下駄の三点セットが学生の正装と入学式翌日からこの出立で構内を闊歩し始めたのは当然である。しかるに特権たる角帽をこの地では高校生風情が堂々と被っていて、生徒の分在で何たることと憤慨した。何故高校で角帽なるか解らぬまま時は過ぎたが、わが正装で登学する同級生は田舎者が多かったことは確かであった。

サテ学生生活である。下宿は三畳一間の安アパート、机と蒲団で満杯、そしてラジオを聴きながら当時流行し始めたチキンラーメンを頬張る、これで十分幸福だった。家賃三百円、授業料八千円、学食定食四十円、観音寺岡山間汽車賃二百四十円の時代。親から如何程の仕送りだったか忘れたが禅寺での生活と比べれば贅沢なものだった。アパートの近くに高校の二年先輩がいて、遊びに出かけたことが麻雀に手を染めることとなるのだがこれはまたの機会としよう。

医学進学課程での講義は高校延長の部分もあったが法学部や文学部など他学部との合同講義は新鮮で面白く視野も広がり、出席や試験も誠に大らかで高校時代との相違に驚くと共に納得出来た点である。この時期最も刺激的で今も印象に残るのは小村達夫先生による動物学実習だった。

蛙の受精卵観察実習に於いて先生曰く「殿様蛙（学名ラナニグロマクラータ・ニグロマクラータ・ハロウェルと今以って覚えている）雌雄を用意すること。なお、蛙を捜す秘訣は天にあり。何故なら食物連鎖として蛙→蛇→鳶と繋る、鳶舞う所蛙有り…」と。かようにして捕獲した番を人工授精、夜半まで受精卵の観察描写に没頭した。この時覚えた点描スケッチは以後大いに役立つ技法となった。分裂を追うなか醤油の焼ける香ばしい匂いに我に返ると七輪の網に犠牲となった蛙足の醤油焼きが並列、出席番号順に喰わされ、いささか蛇になった気分を味わわされた。終了後、みんなで食った屋台の丸天のラーメン五十円也は誠に美味。今も三代目が味を守っており、時に立寄り旧時を懐しんでいる。そしてオパーリンの生命の起源解説や屠殺場見学報告書作成と実習に悪戦苦闘する中で同期の連帯感が育まれ、夏期休暇の頃には今に至る多くの知己を得ることになった珠玉の時期だった。

昭和三十八年春、鹿田町の医学部に進学、秋からいよいよ死体（ライへ）解剖実習の始まりである。実習室は木造平屋縦長でやや冷かな空気が漂い、御影石擬の石造りの解剖台が横向きに奥に向って十二台在り、それぞれにライへとが静かに横たえられていた。各自八人づつ解剖台に整列、室内は寂として声なし。厳かな大内教授の訓示後黙祷合掌、四ヶ月四体の人体解剖実習が開始された。一体を頭部・体幹・上下肢の八人が担当、全員諮問にパスしないと次の一体に進めぬ規則で他の人に迷惑がかかると深夜に至る格闘もあり、時折か細く鳴くコオロギに秋の深まりを感じたものである。白衣や解剖図附はすぐ黄染、ホルマリンの臭いは半端でなかった。有余曲折はあったが十二月には全員無事終了、漸く医学部の学生になった気分の中、大内教授を招いてのスキヤキコンパには達成感が漂っていた。卒業アルバムに解剖室での小生が大きく写っているが、同級生以外わたしと識別されたことなく年月における自らの変貌を教えられている。

再び禅寺である。昭和三十四年佛心寺の老師は山梨県塩山市（現在は甲州市塩山）にある塩山向嶽寺に管長として赴任された。この地、塩山《エンザン》の地名は古今和歌集に詠まれた「志ほの山さしでの磯に住む千鳥、君が御代をば八千代とぞなく」に由来するといわれるが、この向嶽寺は臨済宗向嶽寺派の大本山にして永和四年（一三八〇年）開山恵光大円禅師、開基武田信成になる名刹である。

以後、向嶽寺へ参禅することとなるのだが、これまで由縁のない甲斐の国との関係を通じて東日本の風土に触れる縁ともなった。夜行列車に揺られ早朝、東海道線富士駅着、身延線で北上、買い出しの逞しい伯母さんたちの方言を耳にしつつ車窓の富士川に名高い源平合戦を思う中甲府着。寝不足に朝の光が眩しく、塩山までの中央線車中では山梨英和学院の制服がこれまた眩しかった。時には東京経由で入山したが一望千里甲府盆地を覆い尽くす葡萄畑に岡山との相違を感じたものである。

向嶽寺と大書された山門を潜ると老杉聳ゆる参道が北に延び、総門の彼方に開山堂、東に陰寮少し離れて新築成った禅堂、西奥に塔頭と配されていた。境内は佛心寺に比べ格段に広かったがやや荒れた印象、聞く所に因ると度重なる大火で昔日の姿を失った由。老師はその再興を図るべく派遣されたと後に承ったが、向嶽寺派一門の悲願であった方丈の新築落慶は老師入寂二十年後の平成九年まで待たねばならなかった。禅寺の一日は開定より開枕まで誠に厳格であるが、当時向嶽寺は雲水が居らずわたし自らが日課を立て夏期は蝉時雨、冬期は風雪の中作務・坐禅・学問に精進し、時に老師のお供でお茶席、大菩薩嶺、専林寺へと山外に出られるのも楽しみであった。

かかるある日わたしを呼んだ老師は竹篦を前に端坐し徐ろに問うた、「一切衆生皆有佛性、狗子如何。」、「無」と。所謂無門関第一則趙州無字の公案である。室内は寂々、山内は蝉声喧喧、老師の姿は無限に大きく半眼から覗く炯々たる眼光に身動きは勿論息も出来なかった。有無の無に非ずとは解ったがこれに向かう事十年余、不立文字なるも腑に落ちた何かを自得し次なる公案を求めんとした時老師は既に入寂の後であった。

このように禅寺参りや講義・野球・麻雀等の中に医学部六年の学生生活も矢の如く過ぎ様としていた。われわれ昭和四十二年卒は所謂インターンを経験した本邦最後の記念すべき学年である。この制度は昭和二十三年ＧＨ

Qの指導により開始されたのであるが、以前から身分保障・指導体制・医師法抵触等様々な欠陥が指摘されていた。頂度、卒業当時にはこの問題がピークに達し、インターン制度反対とそれに付随してインターン病院・臨床系大学院入学・医局入局等のボイコットが声高に叫ばれ、全国的に青医連なる組織も結成されるに到っていた。白衣を着け「インターン制度反対」と連呼しつつ繁華街を行進、若いエネルギーを発散させたのは、ノンポリのわたしにも懐しい思い出である。

この流れの中で四十二年卒業もインターン病院をボイコットして大学病院での研修となった。将来の進路に鑑み内科系外科系と分かれての研修だったがこの期間は医学・医療への確固たる信念、情熱、あふれる自信を持って医局で頑張る諸先輩に啓発されながら自分の適正を見極め進むべき教室を決定する重大な時期である。また、口に糊するため週二回程のネーベンは身分保障はないが自由闊達、医療事故など思いもせず医師の卵たる自分が日一日と雛に育ってゆくのを実感したものである。恐い物何一つない雛だった。この制度は現在二年に義務化された新臨床研修制度として存在するがその欠点も指摘されるところ、一年間の自由なインターンを過ごせたのはむしろ幸運だった。

閑話休題、国家試験である。一覚直来国試難。この試験もGHQ指導のもと昭和二十一年に第一回があり平成二十二年までに百四回を数えている。当初年二回だったが昭和六十一年より春一回に、平成五年必須科目廃止、総合問題形式・マークシート導入、面接廃止、試験二月実施等幾多の変遷を経て現在に至っている。われわれ当時の国試は内科・外科・小児科・産科・公衆衛生の五科が必須、あと内科系・外科系クライン選択の計七科で筆記試験と面接試験合わせて二日間だった。四月に広島で受験すべく準備を進めていたが、国試ボイコットの圧力が大学内外より徐々に強くなる状況に在った。「受けるが可か、受けざるが非か」、同期の間で甲論乙駁の議論を重ねた後「受けるべし」と決定した。ここからわれら昭和四十二年卒一丸となっての広島国試受験作戦の幕が切って落とされた。わが軍はクラス委員が将校、参謀本部は谷崎眞行君（瀬戸内市民病院事業管理者）を本部長に、鈴木健二君（平成病院長）と渡辺寛君（渡辺医院長）で結成された。種々の場合を想定した綿密な作戦計画が練り上げられ、出征時に宿舎を参謀本部に連絡、「試験当日、朝七時〇〇に集合せよ。予定変更有り、外出厳禁」

の命を受け隠密裡に西行、試験前日、後に共に泌尿器科に入局することとなる花房捷夫君（白石島診療所長）と二人で広島に投宿した。夜十一時果たして電話あり「明朝の○○は漏れた。集合場所△△に変更」と。メールや携帯の無い時代、参謀本部は随分苦労したはずである。その甲斐あってオルグされることなく全員揃って試験会場入場、二日間の日程を無事終了、場外は反対学生の怒号と警察の規制マイクの声が交錯していた。この間一糸乱れぬ作戦が成功したのは参謀本部を中心に七年間苦楽を共にした同期の結束によるものと改めて思っている。そして昭和四十三年九月十日付で同期一同晴れて厚生大臣園田直とある医師免許証を手にしたのである。われわれの時代、国試に落ちれば伝説の強者と語られるほど稀有なことだった。因みに平成二十二年度の国試合格率は八十九パーセント余、医師不足の中残念なことである。

三．岡大泌尿器科医局時代

昭和四十五年　大阪万博（二十七歳）
昭和四十八年　オイルショック（三十歳）
昭和五十一年　田中角栄逮捕（三十三歳）

大学医局時代は昭和四十三年から昭和五十一年辺り、この間における二つのことが医師として生きる人生の基礎を固めてくれた。それは恩師新島端夫教授（後に東大教授）の薫陶であり、生涯の伴侶田鶴子との結婚である。

昭和四十三年入局、新島教授も着任三ヶ月の新進気鋭、明朗闊達・気宇壮大と桁《けた》違いに器の大きい先生で、教授室の大きな地図は世界を睨んでいた。八十六歳になられる今も誠にお元気で機会あるごと岡山に来られ、今も不肖の弟子をいつくしんでくれる。当時の医局の建物は木造平屋、廊下も板張り、よく足音がした。左右に教授室、助教室等幹部の部屋が並び、一番奥の医局にわたしと花房君の机は置かれた。書物や物品を整え端坐すること暫し、将来への高揚にみなぎった入局初日だった。

新入医局員ウンテンを直接指導する先輩をオーベンと呼称し、このオーベンからカルテ記載、処置一般、診療イロハ、文献収集そして医局の歴史や不文律を指導され、これが医局の伝統となって継代されていく。この医局制度及び同門の絆は他業界と大きく相違していると云えよう。

入局一年も経たある日、教授室に呼ばれ学位論文のテーマを示された。膀胱癌の再発予防に関するもので、情熱を内含し静かに語る教授の姿は甲州の禅寺で無果如何と問うた老師のそれと同じだった。こうして臨床・研究の二足の草鞋を履くこととなり研究室での徹宵も稀ではなかった。臨床の方は手術は勿論術後管理や麻酔等オーベンの技術を盗みつつ日を追って階段を上る実感があり、初めて術者として尿管切石術を完遂した時に外科の醍醐味を満喫することも出来た。一方、研究の方は膀胱癌の形態、病理所見及び再発率そしてこれと尿中酵素との因果関係等難解な方程式に立往生の揚句、教授の示唆で五里霧の霽れることもしばしばだった。しかし苦しみの中で睹光も射し始め仮説が臨床的実験的に立証されて、次なるステップの展開も予想出来るなど研究も軌道に乗り昭和四十七年三月学位論文「膀胱腫瘍再発予防に関する研究」を完成することが出来た。

この渦中にある昭和四十五年初頭黒松田鶴子と結婚した。前年の夏、後楽園南隣の荒手茶寮で見合い、誠に素敵なお嬢さん、されど娘は母を見るに不如とお母さんも拝見し、コレダと決めた。後は京都三高との定期戦に攻め上る岡山六高の北進歌のごとく押しに押して射止める事が出来た。神戸以西は知らぬ都育ちのお嬢さん、親戚友人一人とてなく新幹線も通わぬ遠い岡山に来た彼女の覚悟は並々ならぬものがあったろうが、当時二十六歳「俺に付いて来い」と意気軒昂な青年医師だった。そして手術・研究・学会と家を空けること尋常でなかった家庭を支え、子供たちをそれぞれ歯科医師・医師に育て上げ、病院長を務めるわたしを励まし慰め続けてくれた妻も、気が付くと前期高齢者の玄関にある。贅沢一つせず子供たちにとり太陽のごとき存在、園芸をこよなく愛し庭や玄関を四季の花々で飾り、メダカの育成に智恵を絞り、料理の腕も抜群美味なる事この上無し。彼女によれば料理は閃きの由（その故か我家三人は総てメタボである）。唯々感謝感謝の四十有余年、わたしは二世を契りたいというのだが彼女は一世で充分とのこと、この落差は若い頃の応報なる乎。

昭和四十七年助手を拝命の後、数年間在局、病棟医長や医局長も担当したが特に医局長の経験は以後の勤務医人生に随分役立った。それはこの立場内的には医局の金庫番・手配師・苦情受付・旅行代理店等雑用係で大変だが、大学病院運営の諸問題を検討する外的な医局長会議で交される〝丁丁発止〟の討論及びその決着課程を学び得た事、又現実病院を動かしている事務方の力を知り得たことである。

四．玉野市民病院時代

昭和五十五年　JAPAN AS No.1（三十七歳）
昭和六十年　ペレストロイカ（四十二歳）
昭和六十三年　瀬戸大橋開通（四十五歳）

昭和五十二年三十四歳の春、玉野市民病院に赴任した。玉野市は昭和十五年市制を敷いた瀬戸内海の港湾都市・造船企業町であり、宇高連絡船の岡山側宇野港としてわれわれ讃岐人には忘れ得ぬ土地である。その玉野で臨床技術を存分に発揮出来ることが無償に嬉しかった。そして一人医長として全責任を負った難手術の患者が無事退院の運びとなった時、満足感と同時に教授を始め諸先輩の恩を思い頭を垂れた。その後、家庭を一切不顧、病院に寝泊り臨床一途、今までの技術に工夫を加え、学会で学んだ新治療を加味し片山流実旋泌尿器科の創造を目指した。かくして徐々に患者が増加・医業収支も改善の兆しとなり、事務長さん大喜びで他病院に先駆けて新しい医療機器や図書が整備され片山流泌尿器科の邁進に大いに役立った。これは医局長時代に培ったノウハウだった。

しかしながら診療を重ねる中で医局時代の大学と玉野との差が見えて来た。特に感じたのは前立腺疾患。当地では男の尿の出難いのは老化と捉えられ、尿閉となって飛び込んでくる患者が後を絶たず、前立腺癌の多発転移で如何ともし難い患者に多数遭遇、臍を噛むことしばしばだった。これではイカンと孤軍奮闘する中に徐々に前立腺の何たるかも認知されては来たが、人口七・八万人の中では大海の一粟でしかなかった。既に時は移り恩師新島教授は東大教授に栄転、次世代となった医局の現状にも鑑み玉野の地で骨を埋めて前立腺癌早期発見の点を線に、線を面に広げこの地を岡山県の前立腺癌検診先進自治体に育てようと決意したのは昭和六十年厄年のころだった。それ以来診療の傍ら老人会や愛育委員会にお願いし「おしっこ四方山話」、「前立腺今昔物語」と題した講演活動を始めた。当初は講義調が災いし鼾欠伸の合唱でしたが徐々に場慣れし、唄や浪曲を組入れ「水道工事屋日記帳」との演目も好評となり、市民の中からも前立腺癌の啓発の輪が広がって来た。併行して首長さんや議員さんにも（一）急増する前立腺癌（二）原因と特徴（三）早期発見の鍵ＰＳＡの有用性（四）女性特有癌検診二種類あるも男性に無い不平等（五）前立腺癌検診先進自治体の名誉などをことあるごとに説き続けた。その結果、岡山県最初の自治体主導前立腺癌検診が実現したのは玉野赴任頂度二十年後の平成九年の夏のこと、昭和の夢が叶った時だった。以来この検診は岡山県のみならず全国的に波及、玉野で早期発見手術第一例の患者の声は今もはっきりと憶えている。「造船不況、瀬戸大橋で地盤沈下しつつあったこの地に住んで居て本当によかった」と。

遊びの方もよくやった。仕事の出来る先輩は遊ぶのも上手。遊べぬ様では大成せずと学生時代から野球を始め飲む・打つにも人並以上に努力して来た。玉野でもと意気ごんで赴任したが、当時の病院は公務員体質の故か仕事も遊びもおとなしく物足りなかった。そこで周囲を注意深く図りつつ徐ろに麦酒と雀卓を整え若い先生や職員を誘惑、実績を重ねて頃はよし「オイ、野球部創ろう、勝利の美酒はウメェーで」と。軍資金は文珠の智恵で捻出、用具を揃え監督・ユニホーム・背番号を決める頃になると熱気ムンムン、わがこと就れりである。そして赴任二年後の昭和五十四年伝統ある玉野市民病院野球部は発足した。門出となる緒戦は見事初勝利、美酒に酔痴れた事は申す迄もない。以後早朝野球、官公庁野球の常連となり、わたしも名サードの名を縦にしたものだ。看護婦さんの熱い応援も加わり病院の一体感が弥が上にも上昇、これがやがて病院経営にも役立ったと思うは些か我田引水だろうか。とまれ野球部の連中能く遊び能く働き病院とわたしの黄金期だった。

その玉野で時代が平成に移った時は副院長、その後病院長も無事終え、現在民間病院の顧問の職にある。この医師として活き活かされた日々を大略十年ごとに四字熟語で表せば第一期切磋琢磨、第二期一所懸命、第三期趙州無字、第四期融通無懈の時と自己評価、そして今は花紅柳緑の医、医以楽之の医を目標としている。

古稀を前にして昭和の時代を省りみつつ今あるわたしの姿は禅への憧憬として床の間に遺墨を掛け老師を思い、農への慙愧か菜園山菜に親しみ、古代中国に思いを馳せつつ漢詩創作に時を忘れ、賭の余燼に時として卓を囲み、飲の埋火キリンフリーに酔い、妻への懺悔に家僕に徹し、華年の残燈に思いを辿り、父母への報恩に若く憶えた読経を奉じ、医への愛着を無限に広げつつ日を過している。

平成辛卯の初日の出は病院屋上で拝したが、近年稀有の素晴しいものだった。その春暉に本邦の安寧を希った。

題元旦高樓

泰山

平成辛卯暁
冠帯望高樓
後簷玉兔繊
前闔吉江幽
緬然獨倚欄
慷慨圧心頭
國哀家退恨
不察水空流

平成辛卯《シンボウ》ノ　暁《アカツキ》
冠帯《カンタイ》高樓ニ　望メバ
後簷玉兔《コウエンギョクト》　繊《ホソ》ク
前闔吉江《ゼンコウキッコウ》　幽《ホノカ》ナリ
緬然《メンゼン》トシテ獨《ヒト》リ　欄《ラン》ニ倚《ヨ》レバ
慷慨心頭《コウガイシントウ》ヲ　圧ス
國哀家退《コクスイカタイ》ノ　恨《ウラミ》
察《シ》ラズ　水空《ムナ》シク　流ル

慙江天百楽
覩京洛千秋
西塘風伯運
東岳日華浮
中原復逐鹿
寤寐臨辺洲
玲瓏辛卯晨
身後更何求

江天《コウテン》ニ　百楽《ヒャクラク》ヲ　慙《ハ》ジ
京洛ノ千秋ヲ　覩《ノゾ》メバ
西塘《セイトウ》　風伯《フウハク》ヲ　運《ハコ》ビ
東岳《トウガク》　日華《ニッカ》　浮ブ
中原《チュウゲン》ニ　復《マ》タ鹿ヲ逐《オ》ヒ
寤寐《ゴビ》　辺洲《ヘンシュウ》ヲ臨メバ
玲瓏《レイロウ》タル　辛卯《シンボウ》ノ晨《アシタ》
身後《シンゴ》　更ニ　何ヲカ求メン

生への畏敬　生きる力　我が青春時代

國重　昭郎

大東亜戦争と坂出の風景―国民学校の一児童の証言―

はじめに

暦では春分も既に過ぎ、朝夕の春暖を期すもこの天変地異―猛暑・厳寒、大洪水・土石流、地震・津波・原発被害と放射能汚染等―。

人心も貧しく実子虐待・虐殺。

あゝ何をかいわん！

一方、世界においては、テログループによる破壊活動、特にマインドコントロールされた十代の若者の自爆による民衆の殺戮。……神風特攻とは本質的に異なる。……

哀れというも愚かなり

さて平成二十三年は太平洋戦争敗退後（わたしは敗戦とはいわない、未だ法的には決着していない国家が存在する。）六十六年となり、前線・銃後をとわず本戦争体験者は減少し、近未来にゼロとなる。小生は大日本帝国国民学校児童として軍国主義の教育を受けた。徹底したマインドコントロールといってもよい（六歳から十歳までの児童なので当時の教育と世相が当たり前と思っていた。）

浅学非才、文才もないが、この戦争末期の坂出の風景と幼少の頃の二・三の思い出を記し、本戦争を全く知らない児童・生徒および市民に伝え、人類の幸せと世界平和を願うものである。

戦争には勝敗はない　全て敗者である

筆者

戦争を放棄しない限り　核兵器を手に入れた人類は滅ぶ　（ノーベル平和賞受賞者・核物理学者J・ロートブラット博士）

戦争末期の坂出の風景

―昭和十九年四月から終戦日までの記録―

昭和十九年

四・一　坂出商業学校を坂出造船工業学校と改称、一年生から造船工業を学習。

四・　坂出実修女学校を坂出女子実業学校と改称。
　　　林飛行場建設のため、各町内会より割当人数の
　　　勤労奉仕隊が終戦まで出動。
五・　市内各国民学校運動場を開墾し、さつまいもを
　　　植付ける。
　　　坂出駅から中央埠頭にいたる、臨港道路開通。
　　　坂出商業学校二年生、学徒勤労動員で三井木造
　　　船坂出工場に出動。
六・　チリ紙配給、一人一日一枚
七・一七　学童の集団疎開開始
七・二五　坂出八幡神社で、米英撃滅必勝祈願祭を行う。
七・　坂出商業学校生徒勤労動員、四年生は川西航空
　　　機鳴尾工場、五年生は野田興農坂出工場へ出動。
八・一五　坂出工業学校、三井造船協力工場として学校工
　　　場開所。
八・　疎開児童、第一陣来県。
九・一七　大阪市八幡北国民学校六年生六十八、松山村遍
　　　照院・松井宅に疎開宿泊、松山村国民学校で学
　　　ぶ。同五年生四十人は西庄高照院に疎開宿泊、
　　　西庄国民学校で学ぶ。
　　　林田西招寺薬師院、大阪府下の疎開児童受入れ。

九・三〇　坂出工業学校三年生全員、東亜合成坂出工場、
　　　豊年製油工場へ学徒動員で入所。
九・　このころから、本土決戦に備え、女子の竹槍訓
　　　練が始められた。
一〇・　坂出商業学校三年生、勤労動員により川西航空
　　　機鳴尾工場へ出動。
一一・一　一七歳以上、兵役編入に決定
一一・　学生・児童の勤労奉仕で採掘した金山のボーキ
　　　サイトを、坂出市が献納。三回ほど新居浜住友
　　　精錬所へ輸送。
　　　坂出女子実業学校四年生百十人、大阪松下電器
　　　に、坂出高等女学校四年生百五十人、大阪鐘紡
　　　工場に動員。
　　　マッチ配給、一日五本、火打石・硫黄紙が使わ
　　　れる。
　　　決戦食糧対策、甘藷ツル供出。
　　　当時の米を消費しないための対策。
　　　1・かゆ食・雑炊
　　　2・甘藷・じゃがいもなどの混食
　　　3・玄米食または二分搗き・三分搗き
　　　4・野草の葉も根も利用

昭和二十年

一・　倉敷飛行機株式会社坂出製作所（倉紡坂出工場）木製飛行機部品の製作開始。

一・　未利用食糧資源の大根葉・わらび・ぜんまい・よもぎ・雑茸など国民学校生徒が採集。さつまいもの新芽・海藻・米糠・どんぐり・蛙を食用とする。

二・　サヌカイト工業株式会社設立、サヌカイトで絶縁体を製作。

香川師範学校女子部生徒、川西航空機製作所・中島飛行機製作所に動員。

このころ食糧不足のため野荒しが多くなり、地区によって夜番を行う。

空襲警報が発令されると、市民は女子師範学校やその他の学校運動場、鎌田池などへ避難。

縁故をたよって家財を疎開する者もある。

四・一五　本土決戦ゲリラ戦に備えて、坂出公会堂に陸運地区警備隊駐在。

四・　暁部隊、王越国民学校、金山国民学校、松山国民学校、櫃石国民学校などに駐屯。

国民学校初等科五年生以上、教練として男子は手榴弾投げ、女子は竹槍訓練を開始。

地元の住民勤労奉仕で、櫃石・王越・沙弥などの海岸に舟艇壕[※1]をつくる。

連日のグラマン機の空襲により、市内国民学校授業午前中一・二時間。畑地となった運動場で甘藷（護国藷）野菜・小麦・かぼちゃなどをつくる。

坂出商業学校二年生、勤労動員で金山ボーキサイト採掘。

六・四　**本土決戦に備えて、坂出市国民義勇隊結成式。**

六・二四　府中国民学校の一部、飛行機部品の製作工場となる。

七・四　米機、高松空襲。焦土となる。

七・五〜八　坂出警防団、高松へ応援出動。

七・八　坂田市水道技術者、高松市空壕跡地水道施設の応急修理応援、二十八日まで。

郡医師会坂出支部は医師十二人、看護婦十五人を高松市に救護出動。

七・一五　王越村沖で機帆船、グラマン機の襲撃を受け、船員負傷。

七・　坂出市役所、警察署、郵便局、銀行、駅周辺の

家屋疎開（取こわし）はじまり、終戦時まで続行。

松山国民学校講堂、倉敷飛行機の工場となる準備。

八・六　広島に原子爆弾投下。[※2]

八・九　長崎に原子爆弾投下。[※3]

八・一二　グラマン戦闘機編隊坂出地区を銃撃。

八・一五　ポツダム宣言受諾。天皇陛下終戦の詔勅を放送。

※1　舟艇はベニヤ板製、一人乗り、体当たり用の大型爆弾を載積した特攻用小型艇。

※2　新型爆弾「ピカドン」広島市に相当の被害ありと報道。師団司令部は国民の心情を考慮して過少に発表する。（戦後、ウラン型原子爆弾と発表。一部学者は広島市には向後百年間は全ての生物は生存できないであろうと言われた。）

※3　広島と同様に発表。

長崎市はプルトニウム型原子爆弾。

註　当時、米国では原子爆弾の愛誦はリトル・ボーイ。

筆者は**クレイジー・ボーイ**と呻吟する。

先日わたしの医院で診療している、甲状腺疾患の方（四十歳代）から原爆症の実父（わたしが主治医）の精子との関係はどうかとの質問……何と答えよう？六十六年経た今日ただ神に祈るのみ。

おわりに

こうして戦争末期の坂出の記録をおおって考察すると、市民の生活と戦闘能力は限界にきており、最早、国民（坂出市民を含む）は総玉砕か降参しかない。

しかし、筆者は当時十歳、神風特攻隊員は神神しく、美しくみえ、憧れでもあり、ロマンでもあった。

この脳裏の像、追憶の心理を何と理解しよう。

筆者の主張

大量破壊兵器（核・化学・生物他）は全て国連管理下におくその後漸減・廃棄

本稿は坂出市医師会誌　第七十三号　はつほ印刷二〇一〇年二月発行へ寄稿したものに、戦争末期の坂出の風景と国民学校の児童の臨戦態勢と心の変遷を追記したものである。

参考文献

坂出市史　年表
　編集　坂出市史編さん委員会
　発行　香川県坂出市
　印刷　牟禮印刷株式会社
　昭和六十三年四月一日　発行

新制中学校・高校時代

生きとし生けるもの全ての生物には進化の歴史があるが真実は唯一「生[※1]（老・病）死」である。

ましてや高度の進化したホモ・サピエンスである人間には一人ひとり異なる知性と叡智を伴う複雑な自分史がある。

文字という情報手段では到底記述・表現できない、それはそれは奥深い何かです。

人は生きる時代を選べない。―両親・社会・国家も同じである―。しかし、個人または集団が努力と英知によって文化・社会ひいては国家を変革することはできる。

孔子は四十歳にて不惑、五十歳にして知命と言ったが、私は当年七十七歳喜寿で迷いの連続である。

本論に戻ろう。

わたしは昭和九年九月九日、父茂九郎、母ミツエの四人兄弟の二男として香川県綾歌郡林田村（現坂出市林田町）で生まれた。中国では古来から重陽の節句の日である。

顧みると、わたしたち昭和九年生れは、第二次世界大戦中は大日本帝国国民学校児童としてひたすら神国日本を信じ、米英を含む連合国に勝ち、大東亜共栄圏確立のため勉学努力し、またそうするよう教育を受けた。しかし昭和二十年八月、終戦（敗戦とはいわなかった）とともに社会のあらゆるものが一変した。わたしたち児童はその目標と精神的支柱（神国日本であるということ）を失った。

当時、わたしは香川師範学校女子部附属国民学校五年生であった。もちろん教育方針も一変し、担任の恩師神原萬吉先生をはじめ諸先生方の民主教育はすばらしきものがあり、初めて『民主』という言葉を拝聴し、クラスでは自由討論というものが始まった。一方教育改革に伴い、六・三制の導入とともに、香川師範学校女子部は、男子部のある高松市に移転統合、したがって附属国民学校は廃校となるうわさがわたしたち児童にもひしひしと諸先生の表情、行動から伝わるものがあった。

　わたしたちは、新制中学校とはいったい何か、どこの新制中学に進学すればよいのか、同窓生はばらばらになるのか童心ながら不安であった。しかし当時の本校主事であった久保隆美先生、中島司先生をはじめ諸先生方の努力により新制の附属坂出中学校が創立[※2]された。

校舎は旧女子部の学生寮（若竹寮他二棟およびその庭園）を使用した。学舎といっても入室は窓にはしごをかけて

坂出附中草創時代の学舎（元女子師範学校若竹寮）

▲校庭は戦中の芋畑の残存

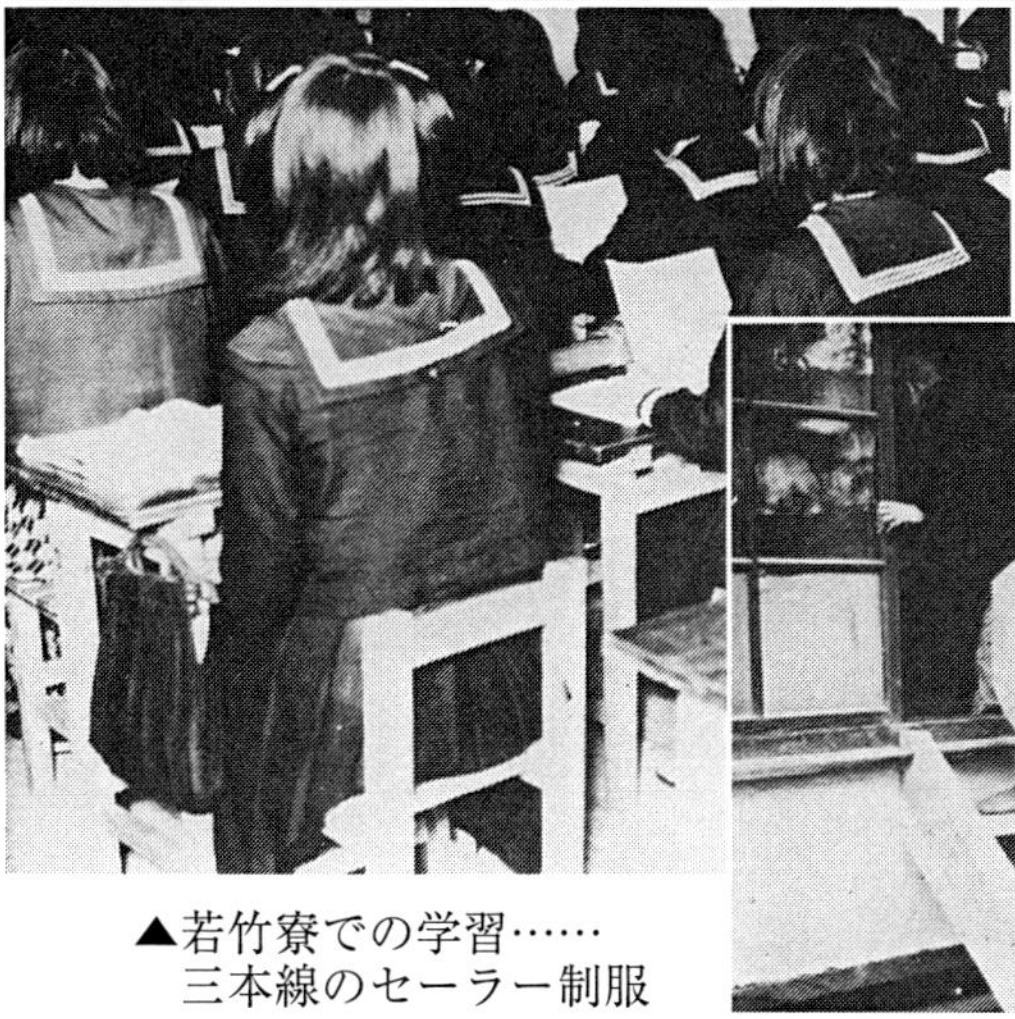

▲若竹寮での学習……三本線のセーラー制服

▼教室への出入りはこうして

※香川大学教育学部附属坂出中学校　創立30周年記念誌より引用

出入りするもので、部屋（教室というよりも適当な表現言葉である）は狭く、天井は低く、隣の部屋の先生のご講義はまる聞こえ、時にネズミが走っていた実に粗雑な木造平屋であったが諸先生（わたしたちの担任は今井正雄先生、鳥取八起先生）と生徒は一丸となって民主教育のもとに豊かな人間性を基本とし勉学、スポーツ（当時わたしは野球部にいてキャプテン・キャッチャーで三・四番を打っていた。二年生チームで坂出市で優勝）および文化活動にいそしんだ。かかる環境の中に、師弟愛、友情、創造性および不屈の精神が生まれた。

昭和二十五年四月、全県下学区制にて唯一の元女学校・新制坂出高校に進学した。

入学式で、第十一代・臼杵貢校長は「本校は男女共学でなくして、男女併学である。」と明言された。当時全校生は男子約百名、女子約七百名。少数派の男子生徒は萎縮気味で細々と畔道通学する。しかし元女学校を払拭し、新しい坂高の伝統をつくり上げようと全員で努力した。

同級生には素晴らしい優秀な学友が多勢いた。岩瀬恭一先生（三年時担任・英語）のサマセット・モーム、サムエル・ウルマンの解釈は難解でついていくのにとても苦労した。

数学の清水義一先生の幾何は極めて理論的で解りやすく、美しい曲線で黒板が一杯となり、印象深く脳裏にやきついている。

運動部は軟式テニス部に所属したが遊び程度でした。生物の井上正明先生（テニス部長）のご指導により、三年の時、わたしが中心となり、現代的なユニホームの坂出高校応援部（当時、元女学校にて応援部は存在しなかった。）を創部した。

以上、私の加齢と伴に、忘却の彼方に消えんとする中・高校生時代の思い出の二、三を述べた。

※1　「生・老・病・死」は真実か—大東亜戦争中の特攻の軍神、原爆又、地震、雷・火事、交通事故、テロの一般民衆の殺戮等の即死は老・病といえるか。

※2　教科書も無く、鉛筆・ノートも不足、食糧も不十分の極貧困の中、諸先生の愛と情熱のみで発足した。

医学徒時代

二十歳（昭和三十年）。酒・煙草その他を学んだ。成人式もあったが都合により出席できなかったのが残念。

二年間の教養課程（医学進学コース）を経て専門課程受験（八・五倍）で英語、独語、物理、化学、生物、数学、社会学等範囲が広くかなり苦しかったように思う。

二十一歳（昭和三十一年）。専門課程一年（現医学科三年）、寮時代、眉山の桜、校内の桜がとても美しく寮の窓を開くと小技がパサパサとはじいて窓より室内に入って来る、五、六枚の花弁が畳の上に散る一枚一枚の桜花がわたしの青春を謳歌してくれた。

元徳島西部第三十三部隊跡地の広大なキャンパスに四国唯一の医学部と附属病院があった。

窓は上下する木造の平屋の兵舎の群立である。眉山の新緑、薫風も若々しく又芳しく、学部と病棟を隔てるメインストリートの満開の桜並木—つわものどもの夢の跡、陸士・海兵帰りの学生さんが白衣を着て散策していた。—これが国立大学の学問の府か。学生寮（元将校の食堂、現青藍会館）に入寮した。食糧不足の時代、寮母の井口さんには大変お世話になった。

昭和三十一年、入学時、高島律三先生（医学部長・解剖学）が「諸君は大半が臨床医になるだろうが、医師は、いろいろの分野の人と付き合って幅広く人徳をみがきなさい。」と挨拶をされたのが印象に残り、今でもわたしの人生訓である。

専門課程の四年間は「よく遊びよく学ぶ」であった。よき臨床医となるためには、病理学の知識が極めて重要と認識して**疾病の本態**を究明しようと大きな夢をもって病理の大学院博士課程（四年制です。医学科には修士課程はない）へ入学した。

森川義金教授ご指導による、昼夜とわずの病理解剖（四年間で約二百体。—死体解剖資格認定医：厚生省）山口富雄助教授（現弘前大学名誉教授・勲二等瑞宝章）の直接のご指導による「人畜共通感染症」宿主と寄生体の相互関係の実験病理である。今日の狂牛病・新型肺炎ＳＡＲＳ・高病原性鳥インフルエンザもこの範疇に属する。**約十四万枚の病理組織標本**を作製してやっと論文ができた。

児玉桂三学長から学長室で直接甲八〇号学位記が授与された。

その後、内科学教室へ入局し、三好和夫教授（神経学・血液学—三好型ミオパチーの疾患概念を確立、一九五四年、米国の太平洋ビキニ環礁の水爆実験で、「死の灰」を浴びた第五福竜丸事件の主治医団の中心メンバー。世

昭和31年　専門課程入学当時の医学部全景
兵どもが夢のあと—医学教育の府
徳島医科大学(旧制)　徳島大学医学部と附属病院の三つの看板が掛かっていた

現在の蔵本キャンパス—医学部　歯学部　薬学部
分子酵素学・ゲノム機能等研究センター

界的学者・現徳島大学名誉教授）、大野文俊助教授（現高知医科大学名誉教授）ご指導による主として筋ジストロフィー、自己免疫疾患、人アジュバント病、白血病、甲状腺疾患等の研究の手伝いをした。両先生には「医の心」を臨床と研究を通して直接教わった。小生の臨床医の原点はここにあります。深謝するとともに数々のご恩は終生忘れることはできない。

直接のご指導を賜った三先生の　**医哲学**

山口富雄（弘前大学名誉教授）

宿主と寄生体の相互関係。結局は人類社会のコミュニケーションに至る。

三好和夫（徳島大学名誉教授）

患者さんを大事にすることは、病苦よりの癒しである。癒すことは、その本態の究明（研究）である。

※二〇〇四年十一月九日ご逝去

今日、もしご存命であれば、東日本大震災による原発被害と人体・環境への影響について何とおっしゃられるであろうか。自然・核に対してもっと謙虚であれ!!二、三度目か、繰り返すな!!

大野文俊（高知医科大学名誉教授）

医療倫理は人間の倫理に至る。

「生命医学倫理」は医の根本ではあるが社会倫理

――道徳・規範となり得る。

―敬称略・順序不同―

むすび

昭和十九年から昭和四十年まで即ち太平洋戦争（大東亜戦争）末期から日本国の復興時代の小生の児童・生徒および医学徒時代―人間も含め生物は自ら生れる時代を選べない―の心の変遷を述べ、**人間の尊厳**とは何か・生への畏敬を執筆した。

しかし、何分にも高齢、忘却の彼方に消えんとする脳裏の残像を振り絞った。

浅学非才、文才もない故その意を十分に尽くせなかったと思っている。

平成二十三年四月十一日（大地震・津波後一か月）

東日本大震災・原発大事故の渦中

坂出・元町の寓居にて　著者

佐柳島

黒田　一吉

わたしは、昭和二十四年八月、香川県仲多度郡多度津町佐柳島《さなぎしま》で生まれた。佐柳島は、多度津港から北西十四・八キロの海上にあり、瀬戸内海のど真ん中に浮かぶ離島で、北は岡山県、西は愛媛県の県境が近く、島の面積は、周囲約六キロ、広さ約二キロ平方、島の高さは二百四十八メートルである。島の南北は約二・三キロ、東西約一・〇キロという南北に細長い小島で、広島、本島、高見島、牛島等と共に塩飽七諸島と呼ばれている。

島の人口は、終戦間もない頃は、約千八百人から二千人位が本浦地区と長崎地区に分かれて住んでいたが、現在では過疎化が進み、人口も約百人程度に減少しているようである。

島の暮らしは、殆んどが半農半漁で、大半は父親が漁師、母親は畑仕事で生計を営んでいるが、中には夫婦で船に乗り、漁をしている家庭もある。漁は、「縦網《たてあみ》漁」でカレイ、キス、メバル、アイナメ、グチなど小魚が中心で、時々チヌやスズキ、サワラ、鯛等の大物がかかるときもある。「蛸縄《たこなわ》漁」でマダコ、「こぎ漁」でナマコ、牡蠣《かき》、「流し網漁」でシラス、ままかり、いかなご、「延《はえ》縄《なわ》漁」でアナゴ等が取れていた。これらの魚は、「出買《でが》い」と称する仲買人が漁師から纏めて買い取り、主として坂出や丸亀、岡山県笠岡市の魚市場に出荷している。

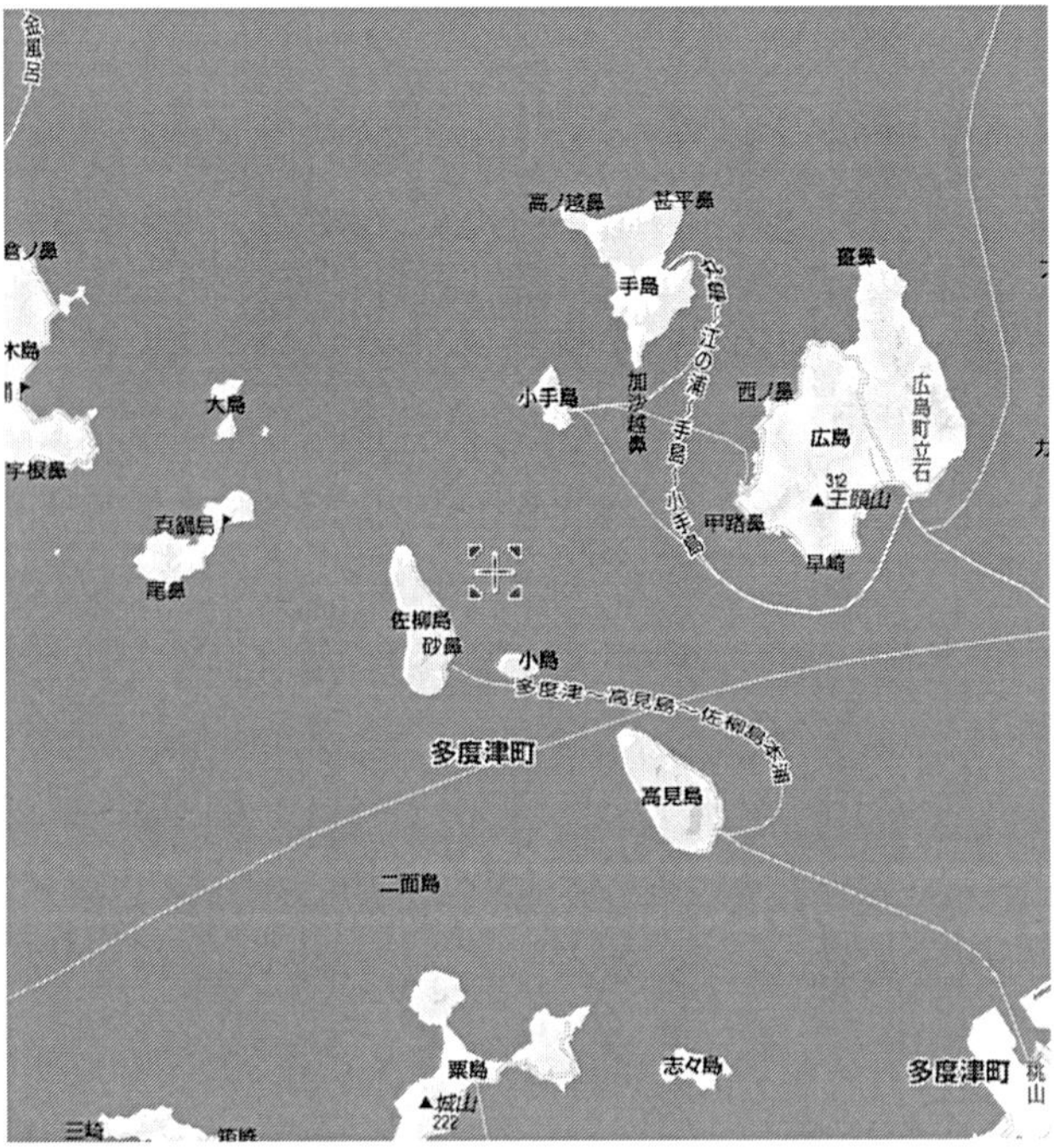

どの船が何時、どこの漁場で、何の漁をするかは季節ごとの「籤《くじ》」で決める。島では皆が親戚でもあり、幼馴染でもあり、生活状態もよく知っているからもめ事もなく、多少のことは譲り合って仲良くやっていたと聞かされていた。

農業では、米作は出来ず、もっぱら畑で麦、粟、小豆、そらまめ、とうもろこし、芋、大根、キャベツ、ほうれん草等の穀物や野菜作りが中心で、蚊取り線香の原料と

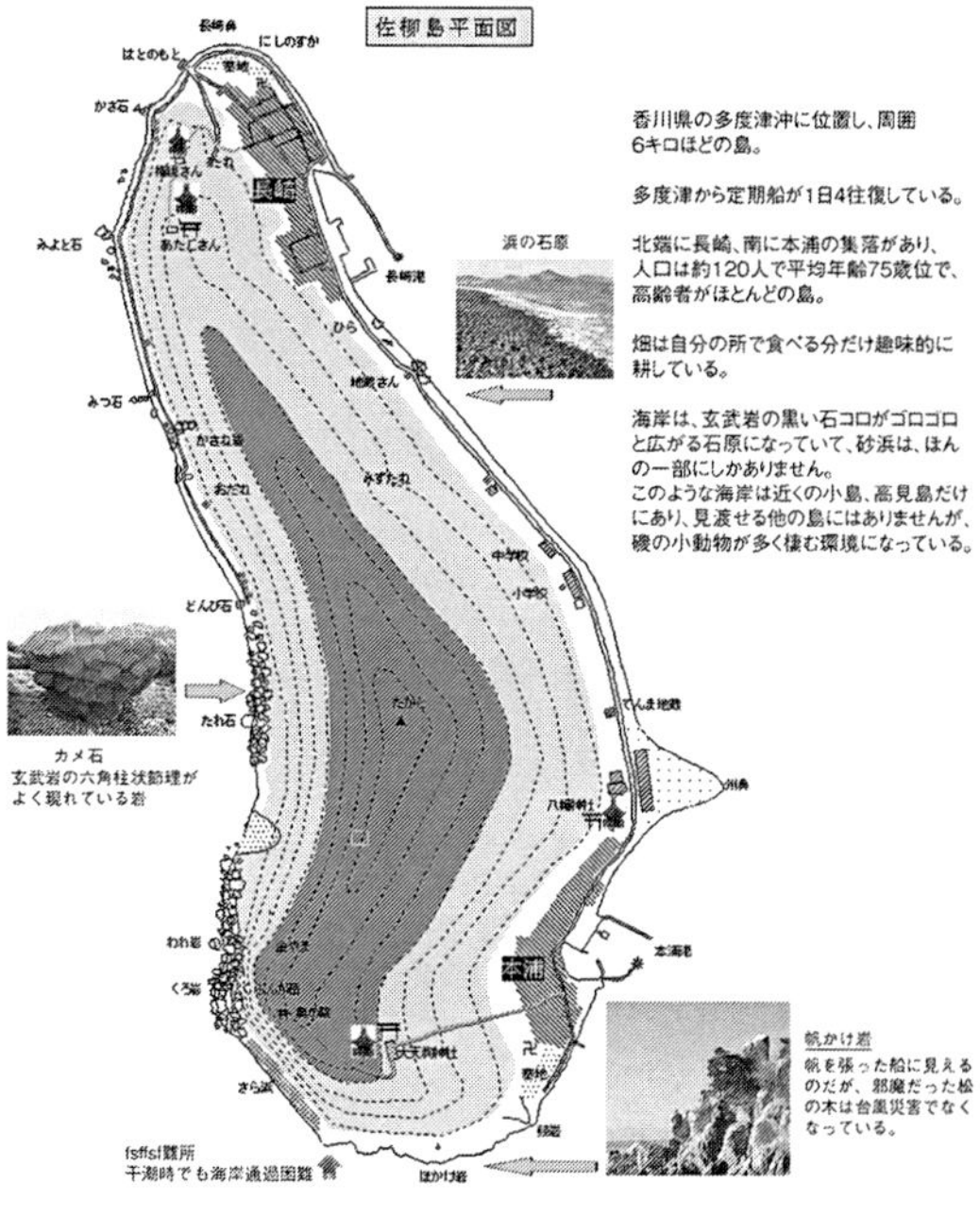
佐柳島平面図
長崎
本浦
浜の石原
香川県の多度津沖に位置し、周囲6キロほどの島。
多度津から定期船が1日4往復している。
北端に長崎、南に本浦の集落があり、人口は約120人で平均年齢75歳位で、高齢者がほとんどの島。
畑は自分の所で食べる分だけ趣味的に耕している。
海岸は、玄武岩の黒い石コロがゴロゴロと広がる石原になっていて、砂浜は、ほんの一部にしかありません。
このような海岸は近くの小島、高見島だけにあり、見渡せる他の島にはありませんが、磯の小動物が多く棲む環境になっている。
カメ石
玄武岩の六角柱状節理がよく現れている岩
帆かけ岩
帆を張った船に見えるのだが、邪魔だった松の木は台風災害でなくなっている。
fsffsf難所
干潮時でも海岸通過困難
浜田信広氏　ホームページ「さなぎ島へようこそ」より使用

なる除虫菊やビールの原料となるビートを作り、仲買業者に売って現金収入を得ていた。

わたしが子供のころは、島の頂上まで段々畑が広がり、春ともなるとマスコミやアマチュアカメラマンが島の頂上から麦畑や除虫菊畑、瀬戸内海の海を眺めるアングル

長崎、やまさか上から
長崎港の上から見た風景、左に顔を出してるのは讃岐広島で、正面には四国の山々が雲の下に見えている。
畑仕事から帰るおばぁさん
島の人は小さな畑で自分の家で食べる分だけの野菜を作っている。たくさん収穫出来たら都会に住む娘、息子達に送ったり、近所の人に持って行ってあげる。
八幡神社の(はちまんさん) 境内
毎年10月には秋祭りが行われる。 参道を振り返ると参道は小島のベダイへ向いているが、何か意味があるのかな??
さなぎ百景

で写真に撮り、新聞、週刊誌等で紹介していた。

島の人たちの食生活は、魚を煮るか焼く、野菜を炊くか炒めるのが殆んどで、主食は名物の「茶粥」。五升炊き位の鍋にお湯を沸かし、お茶の葉っぱを茶袋に入れて鍋に放り込み、お湯が沸騰すると二合位の米を入れて煮る。これが「米茶粥」。米の代わりに麦を入れるのが「麦茶粥」。分限者の家では米茶粥を炊くが、わが家を含め、次男坊、三男坊の分家では、貧乏のせいか麦茶粥の家庭も多かったように記憶している。茶粥の中に芋を入れたり、そらまめを入れたりして「芋茶粥」、「豆茶粥」にし、おいしくして食べたりもしていた。

茶粥に入れるお茶の葉を佐柳島では、「番茶」と呼んでいたが、地方によっては「かたまり茶」とか「馬のくそ」と呼ぶ所もあるという。正式には、「碁石茶」というもので、産地は、高知県大豊町という。現在では、茶粥を食べる家が殆んどなくなったせいか、大豊町では一時期、碁石茶を生産する農家が一軒にまで減少したそうだが、カテキンが非常に少なく、自然食品としての見直しもあり、今では「まぼろしのお茶」として有名になり、製造農家が七～八軒に増えているとのことである。

その当時の島では、今で言う地産地消が当たり前で、いわゆる店屋物《てんやもの》と言われる肉、卵、てんぷら、豆腐、バナナ、りんごなどといった贅沢品は病気のときか修学旅行の弁当、伊勢講や法事、結婚式等の料理に使われる程

“にしのすか”でアサリを掘っていたこの浜は、護岸ブロックの下になってしまった。(写真は昭和50年頃)

桟橋がなかった一昔以前は、定期船から“さんぱん”という渡し舟で上陸、乗船していた。島には今はない段々畑も写っている。(写真は昭和45年頃)

海を見ながらお墓参りしていたが、今では護岸・堤防があり、お墓からはもう海は見えない。(写真は昭和59年頃)

一昔前は除虫菊の栽培が盛んであり、山の尾根まで畑があった。写真左の松は“あたごさん”の松である。(写真は昭和48年頃)

失われた風景

度であった。

島の頂上にある高遠山《たかとやま》に登ると、周囲三六〇度の眺望は当然のこと、見渡す限りの海原が広がり、北は手島、小手島、南は志々島、粟島。更に西は真鍋島、東は高見島に囲まれており、まるでパノラマを見ているようでわたしの一番好きな場所であった。

圧巻は、冬場、島の頂上から海を見下ろすと、北からの渡り鳥である鴨や鵜が何千、何万羽と島の周りを埋め尽くしているのを見るときだった。本土からやってきた人たちが漁船に乗り、散弾銃で狩りをするが、銃弾をぶっ放すたびに何百、何千の渡り鳥が一斉に飛び立つ様はそれは見事なものであった。

お祭り

島での楽しみは祭りである。麦の取入れが終わった五月末か六月ごろにかけての祭りは、明神さんから運び出したサーシマショ（布団太鼓）を島中の若い衆が担ぎ、「チョウサヤ　チョウサヤ　サーシマショ」「ドンドコドン」と囃しや太鼓を打ち鳴らしながら集落を練り歩くものだった。そのサーシマショが一昨年、五十五年ぶりに化粧直しされ、復活したとかで島のニュースになっていた。

夏は、お盆に都会からお兄さん、お姉さんらが如何にも島が沈まんばかりに帰って来るので、島の天神さん前の広場で繰り広げられる盆踊りは、足の踏み場もないほどの人だかりだった。島では、どこそこの娘さんが別嬪さんだとか、どこそこのお兄さんが男前だとかの噂で持ちきりになり、よく縁談が纏まったそうである。小さいわたしは、人ごみの中を這いずり回るように友達と遊び、祭りを楽しんでいた。

収穫が終わった十月から十一月には、秋祭りが行われ、船の形をした長さ五～六メートルもあるような大きなダンジリや神社の形をした子供神輿が出て、島中を引き回していた。わたしも「小若」の法被を着て、水玉模様の日本タオルを頭に巻き、ダンジリの綱にぶら下がるようにして参加していた。

秋には、港近くの砂場で相撲大会も開催され、小学生から大人たちまで順番に出場し、勝敗を争うわけだが、お酒の入った赤い顔した漁師たちは一升瓶を担ぎながら上機嫌で、贔屓の子供や親戚の子が出ると賭金を掛け、「勝った」、「負けた」と大騒ぎしていたことが懐かしく思い出される。

両墓制

島の自慢は、何といっても両墓制《りょうぼせい》である。島の北端にあり、県の「有形民俗文化財」に指定されている。両墓制というのは、拝み墓と埋め墓の両方で死者を祀るもので、埋め墓は、死者を棺おけに入れ、そのまま土葬にし、海岸から拾ってきた黒石を積み上げ、その上に死者の氏名を刻した石塔を載せる。石塔は、全て西の方角を向いている。これは、「西は、信濃の善光寺」との信仰から来ているという。実際、善光寺は長野県で、佐柳島からすれば「東」の方向になるのだが、何故、西に向いているのか、謎は解明されていない。

子供の頃、死者を土葬にするために一度、穴掘りを手伝わされたことがある。葬儀の日の早朝、遺族は通夜で忙しく、疲れているので土葬の穴は比較的、血の薄い遠い親戚の人が掘るしきたりになっていた。実際には、遺族に死者の死体を埋める穴を掘らせるのは情において忍びないからではないだろうか。

この土葬の穴掘りが、大変で朝の暗いうちからツルハシやスコップを持って、男衆が五～六人、墓場に集合する。死者の入った棺おけは思いのほか大きく、棺おけをすっぽり埋める穴は、相当大きなものでなくてはならず、深さ一メートル位、直径〇・八メートル位は掘らないと棺おけがすっぽり入らない。しかも、掘り進むうちに大きな石があったりして容易ではない。掘り進んでいると、隣に土葬された死者の骨が出てきたりして、それはもう大騒ぎである。みんなが嫌がるので人選をするのが大変だと、母が言っていた。

何年か経つと、死体や棺おけが腐り、棺桶の上に盛った黒石が下に落ち、土葬したところが大きく凹む。ひどいときには、死者の骨が見えるので島の人々は、そのことを気づくと遺族に連絡し、遺族がねんごろに経を唱えながら黒石を集めて来ては、穴を埋め、元の石塔を建て直す。

拝み墓は、埋め墓の南側の道路を挟んだ所に有る。石塔は、いずれも立派な花崗岩で作られており、死者の戒名、死んだ時の年齢、死亡年月日などが刻印されている。

努めて戦死者の石塔は立派なものが多く、一族が周辺に祀られていることが多い。かといって、特に拝み墓を建てる場所が決められている訳ではなく、建てたいときに適当な場所があれば、そこに自由に建てられる。

最近では、土葬よりも火葬にする家が多くなったそうだが、墓だけは両墓制がいまだに守られている全国的にも数少ない島ではないだろうか。

初めてのテレビ

子供の頃の昭和三十年代中頃だったか、テレビを持つ家が出てきた。その家では、木戸賃として「五円」を徴収して島の人たちに見せていた。テレビを買った家は、本当かどうか知らないが、「十万円した」とか「二十万円した」とかよく言っていた。

八畳二間のふすまを取り外し、二十〜三十人が入れるようにして、正面に高いテレビ台を置き、皆がよく見えるようにしていた。テレビを買った家は、よろず屋として商売している店もあり、お客さんは、その店でジュースや駄菓子等を買ったりして食べながら見ていた。ジュース等の買い物をした客は木戸賃を取らない。

また、チャンネル係をする中学生のお兄ちゃんやお姉ちゃんがいて、家の人からチャンネル係を頼まれた人は無料でテレビが見られた。

お爺さんやお婆さんは、力道山《りきどうざん》が出るプロレスが大好きだったが、男の子は王や長嶋が出るプロ野球を見たがった。プロ野球かプロレスをかけるかでよく揉めていたが、何時も最後は、お爺さんやお婆さんが無理を通し、子供はぶつぶつ文句を言いながらも黙ってプロレスを見ていた。

相撲放送は、栃若《とちわか》の全盛時代。紅白歌合戦も大変人気があり、正月に帰省した若者も多数来ており「大阪難波の大劇で美空ひばりを見た」とか自慢話をしていた。わたしは隅のほうで都会に出て働く先輩を羨望のまなざしで見ていた。

島では、昭和三十九年秋まで島の火力発電所で重油を焚く自家発電であったが、電灯が使えるのは日没から午後十一時までと早朝の二時間となっていた。その年、四国電力が多度津から島伝いに送電線を引いてくれたお陰で、島では二十四時間、電気が使え、昼間でもテレビが見られるようになった。その年は、東京オリンピックの開催もあり、島ではテレビ、冷蔵庫、洗濯機、扇風機、電気炊飯器等の電化製品が急激に普及した。

平成二十二年八月、その送電線に第六管区海上保安本部所属のヘリコプターがひっかかって墜落し、五名の尊い命が奪われるという痛ましい事故があった。

畑仕事

わたしの家も半農半漁で、父は漁師、母は畑仕事に精を出していたが、弟が生まれた直後の昭和三十年頃だったと思う。父は善通寺市の国立善通寺病院で長期入院生活を送った。母の話によると若い頃に左股関節を複雑骨折するという大怪我をしたが、戦時中でもあり、十分な治療が受けられず、そのまま骨を固定していた。何分、漁で無理をするものだから急激な痛みが走るようになり結局、左股関節部分を摘出し、代わりにステンレスで作った股関節を埋め込み、代用とした。

数年にわたり入退院を繰り返し、リハビリにも努めたが長期にわたり寝込むこともしばしばであった。

母は気丈な人でもっぱら日雇いの仕事を探し現金収入を得ていた。従って家事や畑仕事はわたしたち子供の仕事になり、姉や弟と共に二反七畝の畑を耕し種まきやら水まき草取りに励んだものである。二反七畝といっても広さが大小四十坪位から二~三坪位の広さの畑が島の中腹にかけて段々に二十~三十枚位あったので、ちゃん籠を腰の後ろに紐で結び付け、草かきを使って一本ずつ草を抜き取る作業は腰が痛くて本当に大変だった。

畑に到着して広い畑一面に生えている草の山を見た時は、芯からぞっとしたが、何時間も何日間もかけて一本一本の草を畝、一筋一筋と抜いていくと、いつの間にか一枚の畑がきれいになっていた。時折、後ろを振り返っては子供心にも満足感とか達成感を味わったものである。

畑仕事で何が一番辛いかといえば、肥えタンゴを担いで畑に行くことである。家にある汲み取り式のトイレから肥えタンゴ二杯分を汲み取り、手押し車に載せ、島伝いの道路を押して通り、畑のあるふもとまで行く。

そこから前と後をオーコ（天秤棒）に吊るした肥えタンゴを、オーコの真ん中で右肩に担ぎ、右手で竿の前、左手で後ろの肥えタンゴの綱をしっかり持ってゆれないようし、肥えタンゴの中に藁縄や葉っぱを束ねて浮かばせ、汁が周囲に飛び散らないようにし、島の中腹にある畑まで細く、しかもうねった数十メートルの道を担いで登るのである。

子供だから背が低く力も弱いため担いだ肥えタンゴの底が前後左右に揺れ、土手の石や草木に肥えタンゴが当たる度に汁がピチャピチャと飛び跳ね､足や腰にかかる。わたしにとってはたまらない辛さであった。

この畑仕事で培われた精神力というか根気というか辛抱強さが以後、わたしの人生を送る上で大きな原動力となっていることは言うまでもない。

ぶさげ

子供の頃、特に流行ったのが切手収集。国の大きなイベントがある都度、記念切手が発売され、競って郵便局で一枚ずつ（一シートではない）購入したものである。東京オリンピックの記念切手は特に人気があった。

過去に発売された切手で人気があったものに「見返り美人」「月に雁」というものがあり、当時でも一枚千八百円位していたと思うが、とても手が出せるものではなかった。後は、鳥シリーズなどに人気があり少年雑誌に登載された切手の写真を見てみんな、通信販売で購入していた。

わたしは、親から一銭の小遣いも貰えないことからアルバイトに精を出して購入資金に充てていた。

アルバイトはいろいろあったが、「ぶさげ」というアルバイトは、島の頂上付近に生えている雑木を大人たちが切り倒し、三十センチ位の長さに切り、それを二～三つ縦割りにし、直径二十センチ位に束ねた薪の束を何百と作り、山の上においていたものを冬休み中に生徒がせーこ（背負子《しょいこ》）で三～五束、背負い、それぞれの家の庭に運び込んだものである。

それぞれの家庭では、風呂や竈《かまど》の燃料にする。運び賃は一把、一円だが一度に三～五把を運び、一日四～五回運ぶといいアルバイトになった。

また、わたしは小学四年の時から万のおっさん（宮〇万〇さん）の船に乗せてもらい、漁の手伝いをして小銭を稼いでいた。万のおっさんは、一人で蛸縄漁をしていたので助かったと思う。わたしは学校が休みの時は殆んど万のおっさんの船に乗っていたので、全く宿題をせず忘れて学校に行き、よく教室の後ろに立たされた。

万のおっさんの船では、死ぬような思いも何回かした経験がある。

一回目は、エンジンを掛けながら船を走らせ、蛸縄に五メートル間隔で付けた蛸つぼを海に勢いよく投げ込んでいく。どんくさいわたしは、右足を渦状に巻いた縄の輪の中に入れたまま蛸つぼを海に投げ込んだものだから、蛸縄がわたしの足に巻きつき、足をとられ、その場にひっくり返り、海の中に引きずり込まれそうになった。

わたしは、とっさの判断で近くにあった包丁で蛸縄を切り離そうとしたが、万のおっさんが飛んできて、船べりで蛸縄をこらえながらエンジンをニュートラルにし、船の勢いを止め、わたしの足から蛸縄をはずし、何気なくその後も蛸つぼの投げ込み作業を続けた。わたしは、「このおっさん、わたしの命が大事なのか、蛸縄のほうが大事なのか」と恨んだものである。

　二回目は、大時化《おおしけ》のとき、岡山県笠岡市の魚市場まで蛸を卸しに行くときである。小さな五トンにも満たない漁船だから大波で大揺れに揺れた。わたしは、海に投げ出されまいと甲板に這いつくばって必死にこらえていた。船を越えて大波がわたしの背中から身体全体に襲いかかってきた。わたしは泣くように「おっさん帰ろう」と言ったが、万のおっさんは知らん顔。無事に船は笠岡に着いたが、「何であんな無茶をするのか」と当分、恨んだものである。

　三回目は、夕方、漁を終えて島に帰る途中のこと、船の舵をわたしが持っていたのだが、疲れのためかつい居眠りをしてしまった。ふと気が付くと船先に島の大きな大きな岩が目に入った。わずか数十メートルである。わたしはびっくりして船の舵を思い切り、左に取り急旋回してその場をやり過ごした。甲板で網の手入れをしていた万のおっさんがひっくり返り、思いっきり腰を甲板に打ちつけた。よほど痛かったのか、わたしに向かって「こりゃ〜」と大声で怒鳴っていたが、わたしはそ知らぬ顔をして舵を取り、港に帰った。

　そんな思いをして働いても日当は、三十円か四十円であった。何年かして、そのことが学校で問題になり、先

大潮時の干潮
潮の干満差は大きく大潮の時は４メートル近くになる。写真は春の磯で茶色の海草はワカメである一昔前はヒトデを拾う人の姿がよく見られた。(干して肥料に使うため)

潮干狩り
本浦八幡神社の下で島の人達がアサリを掘っている。大潮になる日が待ち遠しい。

マダコとり
年によっては磯を歩いてマダコがよく獲れる年もある。膝くらいまで海に入って捜しながら歩いている人が写っている。

マダコとりの収穫
磯を歩いてタコを捜した収穫であるが写真は特によく獲れたときの写真である。

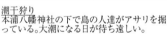

生が万のおっさんを訪ねてわたしのアルバイトを中止させた。万のおっさんもわたしの母に謝りに来ていたことを覚えている。

わたしが三十歳を過ぎた頃であったか、ＮＨＫの朝の連続テレビ小説「おしん」が放送され、大変な話題になっていたが、わたしの少年時代とダブり、身につまされながら毎日見ていた。

「ばい」と「こみ」

子供の頃の遊びは「もうこい」という鬼ごっこだったが、何と言っても面白い遊びは、「ばい」と「こみ」であった。

ばいは、太さ五センチ位の木を五センチから十センチ位の長さに切り、真ん中から下に二〜三センチをナイフで削り、一番先を尖がらして駒を作り、それを棒の先に取り付けた布の紐でバイの横をひっぱたたいてまわして遊ぶものであった。そのばいは、直径十二センチ位のもあれば、三センチ位の小さいものや、ばいの平らな上の部分をカラフルに絵の具で色づけしたものなどがあり、かち合わせて相手のばいを倒して遊ぶものであった。

こみは、直径一センチから三センチ位の木を長さ二十〜三十センチに切り、ナイフで先を尖がらしたものである。空き地の地面に直径三十センチ位、深さ十センチ位の穴を掘り、その穴の中に水と泥を混ぜ合わせたものを入れ、粘土状にし、その中にこみを突き刺すように投げ込んで打ち込み、相手のこみを倒して遊ぶものであった。倒されたこみは、倒した相手のものとなる。従って弱い者は、いくらこみを作っても全部、強い男の子に取られてしまう。

わたしは、畑仕事や船のアルバイトが忙しく、遊んでいる暇は余りなかったから、ばいもこみもへたくそであった。

うなぎ塚

子供のころの遊びで、何と言っても楽しみだったのが「うなぎ塚」である。大潮になると海岸では、数十メートルにわたって潮が引くので、わたしたち子供は海岸の小石を集め、直径四〜五メートル、高さ五十〜六十センチ位のうなぎ塚を作る。塚の中には貝をつぶしたものを入れたり、小魚を殺して入れておく。

次の大潮が来るまで塚はそのままにしておくが、大潮になり、潮が引いたあと、塚を掘り返すと、大きな鰻が数匹入っている。鰻の表面はぬるぬると滑るので、捕まえるのが大変だが、その捕まえ方が面白くやめられなかった。海岸にいくつ位の塚があったのだろうか記憶は定かではないが、今、その情景を思い出そうとしている。

映画「あの空の果てに星はまたたく」のロケ地

昭和三十六年、佐柳島に実在する若い女性の郵便配達屋さんをモデルとした映画が作成された。ヒロインには当時、東映に所属するトップスターでお姫様役に数多く主演している丘さとみ、相手役は水木襄、脇役陣を山形勲、志村喬、千葉真一、中原ひとみさんらが固めるという豪華キャストであった。

ストーリーは、嵐で漁船を失った青年、三郎（水木襄）が、島での生活を諦め、恋人の早苗（丘さとみ）の制止を振り切り、大阪に出るがふとしたことから殺人事件に巻き込まれ、佐柳島に逃げ帰るも早苗に説得され、警察に出頭するというものであった。

数ヶ月に及ぶ島でのロケに、わたしは佐柳小学校の運動場で体操をする生徒役でエキストラ出演し、出演料としてキャラメルをいただいた。撮影の合間にたくさんのスターから色紙にサインをいただいたことも懐かしい思い出である。

金の卵

昭和四十年三月、佐柳中学校を卒業と同時に集団就職で大阪に出た。マスコミは「金の卵」と囃し立てていたが、当時はそれが当たり前の世の中であり、何の不思議もない。

島の港で「サンパン」という伝馬船に乗ると島中の人々が五色のテープで、わたしたちを見送ってくれる。沖で待つ、七十トン位の三洋丸からは「蛍の光」が大きなスピーカーから聞こえてきた。陸からは「まめにせぇーよ」「手紙くれよ」と大きな声を掛けてくれた。

三洋丸で多度津に上陸、予讃線で高松まで行き高松から集団就職船で大阪の天保山桟橋に上陸した。天保山の広場では、会社の責任者がタクシーで迎えに来ていた。会社がある八尾市までの途中で見た通天閣のネオンサインは今でもしっかりわたしの瞼に焼きついている。

その日からわたしの新しい人生が始まったのだが、ひょんなことから大阪府警の警察官を拝命し、どこでどう間違ったのか署長にまでさせていただき、今日に至ったが、一時たりとも佐柳島のことを忘れたことはない。

石の下の空洞にスズメダイがたくさんいた。

手を近づけるとスッと筒の中に引っ込む。何て名前だろう？

大きな石の割れ目の奥にタコが休んでいた。

餌に群がるベラたち。赤いメスがほとんど。

海中の大きな岩周辺には色々な魚達が群れている。

サザエが石の上を這っていた。

さなぎ島の海

今は感謝と奉仕の「しぼんでたまるか期」

桑島　正道

富山丸事件

昭和十九年六月二十九日午前七時二十分、アメリカ潜水艦が狙い定めて発射した三発の魚雷は、沖縄守備要員の兵士四千余名を満載して徳之島沖を沖縄に向け航行中の輸送船「富山丸（七千八十九トン）」に命中した。たちまち船底に積んであったドラム缶千五百本の航空用燃料に引火・爆発し、三千七百余名の尊い命が一瞬にして失われた。（海事記録によると、一隻の船での犠牲者の数の多さは歴代ワースト三に入っている。）

　同船に乗船していたわたしの父も家族を残して無念の戦死をした一人であるが、最後まで父と一緒にいた数少ない生存者の一人（中隊長、父はその部隊の小隊長だった）が手記の中で父の最後の瞬間を次のように書いている。

「……無事に夜が明け、ほっとした隊員はお互いに無事を喜び合った。……その時、富山丸が急調に警笛を三回放った。全く急調子である。そして船内が急にどよめいた。この時甲板から船室に降りてくる者がいる。桑島少尉である。「潜水艦です」「よし」「どうして降りた」「軍刀を取りに」そして桑島少尉の肥えた体が低く狭い座席にやっとの思いで入っていったのをちらと見受けた。わたしは軍刀をとった。「桑島来いよ」と叫んでわたしは立ち上がりかけたその瞬間、〝ダダ～ン〟という発射音が頭上でした。船首に設けられた対潜砲の射撃だ。この発射音とほとんど同時にわたし達の座席のすぐ下で〝グワーン〟と、ものすごい炸裂音がして、わたしは思わず跳ね上げられて頭をしたたかに打った。そして船は急速に傾斜を始めて行く。海水か、あるいは船首に設けられた給水タンクが破れたのか、潮が寄せるような奔流がこの船首に流れ込んでくる。全く目も口も開けられない。甲板までは三～四メートルである。わたしは目の前にある鉄梯子に手を

ありし日の「富山丸」

かけた。兵士の多くは既にこの奔流に身を巻かれている。わたしが梯子の中段程に来た時、第二弾が富山丸に命中した。やっとの思いで梯子を上りきって甲板に一歩をかけたとき、第三弾が機関部に命中、火災を起こし、サロンは炎の塔となった。そして船は真っ二つに折れて崩れるように急速に没していく。……」(「三発の魚雷」より引用)

この手記を残した元中隊長の存在をわたしが知ったのは父の三十三回忌を終えた昭和五十二年であった。わたしはこの手記をお借りして「三発の魚雷」と題した冊子にまとめた。その後に得た情報では当時、この富山丸撃沈という大被害のため沖縄の守備隊も作戦を大きく変更しなければならなかったようで、軍部内でも富山丸沈没のことは極秘事項としての処理をしたらしい。

今だからこそ真実を知ることができるが昭和十九年といえば連日の「敵空母三隻撃沈、我が軍の損害は軽微なり」という大本営の発表とは逆で、日本軍は制海権も制空権も全く持たない中で敵の思うがままの勝ち目のない戦いをしていたのだから報道の管制は本当に恐ろしいことである。

父親の戦死。この時、父は四十四歳、わたしが国民学校の二年生（七歳）妹は二歳であった。

学童疎開

当時わたしは今日、高校野球のメッカになっている甲子園球場のすぐ傍に住んでいた。一塁側アルプススタンドとは目と鼻の先に家があったため、小さい頃は甲子園球場の周囲の広場は格好の遊び場であった。自転車に乗って走り回ることもあったし、ある時は蝉取りに、ある時は戦争ごっこにと時間の過ぎるのを忘れることもあったが、戦況の変化に伴い状況は次第に変わっていった。

昭和十八年には内野スタンドの大鉄傘（鉄屋根）が取り外されていき、その光景が子供心に悲しく寂しかったことを覚えている。やがてよく遊んでもらった野球選手の姿を見かけなくなった頃には球場内がいつのまにか芋畑になっていたし、外野スタンドには高射砲が取り付けられ、我が家の周辺にも兵隊さんの姿が多くなった。

そして十九年六月、ついに父親にも召集令状（赤紙）が届き、万歳と歓呼の声に送られて慌しく出征していった。「後を頼むぞ」と国鉄の大阪駅を煙をはいて走り去る列車から身を乗り出して手を振る父の姿が今でも瞼に焼き付いている。

やがて米軍の空襲は毎日、昼といわず夜といわず定期便のように繰り返されるようになった。警報が発令されるとそのたびに学校にいるときは集団下校を、家にいるときは防空壕に逃げ込んだ。あのサイレンの音はとにかく不気味で怖かった。

学校からわたしの学童疎開の話が出された頃、奇しくも父親の戦死の知らせが入った。わたしの前では気丈で平静を保っていた母親であったがその夜、物置部屋の中で声を殺して泣いているのを耳にしたわたしは軍国少年の血が煮えたぎって「よし、僕が大きくなったらきっと父の仇を討つぞ」と心に誓ったことをはっきりと覚えている。

都市部の子どもに対して実施された学童疎開には三種類あった。

出征前の最後の家族写真

まずは田舎の親類や知人を頼って行く「縁故疎開」。地方に縁故のない子供は教師が引率して集団で疎開する「集団疎開」。そして縁故もなく、集団疎開のための経費を出す余裕のない家庭の子供達は「居残り組」となる。学童疎開の目的は国の宝である子供の安全確保であったが、いろいろな資料から沖縄などの戦場になる恐れのあったところでは、子供や年寄りは足手まといになるからという意味からの疎開もあったことがわかる。

わたしは母の里である香川県大川郡松尾村（現在のさぬき市大川町）への「縁故疎開」を選んだ。縁故疎開とはいってもわたし一人が家族と離れて見知らぬ田舎で生活することには違いない。軍隊が駐留するようになった甲子園球場が敵の標的にされそうだということもあり二年生の夏休み、母に連れられ連絡船で高松に、そして高徳線に乗り換え津田駅で降り津田からはさらに二時間余、峠越えの道を歩き祖母の家に着いた。この初めて歩いた峠越えの道はその後ずっとわたしの頭の中に深く残ることになる。

田舎での生活・そして終戦

祖母の家では伯父が郵便局長をしていた。そして私の上と下に一つ違いの従兄弟が二人いたので毎日が楽しい生活であった。しかも郵便局の職員がとても大事にしてくれいろいろなことを教えてくれたし田舎の学校も楽しかった。

山へ扱葉《こくば》掻きに行くことも、土筆《つくし》や蕨《わらび》を採ったりタケノコを掘ったりキノコやマツタケを採りに山を駆け巡ったり、川で釣りをすることも桑の実やヤマモモ、グミ、山ナスビを食べるなどなど、毎日毎日が新しいことの体験で都会とは違う生活に毎日忙しく野山を駆け回っていた。何よりもB29の空襲がほとんどなく空襲警報のサイレンが鳴らないことが幸せであった。もちろん防空壕は田舎にはなかった。

自分の履く草履を自分で作ることが日課であり、石臼でオチラシ粉やきな粉をひくのも、水を汲み、風呂を沸かすのも子供の仕事であったが、これらもいやではなくむしろ楽しいことであった。

しかし、別に祖母の家での生活がいやであったわけではなかったのに、時々寂しくなったのであろう、一人でふらふらと、かって母に連れられ疎開してきた道を、逆に峠の方に歩いて行くのを伯父に連れ戻されることが何回かあった。

やがて秋から冬となり、昭和二十年の正月が過ぎ、桜の花が咲きだす頃、母と妹も祖母の家に疎開して来て、十ヶ月ぶりに親子が揃って生活をすることができるようになった。時々疎開して来た道を峠の方に歩いていくわたしのことを心配して祖母が母を呼び寄せてくれたのだ。しかし、それだけに農家でなかった祖母の家は食べる人間の頭数が増えた分だけ食糧の窮乏という大きな問題が生じることになった。

郵便局長の伯父は仕事の合い間に自転車で買い出しに行くことが多くなった。芋やかぼちゃを手に入れるために随分遠くまで出かけるものの、重い荷物に砂利道と坂道は自転車には辛かったであろうと思われる。祖母や母の着物等と物々交換することも多かった。

戦況はますます厳しくなり、わたしたち子供は農繁期に男手のいない農家に手伝いに行ったし、家では宿題として蚕を飼育し繭《まゆ》を学校で集めたし、飛行機を飛ばすための燃料の足しにとマツヤニを採ったりヒマを育て実を採ったりした。また婦人会は竹やりの練習やバケツリレーなどの消火訓練、さらには勤労奉仕で飛行場の建設に駆り出された。そんな光景をあざ笑うかのように、上空には毎日のように悠々と、きれいな飛行機雲を引きながらＢ29が飛んでいた。しかし、日本の飛行機を見ることは全くなかった。

そして二十年七月四日の明け方、伯父が「高松が空襲でやられている」と知らせてくれたので飛び起きて外に出た。高松の方向は暗く何も見えなかったが、空が赤くなっているのは分かった。同じ頃、東の空も赤くなっていたので「東の方といえば徳島かな」と大人たちが話していた。空が明るみ始めた頃、こげくさい臭いと共に焼け残った紙切れが空からたくさん降ってきたのが強烈な印象として残っている。疎開する時、汽車で通り過ぎただけで一度も行ったことのない高松は遠い遠い町だということしか知らなかったわたしである。

焼け残りの紙はその後何日も飛んできた記憶がある。伯父は高松から歩いて逃げてきた人から空襲の様子をいろいろと聞きわたし達にも話してくれたが、それから先のことがますます心配になっていった。

その頃は、Ｂ29の空襲を防ぐために夜間は灯火管制といって街灯は一切つけることなく真っ暗で、家の中から明かりが漏れないように電気の傘に黒い布をかけたりしていた。一方、昼間は〝アメリカの飛行機から見えにくい服装をするように〟という強い指導を受けていたため明るい色の衣装はご法度で誰もが黒っぽい服装をしていた。しかし八月六日の広島に落されたピカドン（原子爆弾）は黒い服がひどく焼け、白い服は被害が少なかったということで急遽、〝白い服でしかも長袖を身につけろ〟という指示が出た。真夏の暑さの中で大変だったが、このような対応が精一杯であったことからも日本の対応のあわれさというか、その場しのぎの末期症状的であったことがわかる。

ピカドンに慌てふためいていた、八月十五日正午に天皇陛下の大事な放送があるからというのでみんなラジオの前に正座して待った。ラジオの前には日の丸が掲げられていた。正午の時報と共に聞こえてきたのは、ラジオの性能も悪かったこともあり、とにかく子供には意味は全く分からず、天皇陛下の「耐えがたきを耐え、忍びがたきを忍び」という低音の言葉だけしかわたしには聞き取れなかった。

やがて「日本は戦争に負けた」ということを知り、子供心ながらわたしの心中は複雑であった。「父親の仇をうつ」という気持ちはずっと持っていたわたしである。一方では「もう空襲がないのか」という安堵感があった。また、「アメリカ兵がやってきたら八つ裂きにされるぞ」という恐ろしさもあった。大人たちはそれからのことをいろいろと話し合っていたようだがその中味は全く覚えていない。国民学校三年生のわたしであった。

軍国少年期

わたしが生れて間もなく盧溝橋事件を契機とする日中戦争が始まる。当時、支那事変と言っていた。昭和十五年には皇紀二六〇〇年祝賀記念式典があり、国を挙げてのお祝いでわたしもちょうちん行列をしたことを記憶している。この年に小学校が国民学校と名称変更になり、よみかた（国語）の教科書の最初が、それまでの「さいた　さいた　さくらが　さいた」から「アカイ　アカイ　アサヒ　アサヒ」で始まる軍事色の強い教科書となった。

学校では朝礼や始業式・入学式などで、白い手袋をはいた校長先生がうやうやしく教育勅語を読み上げるのを、子ども達は直立不動、身じろぎ一つせず、黙祷をしながら聞き入った。登校時は学校の正門に上級生が両側に衛兵のように立ち、門を入ると正門脇には奉安殿が設置されていて、その前で最敬礼をしてから通らなければならなかった。

教室では毎朝一時間目、宮城《きゅうじょう》（現在の皇居）に向かって遥拝をしてから授業が始まる。一・二年生の教科・科目は、国民科（修身・国語）、理数科（算数・理科）、体錬科（体操）、芸術科（音楽・習字・図画・工作）であった。（当時の通信簿から）

授業では戦地で戦う兵隊さんへの慰問袋作りも多かった。慰問袋の中には手紙だけでなく、絵や習字の作品などを入れる。手紙には必ず「ぼくも兵隊さんたちのように強くなります」とか「にくい鬼畜米英をやっつけてください」などと書いた。返事がくることはなかったが、自分も一緒に戦っているんだという気持ちになった。

漫画では「のらくろ」や「タンク・タンクロウ」など戦争漫画を愛読した。「のらくろ」は二等兵で入隊した主人公である野良犬の「のらくろ」が、次々と活躍し階級を上げていきながら敵をやっつけていく、痛快な人気漫画であった。

歌や子どもの遊びは、時代の動きを敏感に反映しながら変化していく。太平洋戦争が始まった昭和十六年には軍国調はピークになり、学校教育を含めて子ども達の全生活が戦争色一色にぬりつぶされていく。〝ぼくは軍人大好きよ　今に大きくなったなら　勲章つけて剣下げてお馬に乗ってハイドウドウ〟と歌い、「ぼくは、大きくなったら大将や元帥になるぞ」「わたしは従軍看護婦になるのが夢です」と、小さな戦士たちが次々に育っていった。

〝敵国語を使うべからず〟と、スポーツ用語をはじめ、日常語からは外来語のほとんどが消えてしまった。音楽の音階までも「ドレミファ…」から「はにほへと…」を使うようになったのだ。外国のレコードを聴いたり外国文学を読むなど外国文化に関わっているだけで逮捕されるということは、その後の映画などで時々目にすることになる。

人間の子どもは、たくさんの可能性を持ってこの世に生を受ける。そして、その可能性は環境や教育の力によって実を結んでいく。だから、育てられ方によって、狼や熊になりきることもある。（狼に育てられたインドの少女、アマラとカマラの話は有名である）

このように考えると、わたしを含めた当時の子ども達の可能性は、「おさない戦力」「小さな戦士」「未来の兵隊」としてだけ育て上げられていったことがわかる。

しかし、その軍国少年も、空襲・疎開・肉親の戦死といった直接身にかかる被害や変化の中で、神風を信じ、必ず日本は勝つと信じながらも、子供心に不安や戦況の悪化を感じ始めていた。

国は国民に日本が負けていることを全く知らせなかったが、国民の生活は次第に苦しさを増していき、食料や衣類など生活必需品の多くは配給品となり、自由に買えなくなった。ようやく買えても量は少なく、質は悪かった。わたしも何度か配給の買い物の順番取りの行列に並んだ。

「ぜいたくは敵だ」「欲しがりません勝つまでは」という標語が強調され「がまん」するしかなかったわたしたちは、生活の苦しさがひどくなるだけでなく、いつしか近所には男性は戦争に徴用されほとんどいなくなっていった。

父に召集令状がきたのは四十四歳。「こんな歳の男に召集令状が来るということは日本も余程のことなんだなあ」と父が言っていたと、よく母が話してくれた。わたしより少し年上の年代は、勉学を捨て、学徒動員としてペンを銃に持ち替え戦場に行ったり工場で働いたりした年代でもある。

「花もつぼみの若桜　五尺の命引っさげて　国の大事に　殉ずるは　我ら学徒の　面目ぞ　ああ紅の血は燃ゆる」（学徒動員の歌「ああ紅の血は燃ゆる」）と大声で歌いながら。

飢えと欠乏の耐乏期

地球上から戦争という魔物は一向に消えない。テレビで見る紛争や内乱の場面も同じだが、太平洋戦争では日本は初めて兵士ばかりでなく、戦場にはいない一般の国民までもが戦争に巻き込まれることになった。

働き手は戦場に送られ、人手も足りなくなったので、家庭の主婦や中学生、女学生が兵器をつくり、小学生がその原料の鉄くずを集めさせられたり、橋の欄干・寺の鐘、鍋や釜など地域や家庭にある金物を強制的に供出させられた。ついに服のボタンはガラスや陶器製となった。そして、国土が空襲を受ければ、敵の落とす焼夷弾で死んでいった。

食べ物や衣服などは、まず軍隊に与えられ、銃後の国民は学校の運動場にも芋を植え、さらに芋のつるや葉、時には道端の草まで食べるなどの究極の生活に耐えた。

隣組という制度ができて配給の品が隣組の当番の所に届くと、それをまた当番が分けることもあった。配給品を手に入れるため長い時間並んだ末に、目の前で品切れ・売り切れになったこともあるし、その配給も、やがて切符があっても品物が手に入らなくなってしまう。田舎に疎開してからはそういう状況は少なくなったことは有難かった。

しかも、この食糧や品物の窮乏状態は終戦後もしばらく続く。進駐軍が持ち込んだ「豆かす」や「トウモロコシの粉」も昭和二十三年ごろまで代用食として貴重な食糧であったし、昭和二十四年から三十五年まで、あの有名な「脱脂粉乳」をはじめ様々な支援をユニセフから受けて何とか国民は飢えを凌いだことを知る人は今はもう多くはいないのではないか。

疎開先の祖母宅で終戦を迎えた母と妹とわたしは、甲子園の家も焦土と化し、行く当てもなくなったため孫のためにと父方の祖父母が現在の場所(東かがわ市三本松)に家を建ててくれることになった。ちょうどそのさなか昭和二十一年十二月二十一日、建築中の家を南海地震が襲ったが被害はほとんどなかったことを思い出す。

戦後のこの時期は国民みんなが混乱の中、貧しく欠乏の生活に歯を食いしばって生き抜いた。町には戦地から復員する兵士が多く見られた中、もしかしたらわたしの父親も帰ってくるかもしれないと思うこともあり、夜中にふと目を覚ますことも多かった。

学校は国民学校から小学校に改称されたものの四年生の途中まで国民学校時代の教科書を使っていた。それは前述のように軍国教育の教科書であったから占領下では不都合な所が多くあり教師の指示でその不都合な部分を墨で塗りつぶしていった。真っ黒になるページもあったが一生懸命に墨をすり、塗りつぶした。歴史に残る「墨塗り教科書」である。

四年生の途中から今度は新しい教科書だといって新聞紙が何枚か配られた。見た目には新聞紙と同じものだが、中味は教科書であった。その新聞紙を自分で切り分け、ページを合わせ、糸で縫って綴じると薄っぺらい冊子ができる。色もついていなければ文字も新聞そのものであったがそれが教科書であった。

やがて昭和二十二年五月に日本国憲法が施行され学校教育法により新しい学校制度になったため五年生からは男女共学になりローマ字が入るなどそれまでとは全く違った教育内容になった。旧カナ遣いが新しいカナ遣いになり、旧漢字が当用漢字となったため、この時期の学習は毎日毎日が漢字と仮名遣いの勉強ばかりであったように記憶している。

「てふてふ」が「ちょうちょう」に、「がくかう」や「くわいしゃ」が「がっこう」「かいしゃ」にと、漢字も「學」が「学」に「聲」が「声」にという具合である。衣食住共に十分でなく、六年生の修学旅行は実施することなく小学校を卒業することになる。

そして昭和二十四年四月、新制中学校に入学したが、ここでも校舎の建設が間に合わず、二・三年生は小学校を間借りし、私達一年生は近くの高校の雨天体操場を板で仕切っての授業であった。

当時の雨天体操場だから電灯がなく、窓には窓ガラスどころか窓枠もない。しかも硬式野球のホームベースのすぐ横にあったため窓には防球ネットが張ってあり、屋根瓦は穴だらけ。雨が降ればザーザーぶり、風の強い日は教室の中を風が吹きぬける状態であった。

それでも「新しい憲法のはなし」や英語の「ジャック・アンド・ベティ」など、新しい学習内容に心を躍らせた。学校には図書室もなければ保健室もなかったが仲間がいるし毎日新鮮なことが学習できるので楽しくて楽しくて仕方がなかった。そのような中、湯川秀樹博士が日本人初のノーベル賞を受賞したことや「ふじやまのとびうお」の異名を取った古橋・橋爪選手の活躍は、打ちひしがれ沈みがちであった少年の心に元気を与え、夢と希望に火をつけた。「銀座カンカン娘」や「青い山脈」という流行歌や映画も日本人を勇気づけた。

娯楽という娯楽がない時代であったから、映画が唯一の楽しみであった。「三本立て」の時代劇や母物映画を上映する映画館が乱立しながら連日満員大盛況が続いた。

身体を動かすことが好きであったわたしは、昭和二十四年～二十六年の中学校時代と昭和二十七年～二十九年の高校時代はスポーツをしたかったが、昼は泥や油にまみれ、夜は夜なべをして働く母の姿を見、それでもその日の食べるものにも事欠く毎日が続く中、あきらめざるをえなかった。家の前に広がる畑も切り売りしながらの生活であったため、わたしは高校卒業時には就職を考え、窮状を見かねた担任の先生は収入のよい銀行を受けるよう推薦してくれた。しかし、全て不採用であった。

近所に住む受験しなかった銀行の支店長に相談したところ、「父親がいない者は銀行では採用することはない。もし使い込んだりした時弁償できないだろう…」ということを言われたことはショックだった。

その夜は、母と二人で悔し涙に暮れたことを今でも忘れない。

「国のためにお父さんは死んだのに…あきらめきれない…お父さんの命を返せ…」

それは高校三年生の一月のことだった。しかし、それが転機ともなった。

担任教師はすぐに大学受験への切り替えを勧めてくれた。しかし時期が時期である。経済的な面からとにかく国立で自宅から通える所は香川大学しかなかった。三月の入試まで必死で受験勉強をした。中学時代の教師の影響から教師の道に進もうという気持ちは心の底に持っていたこともあり、また父親がいなくても教師にはなれそうだとも考え、香川大学学芸学部を受験することにした。

教師としてのチャレンジ

いろいろあった戦後十年の混乱・貧困・忍耐の風雲期を何とか乗り切った昭和三十年四月、無事に大学の門をくぐった。憧れの角帽をかぶり、三本松から蒸気機関車でののんびりした通学が始まって間もなくの五月十一日、早朝の高松桟橋駅で、四国と本州を結ぶ宇高連絡線紫雲丸が濃霧の中で貨物船と衝突・沈没し、百八名の修学旅行生が犠牲となった現場に出くわすという出来事が起こった。その後の瀬戸大橋建設につながったといわれる戦後の悲惨な出来事の一つ「紫雲丸事件」である。

現在の天皇陛下と美智子妃殿下の御成婚の年、昭和三十四年に教師としてのスタートを切ったのが塩江小学校樺川分校。分校主任を中心にオンリーワンを目指した三年間の教育実践は、わたしのその後の教師生活の原点となる。当時の新卒教師は必ずへき地の学校に赴任するよう任命され、同期の者も、ある者は山奥の学校へ、ある者は島嶼部の学校へと胸を弾ませ着任していった。

高松からバスでくねくねと曲がった道を一時間、初めての訪れる塩江であった。バス停から教師らしき人の流れについて行き学校に着くとすぐに「君は分校だから今から歩いていくぞ」と教頭先生に案内されて、石ころの転がるがたがたの山道をさらに一時間歩く。

最初に受け持ったクラスは三年生二十一人四年生九人の三十人複式のクラス。全校生徒六十九名の複式三クラスに教師四人という今では信じられない学校規模だが、山奥の自然の中でのんびりと育った純真でたくましい子供達と協力的な地域の人、少し前に映画化された壺井栄作、木下恵介監督、高峰秀子主演の「二十四の瞳」さながらの学校生活であった。

先輩の教師と学校の宿直室に寝泊りして自炊の生活をする中で、地域に支えられ、地域に溶け込み、地域に出かけ、地域と共に活動しながら自分も成長する。子供達はやがて自信を持つようになり、県下に〝樺川分校あり〟とまで言わせた分校も生徒数の減少に伴い、昭和四十五年には廃校となったがこれも昭和を語る一ページであろう。

その後、運のよかったわたしは樺川分校での経験をフルに生かし、いろいろな出会いやチャンスにも恵まれ、様々な分野にチャレンジし、自分自身をチェンジすることができたこと、そして四十九年間（学校勤務三十八年、教育委員会十一年）の教育一筋の人生が全うできたことを感謝している。

しぼんでたまるか期

日本の国ほどいい国はない。今は自分の立場を「しぼんでたまるか期」と位置づけ、平和で豊かな環境の中で健康で幸せな日々が送れていることに感謝している。そして一昨年は念願であった三ヶ月の南米旅行を堪能し、週に三～四回はソフトバレーに汗を流す一方で、地区の戦没者遺族会のお世話もさせていただいている。

昭和という時代を回顧すると、やはり戦時色一色の子供時代から始まる。しかし、わたしの誕生にあわせて勃発した日中戦争当時は大陸での砲声も、まだ内地には届かず街にはどことなくのどかさがあったが、それも束の間、やがて国民生活に「時局」「統制」「銃後」「愛国」「配給」「代用食」「一億火の玉」……という言葉が主流となっていき、さらには「出征」「英霊」「空襲」「防空壕」「疎開」「玉砕」「神風」「特攻隊」……「玉音放送」という言葉が使われてきた。今では懐かしいキーワードであるが、わたしにとっても最初に触れた父親の戦死につながる戦中戦後のことが今も日々の生活の原点として居座り続けている。

数少ない富山丸の生存者三角氏（鹿児島県出身）のお陰で、戦後二十年も過ぎた昭和三十九年に沈没地点を見下ろす徳之島の丘に慰霊塔が建設され、その後は毎年遺族が慰霊参拝を続けている。九十六歳で父の元に逝った母も、この徳之島慰霊参拝を唯一の楽しみにしていたし、わたしも同様、今も全国富山丸遺族会のお世話をさせていただきながら、毎年の参拝を欠かすことはない。今年は百三名が第四十七回の慰霊参拝を済ませたばかりである。

平成十六（二〇〇四）年には、慰霊塔一帯を整備し「なごみの丘公園」と命名、当時の総理大臣小泉純一郎氏の揮毫による石碑をも建てた。あの大戦後六十六年もの間、戦争によって一人の命をも失っていない日本の国の存在は、世界では珍しいことであり誇れることである。

今のこの上なく豊かで便利なわたしたちの生活は、昭和の激動の中を、国のため家族のために命を犠牲にして立ち向かった多くの人々のお陰であることを感謝し、今後、末永く亡き英霊を顕彰すると共に、恒久平和を願う心を、昭和を生きたわたしたちは絶対に忘れることなく語り継いでいかなければならない。そのためにもこういう機会を与えてくださったことに感謝し、拙い文章を読んでくださった方々にお礼を申し上げたい。

次の漢詩は、昭和五十二年ごろ富山丸の生存者白井英一氏がわたしの父をはじめとする富山丸で命を落とした英霊に贈ってくれたものである。色紙に書かれたものがわたしの家の座敷に、父の写真と一緒に飾ってある。

捧富山丸戦友

三発魚雷萬骨吁　（三発の魚雷、万骨吁（吁「ああ」は嗚呼と同義））
修羅惨譫砕船無　（修羅惨譫「さんせん」　船砕けて無く）
戦争罪業為誰哭　（戦争の罪業　誰がために哭「な」く）
永遠不還蹌海珠　（永遠に還らず　蹌海珠「そうかいじゅ」、蹌は「うごめく」の意）
三十余年懐旧友　（三十余年　旧友を懐かしみ）
飛雲欲弔涙痕濡　（飛雲弔わんと欲し　涙痕を濡らす）

生存者　白井英一
（東かがわ市出身）

徳之島なごみの岬にある富山丸慰霊碑

「戦争末期の悲しい思い出」〜神様助けて下さい〜

湖﨑　武敬

昭和二十年七月四日未明、空襲警報発令と殆ど同時に今まで経験した事がない数の戦略爆撃機Ｂ29（注一）の飛来音が聞こえ、そして突如西南方向の夜空に物凄く大きな爆発音が鳴り響き、周りが昼間の様に明るくなった。「爆撃だ」これが「高松大空襲」の始まりだった。当時わたしたち一家の生計は年老いた祖父が高松市築地町で眼科医院を開業し支えていた。その祖父から空襲時の行動目標は徹底して家族に申し渡されていた。「とにかく防空壕になどに避難せず、まず逃げろ、逃げろ」。わたしたち一家は取るものもとらずに、当時七十七歳の祖父を先頭に七十四歳の祖母、四十歳の母、十一歳のわたし、九歳の妹、そして三歳の次女を母が抱いて指示されていた屋島に向かって走り出した。その時、父は歯科軍医として応召、ビルマ前線で戦っていた（この事は後で知った）。わたしは六歳の時に丸亀の練兵場で、「盾」第五十五師団陸軍中尉だった父が、誇らしげに軍服姿で威風堂々と馬に乗っていたのを見たのが、戦時下における最期の姿だった。（注一：当時米軍では、独立した航空隊はなく陸軍航空隊と言われていた。戦略爆撃とは、航空戦力を使って遠く離れた安全な基地から敵の心臓部を攻撃し、敵の本土で地上戦を戦うことなく空襲と封鎖によって敵を降伏させる事が出来ると言う方法）。

世の中思い通りには行かないということを知ったのはこの時だ。突然祖父が未だ二百メートルも歩かないうち高野山別院の門前で、顔面をしかめ苦しそうに座り込んだ。空襲当日まで元気で働いていた祖父からは想像だに出来なかったのだが、とにかく猛烈な神経痛の発作で歩けなくなった。「もう俺は駄目だからこの場に残して皆は逃げてくれ」。わたしは祖父の弱音を初めて聞いた。その時だ。母は決然として「元の家に帰ろう。そうすれば家族の死体は確認が出来る」と命令した。わたしは正直言って吃驚した。わたしたち一家の命令権はそれまではただ一人眼科医院の看護婦長であり、受付、更に一家の財布を牛耳っていた祖母にあったから。母は眼科医院と使ってない歯科医院および自宅（応接間等）の掃除、家事、洗濯、育児などいわゆるオサンドンとして日々追いまくられ、広い家を呪っていた。

空襲で被爆するまでの自宅の屋敷面積は三百坪ぐらい

あり、約半分は大きな庭木が生い茂り、何時も庭師さんが手入れをしていた。残り半分の敷地に建物と大きな蔵があり、眼科の建物と蔵の間に地下溝を掘り、木材の天井で覆った上に土を被せた実に粗末な防空壕があった。消防署の検査ごとに不備を指摘されるが、なにさま明治二十七年から町内に住み着いていたボス的存在の祖父に「俺は防空壕を使わない。空襲が始まると逃げるから」と一括され、すごすごと引き上げたようだ。わたしたち親子は、それまでは空襲警報が発令されると、防空壕に避難し、近所の人と井戸端会議を楽しんで来たが、祖父と祖母は一度も防空壕に避難したのを見た事がなかった。

往く時は道路に殆ど人影がなかったが復路になると避難する人の数も増え、肩と肩が触れ合うぐらいに混雑している中を、更に自転車で避難する人を避けながら多くの人が目指す市外とは反対に街中の自宅に向かって祖父を抱きかかえる様にして帰って来た。以後の命令は全て母親の指示になり、「大事なものは持てる限り持ち出しなさい」。一番に自宅に飛び込んだのは祖母だった。祖母は後生大事に仏壇にあった全てのお位牌しか持出していなかったのだから。祖母は母の命令に従い家中の現金、預金通帳などを袋に入れ、情けない顔で殆どのお位牌を仏壇に返した様だ。築地国民学校六年生のわたしと四年生の妹は大事なものが理解出来ず、結局何も持たずに母が掛け布団を引っ張り出し運ぶのを手伝った。不思議な事にその後、疎開先の香西国民学校に二学期（敗戦後）から翌年三月の卒業まで教科書なしで通学したが、全然不自由をしなかったのは何故だろう。後になって分かったことは、本当に大事な物と今必要なものの区別はとっさには判断出来ないということだ。

最初の逃げ場は広い庭の中。でもそのうちに樹木がバリバリ焼け始め、布団を被っても熱くて辛抱出来なくなった。焼夷弾が周りに降り始め、わたしは生きた心地もなく、生まれて初めて「神様助けて下さい。もし生きられましたら、もう何でもいたします」とお願いした。それまでの神仏へのお祈りはただただ形式的に手を合わすだけだったのに。その後、一家は熱くて辛抱できず、消防署非公認の防空壕に避難した。ただ防空壕の中は、七月一日と二日の連日降った雨でかなりの水が溜まっていたので、防空頭巾を被り服を着たままぬるま湯の風呂に入った感じだった。

実は七月三日昼間に祖母に命じられた妹と二人で、壕の中から水をすくい出していたが、子どもの事とて途中で遊びに行ってしまった。でもこの水が残っていた事が今回、空襲時の運命の分かれ目になった。わたしと母が壕の中で両入口に近いところに座り、皆が熱くて息をするのも苦しくなると、被った布団の上から母がバケツで水（と言うよりお湯だった）をかけてくれた。わたしも水かけを手伝ったが、時々防空壕から首を出して、周りの様子を探り吃驚した。雨あられのように焼夷弾が落下し、自宅も診療所も物凄く火を吹いていた。

時々地上の高射砲からだろうかポンポンと二、三発音がしたが、敵機には届いていない様だった（高松市太田上町の光臨寺の境内に高射砲機関銃が一門だけ備えられ、また朝日町の四国ドックで修理中の艦船からも敵機を狙って高射機関砲で撃っていたが、敵機に届きそうにもなかったとの報告もある）。でもその音がした途端に、砲撃があった付近には決まって焼夷弾や爆弾が雨あられと落ち始め、もう生きた心地もしない。「敵機に届かない弾なら、撃たんとってくれ」これがわたしの必死のお祈りだった。でも母はこのバリバリ音がして自宅が燃えている最中にも「今に神風が吹く。日本は必ずこの戦争に勝つから」と言い続けていた。

激烈な焼夷弾の雨も午前四時ごろには静かになり、五時ごろには屋島の上から太陽が首を覗かせ、次第に明るくなって来た。わたしたち一家は直撃弾も受けず、本当に神のご加護を感謝しながら防空壕から首を突き出して吃驚した。なんとあらゆる使わない財産を避難させていた蔵が無傷で威風堂々とその姿を残していたのだ。でも、それはほんの一瞬だった。B29は帰還したが、二機の戦闘機が手を伸ばすと届きそうな低空で蔵の周りを偵察した後、機関砲でバリバリ撃ち始めた。ほんの数分ぐらい銃撃された後（わたしには長い時間に感じられた）蔵の中が物凄い勢いで火を噴き始め、あっという間に崩れ落ちた。大人達は涙を流していたが、わたしと妹は未だその重大な事態を理解するには早すぎ、シラーとしていた。ただ三歳の次女だけは、よくもこれほど泣けるなあと思うほど、防空壕の中で泣き叫んでいたが。

全てが終わり不思議な静寂と霧のように細かな黒い雨が降っている時、家族全員無事に防空壕から這い出し、命の無事を喜び合った。周りに見える建物は大部分灰燼と化していたが、でも不思議に三越を始め建物の外郭だけが残っていた所もあった（報告書によると築地国民学校の奉安殿も焼け残ったとか。これは気が付かなかった）。何処から来られたのか沢山の人が身内を探しに来ていたが、探す相手が見当たらず、二、三人の人が食べて欲しいと「おむすび」をくれた。折れ曲がった水道の蛇口からポタポタ落ちる水で渇を癒しながら食べた「おむすび」の美味さ、今思い出しただけで涎が出るほどだ。

町内会長さんの指示によりわたしたちは沖松島にあった旧火葬場の横を流れる御坊川の土手に避難した。この土手から火葬場は川を隔ててすぐ向い側に見えた。三十度を越す暑さの中、日陰もなくすることもなく火葬場をぼんやりと眺めていた。空襲当日のこととて、ひっきりなしに木炭車の荷台に載せた真っ黒焦げの遺体が運ばれてきて火葬が間に合わないのか敷地の中に積み上げているのが見えた。人手がないのか運転手一人で車から遺体を降ろしているが、その道具は今から考えると牧場などで干草や藁、堆肥を掻き寄せるホークを使用している様に見えた。考えるとわたしは今まで歯科医療の傍ら四十年近く警察協力医として身元不明の死体検案をして来たので、亡くなった方の尊厳については心得ている積りだ。でも空襲時の死体検案を含め、死体処理については、やはり難しかったのかもしれない。

七月四日の夜は川の土手で一家が野宿したが、家族全員が参加した初めての事なので、わたしは嬉しくて夜空に輝く綺麗な星を眺めていた。でも無数に飛び回るやぶ蚊の群れには閉口した。夜空に向かってぴかっ、ぴかっと懐中電灯らしきものの光る時があった。一緒に命からがら逃げてきた方の中には、我が物顔にこの原因を説明する人も居た。流言飛語の類だろう。翌日そこに野宿した者全員で、ゾロゾロと町内会長さんが経営する丸高製紙の倉庫に案内され、初めて食事らしいものにありつけた。人間らしさを取り戻した瞬間だろうか。

七月五日、焼ける前に長い間お世話に成っていた庭師の大西さんが、大八車を持って迎えに来てくれた。車には祖父、祖母、次女が乗り高松の中心から一里（約四キロメートル）以上先にある親類の香西寺へ向けてトボトボとした足取りで進軍が始まった。あまり勇ましい格好ではなかった様だ。でも三人の大人には長年住み慣れた高松の地を離れることで、万感胸に迫るものがあったと思う。

ただ一歩道路に出た瞬間、わたしはこの世の地獄を見た。あの地獄絵で見たあれだ。道端にある消防署推薦のきっちりとセメントで固められた防空壕の中で、顔も皮膚も黄色に変色した家族が抱き合った死体や、運が悪いとしか言いようがない首に焼夷弾が刺さった道端の死体、勿論真っ黒焦げで炭のような死体、わたしはこの累々とした死体の群れにただただ唖然としていた。極め決め付けは、中新町交差点に作られていた防火用貯水槽（俗称ロータリー）の水の中に浮いている立錐の余地も無いほどの溺死体を見た時だった（中新町での死者は五十一人とか）。母方の祖母が近くに住んでいたので、もしやと思って注意深く見たためだろうか、この光景は今でもわたしの脳裏に焼きついている。

この空襲の模様を、当時の鈴木高松市長は「七月四日一時四十一分空襲警報発令、マリアナの敵機B29約九十機がAN－M－47A2－100ポンド油脂焼夷爆弾・M69小型焼夷弾を多数内包するE46－500ポンド焼夷爆弾を混用して攻撃を加えた。E46－500ポンド爆弾は落下途中の高度約千五百メートルで破裂し束が解け、リボンに着火したナパーム弾M69小型油脂焼夷弾がばらばらとなって一斉に落下してくるのである（米軍資料によると、高度約三千メートル付近から投弾し、投下した爆弾は高性能爆弾二十四トン、焼夷弾八百九十トン、総数八百三十三トンであった）。大体午前五時近くにわたっては波状攻撃を受け、旧市の市街地の大部分が灰塵に帰した」と述べている。

因みに戦災死亡者千三百五十九人（一九八二年十二月現在）、その他負傷者合計千二百七十五人と報告されている。空襲前の高松市の人口は十万六千七百二十一人（一九四五年六月現在、「警察沿革誌」による）と報告され、空襲後では六万三千百三十八人（一九四五年八月現在）で実に四十％の人が高松から疎開したことが報告されている。

一体高松空襲は米軍にとってどんな意味があったのだろうか。工藤先生の講演によると、米軍資料の戦争末期における米軍の戦略爆撃の推移では一九四四年十一月二十四日～翌年三月九日で高高度精密爆撃（日本の戦略心臓部）を終え（Ⅰ期）、一九四五年三月十日～六月十五日大都市への焼夷弾空襲と沖縄作戦支援が終わり（Ⅱ期）、未だ日本が降伏しないので、一九四五年六月十七日～八月十五日中小都市空襲（Ⅲ期　梅雨時）の空襲は、市制を敷いた百八十の都市に順番を付け、高松市は四十番目にランクされていたそうだ。七月三日～四日の空襲では、高松、徳島、高知、姫路の四都市が目標であったとか。日本の諜報機関もある程度把握していたとか。結果から見ると悲しい現実だ。

いろいろな方のお世話になりながら、わたしは敗戦の翌年三月に香西国民学校を卒業し、旧制高松一中に入学した（その後学制の改革で高松第一高等学校併設中学と改名された）。子供心に嬉しかったのは、終戦を境にして小学校の地理と歴史の科目が消去され、入学試験にも削除されたことだ。そのお陰でわたしは今になっても常識に欠け、家内に馬鹿にされている。恐ろしかったのは、昭和二十二年四月には新制中学も発足したことで、わたしたちには高校入学まで後輩がおらず、落第すると放校だと脅され試験があるごとにびくびくしていた（？）。

戦い済んで日が暮れて、日本経済が落ち着くまで疎開先の香西寺での生活は避難して来ていた家族が何組かおり、今までとは生活状態ががらりと様子が変わり、わたしにとっては楽しくもあり、またいろいろと不自由なので辛苦も味わった。特に育ち盛りのわたしたちの空腹だけは堪えた。この歳になってもキッチリと食事時間に食事が食べられないと本当に恐怖感が湧いてくる。母は少しばかり疎開していた衣類を農家にお願いして米と物々交換し、重いリュックを背負って運んでいた。小説家の小泉里子さんは「女は弱しされど母は強し」を言い換えて、「女は強しされども母もなお強し」と言っていたがその通りだと思う。特にわたしは、今でも家事全てにおいて家内に頭が上がらないので、この言葉は正解だと思っている。勿論この頃を境に、我が家の生活主導権は祖父や祖母から完全に母に移管していた。

わたしは母と一緒に夏の日照りがきつい道を高松まで歩いて通い、瓦礫の山の我が家の跡片付けをした。遠い道程だったが、少しも苦痛を感じない。焼け跡から壊れずに残った生活品を探すのに夢中で、見つかると歓声を上げて喜び合った。当時高松の旧道路は通行に不便がないくらいには整理されていた。でも道路のマンホールの蓋は盗まれたのか、殆どなかった。オッチョコチョイのわたしは、晴れわたった空を見つめて歩いていてものの見事に体半分がマンホールに落下した。脛の骨が露出し病院で骨髄炎と診断されたが、当時は抗生物質とてなく、ヨードホルム粉を傷口につけてもらって終わりだった。焼け跡にはトイレがなく、行方不明の人を探して沢山の人が来ていたが、妙齢の女性でも一望が見渡せる道路脇の瓦礫の中で、人が近づくと傘で顔を隠して用を足していた。恥ずかしかったことだろう。

政府はＧＨＱ（米軍　総司令部）の命令で昭和二十一年二月十七日に突如悪性インフレや食糧難に対処するため、銀行券（お金）の流通量を減らす目的で預金封鎖を決定し、生活費を預金だけに頼る我が家でも毎月の出金が一定額に制限された。でも不思議だ、毎月の出金が一定額に制限され、生活苦に喘いでいたとき、我が家では誰一人としてお医者様のお世話にならなかったことは本当に奇跡だった。ただわたしの骨髄炎が例外だが、母が毎日ガーゼ交換をしているうちに何時しか症状も取れ、自然治癒の力だろうか病気のことも忘れていた。医療費の捻出が当時我が家では出来なかった。とにかく鍛えられると病気さえ逃げるのだ。今は全てが整い過ぎているので、病気も多いのだろうか。

母の言によると、戦前からお付き合いをしていた大工さんが、高松市第一次復興家屋、甲型（十五坪）の家を、封鎖貯金を担保に焼け跡に建ててくれるとのことでお願いしたが、途中で建てられなくなった。もっともだ、建築費の支払いが出来ないのだから。仕方なくわたしたち一家は、焼け跡の未完成家屋に帰ってきたが、今から考えたら凄い家だった。屋根は出来ていたがそれ以外は戸も窓もなく、畳下地板はあるが畳はなく、でも不思議にトイレと台所があった。風呂はなく、焼け跡から辛うじて引っ張り出した鉄製の五右衛門風呂を戸外に据え、月を眺めながらの入浴だ。窓や戸などのない所は全て莚（むしろ）で覆い、畳の代わりに莚を敷いていた。だから夏は物凄い暖房に、冬は冷房が効いた部屋で吹きあれる風に耐えていた。盗むものがないので泥棒にも来てもらえないようだった。

父が昭和二十二年にビルマ前線から「不思議に命ながらえて」無事生還し、栗林病院の歯科に勤務し始めたときは、正直な話、ほっとした。その後、父は五十七歳で空襲の跡地に歯科医院を開業し、それをわたしが引き継ぎ、現在では空襲を全く知らない息子が引き継いでいる。きびしい空襲のさなか、しかも市街中心部の防空壕で最期まで直撃弾の〝お見舞〟もなく、一家は奇跡的に無傷で生き延びる運命を背負って、その後しぶとく生き延びた。祖父は八十三歳、祖母は九十四歳、母に到っては九十八歳までそれぞれ長生きし、わたしも現在七十七歳、妹たち三人（父が生還後、更に妹が生まれた）も未だに生き永らえている。神様が護ってくれた命を大切にして。

高松空襲を受けて今年で六十六年を経たとか。わたしの経験は狭い防空壕の中から空襲の一部を眺めたに過ぎなかった。「象の鼻だけを撫でて象は細長い動物だと言うのと同じ」との誤解を受ける事を恐れて、今まで発表もしなかった。しかし、わたしは今回初めて空襲に関する経験を書くためいろいろの文献に接し、戦争を経験した人が自分の経験を基に述べることで後世、誰かが空襲と言うよりは太平洋戦争の全体像を纏める際のお手伝いをしなければならないと思った。

一定の条件下で（わたしが未だ子どもであったということを含めて）日本の敗戦末期に見た高松空襲と混乱した戦後の一部を、わたしの五感と薄れかけた記憶を呼び起こし、文献で確かめながら記録した。参考にさせて頂いた文献は左記の通りである。心よりお礼申し上げる。

①「高松空襲戦災誌」高松空襲戦災誌編集室、高松市役所発行、一九八三年三月

②「高松の空襲　手記・資料編」高松空襲を記録する会発行、一九七八年四月

③「高松大空襲～昭和二十年七月四日の未明、空から戦争が降ってきた～」植田正太郎著　高松空襲を子どもに伝える会発行、二〇一〇年五月

④「米軍資料から見た高松空襲」工藤洋三（徳山工業高専教授）　高松講演、二〇一〇年七月

終戦後日本の復興

小林　宏暢

はじめに

平成二十三年三月十一日午後二時四十六分、有史以来未曾有の大地震マグニチュード九・〇に続き、二十五メートルの前代未聞の津波が東北地方から関東地方にわたる五百キロメートルにも及ぶ大惨事。老若男女が二万人以上の死者・不明者、何十万人もの被災者を出し家屋は倒壊し瓦礫が山積し、まさに阿鼻叫喚の地獄絵と化した。映像を見るにつけ、昔昭和の空襲で焼け野原となった時代を思い出した。恐らく現地ではインフラ設備の破壊、道路の遮断、食物（取り分け飲み水）の確保障害、仮設住宅やトイレの不足、弥生半ばを過ぎても雪が降り、朝夕は零下に見舞われる今年の異常気象。あまつさえ想像を絶する二次災害で、福島原子力発電所一～四号機の破損による放射能漏れ等々。

被災者は着る物を欠き、風呂にも入れない。自分自身も着の身着のままで何日もヒモジイ思いをし、風呂にも入れない経験がある。罹災者の状況は察しがつくが、この度は氷点下の寒さがこれ等に加わる。

日本はもちろん世界的に支援の輪が広がり、サンドラ・ブロック氏は赤十字を通じて百万ドルを、女優のグエン・ステファニー氏も百万ドルを寄付。歌手のスティブン・セガール氏も多額の支援金。イチローも一億円を、楽天社長三木谷浩史氏は十億円、ユニクロ社長柳井正氏個人で十億円を会社で四億円を、別に衣類七億円を寄付した。極め付きはソフトバンク社長孫正義氏は個人で百億円、別に二〇一一年度から引退するまでの役員報酬も全額寄付するとのこと。日本人も満更捨てた物ではない。この文書を完成させた後に孫正義氏の百億円震災見舞金の支払い方法について週刊新潮や週刊ポストに毀誉褒貶の意見が述べられている。どうもすんなりと百億円が支払われている形跡に疑問符が付いているようだ。したがって、私の文書もこのあたりを考慮しなければならないのかもしれない。

避難所暮らしの皆様どうぞ呼吸器感染症（インフルエンザや風邪）や肺炎や冬型気候であるが消化器感染症（ノロウイルス）に気をつけ、望みを持って郷土再建が出来るように頑張って、いち早く復興されることをお祈りしたい。

昭和の証言Ⅲ

最近日本では失われた二十年、米国でも失われた十年なる言葉が流布しているとかを耳にするが、平成二十三年一月十九日胡錦濤国家主席の国賓待遇の訪米は、日本がGDPで中国の後塵を拝した事実も相俟って、マスコミは日本人の自信を喪失させる方向に報道を捻じ曲げて誘導しているとしか思えない。

昨年は、cross coupling 法の発見で、鈴木章、根岸英一両教授にノーベル化学賞が授与されたことは真に慶賀に耐えない。しかもその成果を人類共通の財産として、特許権も申請せずして幾多の人々に恩恵を付与した事実は、もう少し日本人の美徳として喧伝されて良いと思われる。すでにニューロタン、ディオバンなる外国発の降圧剤（ARBと呼ばれる種類）に応用されている。因みに二〇〇一年にノーベル化学賞を受賞された野依教授の工業的光学異性体の分離方法が、抗菌剤タリビットなるラセミ体から、より有効なクラビットの開発や、前立腺癌の治療薬カソデックスの商業化に貢献して人類に恩恵を与えている。また小惑星イトカワへの探査機〝はやぶさ〟が世界初の使命を無事終えて、日本の科学技術のレベルの高さを実証してくれたことに敬意を表したい。と共に、〝日本人よ、もっと自信を持とうではないか〟と唱えたい。iーPS細胞を発見した山中教授も頑張っておられる。これからの若者に勇気や意欲を与える様な政治を求めて止まない。

前置きが冗長になり竜頭蛇尾となりそうだが、もう一度初心に還って昭和を語ろうとの話が編集者から再度持ち上がり、再挑戦の運びとなったが、如何せんネタが尽きたので、次のように考えた。

巷間一生懸命に日夜を問わず無意識に働きかければよい結果が得られる一例として、十九世紀の化学者ケクレの逸話が有名だ。彼はベンゼン核の構造を発見するにあたり、六角形の頂点に炭素と水素一個と炭素どうしが一個置きに二重結合をしているとの仮説を、蛇が自分の尻尾を咥えている姿を夢に見て思いついたと言われている。自分もこの手でいこうと考えた。この度の同志諸氏も恐らく同年代であろうと予想して

烈士暮年　壮心不已

の前向きの気持ちで書き始めた。

昭和史のトップ記事は何と言っても日本の敗戦であろう。有史以来初めての出来事で、現人神でおわしました

昭和天皇の玉音放送は、敗れることなき神国日本の臣民として洗脳されていた我等国民学校の生徒にもショッキングな出来事であった。日本国の一大事であり、この日昭和二十年八月十五日を境に国全体がカオスに突入。終戦となり、陛下は現人神から人間となられた。皇国史観も影を潜め、残念なことに左翼思想が蔓延し始めた。コミンテルンの影響下、愛国思想は衰えていった。日ソ不可侵条約を破棄し、我が国固有の北方領土を終戦後に不法に強奪し、多くの日本人をシベリアに抑留し、強制労働に駆り立てた国のマルクス・レーニン主義を信奉する輩が増えてきた。真に残念至極である。

翌昭和二十一年、銀行や郵便局の預金は封鎖され一家族一ヶ月三百円プラス一人百円追加のみが引き出し可能であった。旧紙幣は流通制限となり、新紙幣が流通するまでは旧紙幣に証紙を貼り代用したのである。

物価は高騰し五年後には数十倍になったこのハイパーインフレで、戦時国債は価値が下がり政府は財政破綻から脱出できたのである。この結果、それまで流通していたお金一円が百銭であったものが、銭単位の物は次第に姿を消して行った。

終戦時、無条件降伏調印時、重光外相、梅津参謀総長が米戦艦ミズリー上での写真は今も脳裏に焼き付いている。そのうちに焼け野が原の当地にも米軍が進駐して来た。巷には春を鬻ぐ派手な恰好をした女性達が、米兵と腕を組んでチューインガムを噛みながら闊歩している姿に、子供ながらに憤りと敗戦の悲哀を感じたものだった。後に渡米してアメリカ社会が自分の思っていたよりダイナミックな半面、堅実で落ち着いた社会である事実を痛感した。兵隊、それも下士官のレベルと一般市民のレベルは違って当然である。空襲で灰燼に帰した都市の様子は小生も最初の文に書き留めて置いたが、高松の空襲後、広島と長崎に原爆が投下された。たった一発の爆弾で何十万人が住む都市が破壊されたのである。空襲に

注）右上の隅が証紙です。

より焦土と化した日本の諸都市同様、ここ高松でも戦後急速に家々が建ちはじめ復興には目を見張るものであった。向後百年間は木も生えないと思われた広島でさえ急速な再建が見られた。

丁度同じ頃、戦後日本軍の物資も世に出始め、ラジオやその製作キットも出回ってきた。NHKで菊田一夫原作「鐘の鳴る丘」なる連続放送劇が庶民の茶の間においての娯楽だった。昭和二十七年には彼の原作「君の名は」の放送が始まり全国の風呂屋が空になると言われるほどみんなが家に籠ってこの連続放送劇に夢中になったのである。戦前は国の教育方針で若き男女の交流などはご法度であったが昭和二十二年には平野愛子のデビュー曲「港が見える丘」がビクターレコードから発売され売れに売れた。「貴方と二人で来た丘は港の見える丘……」は小学生の自分にとっても驚きだった。昭和二十四年には天才少女歌手美空ひばりが「悲しき口笛」で日本中を唸らせた。カラーの映画「港町十三番地」にも出演した。

教育制度も大きく変わり、旧制高校や旧制高等専門学校は大学に昇格し男女共学となった。ドイツは頑として アメリカの命令を聞き入れず、教育制度は従来通りである。要するにアメリカは教育制度改革で日本を骨抜きにしたのである。同時に天下国家を論ずる旧制高校の校風をなくした。只、女性に教育の門を開いたことは瞠目に値する。戦後多数の映画館が雨後の竹の子の如く出現し、昔の三本松町でも四館あったくらいだ。戦後暫くはモノクロのフィルムの映画が多く上映されていたが、昭和二十七〜八年頃からカラーになっていた。昭和二十八年にはテレビジョンの放映が始まり三年後にはカラー放映へと進化した。この年オリエンタル写真工業からネガカラーフィルムが発売されたものの、色合いが今一の感があった。昭和三十年、大学に入学して京都に往来する時に、加藤汽船の新造船ハピネスが高松港から大阪の大正橋に着く船便があった。深夜に出港して翌朝に大阪に着くので便利で、しかも確か五百円と安価なので時々利用した。その後、少し大きなグレイスに交代した。当時、関西汽船が天保山（大阪港）から高松と高浜港を経て別府港を結ぶ航路があった。高松を晩に出て、翌朝別府に着くので便利だった。関西汽船の子会社に極東航空があり、東京の日本へリコプター輸送と昭和三十七年に合併して全日本空輸株式会社が誕生した。当初飛行機事故や他にも色々あり其の道程は順風満帆ではなかったが、日本航空の支援も受け立ち直った。一方、日本航空は親方日の丸の体質、天下り、高給与体系、サービス精神の欠如等で左前となり京セラ稲盛会長を迎えて資本注入も仰ぎ、見方によれば〝庇を貸して母屋を取られる〟格好となった。これを参考にして、硬直化した現在の国家のシステムにメスを入れる必要性を考慮しては如何なものであろうか。

昭和三十年頃小西六写真工業からコニカカラーが発売されて、画質が向上して本格的なカラー写真の時代に突入した。その後コニカはフジフィルムに押され気味となった。悲しいかな科学技術の発達は、昔から戦争によってもたらされて来た。軍需機器が民生用に転用されて、文明の利器が庶民の間に普及したのは間違あるまい。昔から洋の東西を問わず、戦争は武器の発達のみならず、兵站の確保も大切な事項である。昔第二次ポエニ戦争でハンニバルが象に乗ってアルプスを越えてローマに進行し、中国でも初めて秦の始皇帝が鉄を武器に用いて当時青銅器を用いていた他の春秋六国を平定し覇者となり、後世我が国でも武田騎馬軍団を鉄砲で破った織田信長、最近では制空権や原爆の出現、インターネットによる北アフリカの暴動ｅｔｃ、戦争に係る事柄は数多くある。原子力は発電に、インターネットは世界中の人々の通信手段として、大砲はやがてロケットに進化して我が国の無人ロケット〝こうのとり〟が遠隔操作で人工衛星とドッキングをしたり、〝はやぶさ〟が惑星〝いとかわ〟の塵を持ち帰って来たりで、ＧＮＰ世界二位から転落して沈滞ムードの日本人を鼓舞してくれている。サッカーのアジア選手権制覇と共に。

デジタル技術（コンピュータ）の発達は銀塩フィルムを駆逐し、王者コダックはじめ英国のイルフォード、ドイツのアルファー、ゲバルト、我が国のコニカなど富士フィルムを残して撤退した。最近の人々はフィルムを知らない人もいるだろう。長年親しんだ印刷物も電子媒体（電子書籍）に侵食されつつある。最近は新聞を読む若者が減っていると聞く。そんな意味で本企画も、将来別の意味合いが出てくるのかも知れない。

昭和時代には生活様式も激変した。戦後の焼け野原から立ち上がり復興が進むにつれ、先ず上水道が完備されて行った。これが行き渡るまでは各家庭に井戸があり、釣瓶で水を汲み上げるかポンプを押してバケツに水を入れるかして飲み水や風呂水から洗濯水、さらに庭の打ち水にも用いられた。トイレは和式のポットン便所で、ちり紙や古い新聞紙で用を足していた。便器に拠っては排便時に飛沫が反って来る時もあった。昭和三十年頃から下水道の普及が計られ、トイレットペーパーなる物が出現して来た。便器も次第に西洋式になり、快適な生活が送れるようになった。水洗便所以前の時代までは便は「下肥」と言われ、農家の人達が各家庭を廻って買いに来るか、野菜と交換してくれたものだった。これらは、肥壷に蓄えられ、発酵した物は肥料として用いられた。その頃、一般の農家では牛や兎、鶏などを飼っており、農耕牛や農耕馬が労力として飼われて重宝されていた。燃料として用いられた薪は燃え尽きて自然界に返され、食物残渣は貴重な豚の餌となり、排泄物は牛糞や馬糞や人糞などと共に肥料として用いられ、完全にリサイクル化されていた。肥料として用いられた排泄物には新聞紙はそのまま残ることがあったので、野菜についていることもあった。したがってこの時代は寄生虫を持った患者が多くいた。しかし、喘息患者やアトピー性皮膚炎の患者は珍しい時代であった。IgE抗体が関与する病気は寄生虫症の減少と共に増えて、今やスギ花粉症全盛の時代となった。その後、配合飼料なるものが農村に配られ、人口肥料が用いられるにしたがって、家畜や人糞は肥料の座からおろされた。

昭和三十年頃までは薪を燃やして五右衛門風呂に入っていたが、燃料は次第にガスや電気に変わり、農村にも昭和三十年末頃からプロパンガスが入り、都市には都市ガスが供給され、完全にリサイクル社会から逸脱した。人件費の高騰につれ木材は外国産に取って代わられ、間伐材も野や山、田や畑にも人間の手が過剰に加えらた。人件費の高騰につれ木材は外国産に取って代わられ、間伐材も放置され燃料や衣類や食料までもが外国産の物に次第に置き換わられるようになって来た。結果として、あらゆる物の値段が上がり、生活に必要な基本的消費財が自給自足出来ないようになった。

昭和三十年代後半までは、各家庭に〝おくどさん〟と称する釜戸で火を焚いて食事を作り、台所には〝荒神さん〟と呼ばれる神棚が祭られていた。稲刈りの後は稲藁を円柱状に積み上げ、上端は三角錐の〝藁黒〟や、水平な木の棒に穂先を束ねた稲藁を二つに分けた〝稲干し又は稲架〟が田のあちこちに見られたが、稲藁で作る草履や畳の床にも何時の間にか利用されなくなり世の移り変りを感ずる。現今でも正月の注連縄は餅米の稲藁で作られているが、以前は車のフロントにも飾られていたものが、今では正月風景も斯様な雰囲気が廃れつつある様だ。戦後の食生活において果物の王様と目されたバナナは、昭和三十年頃まではとても貴重品で高価で庶民の口には容易に入らなかったものである。時を経るにつれバナナは安くなり、今や果物のうちでも安価な部類に属する。時の流れとは怖いものだ。

昭和三十一年には日本信販、プロミス、三洋信販などが誕生した。これが後程サラ金問題に発展して行く。

昭和三十五年池田総理が所得倍増計画を掲げて颯爽と登場し、3C（CAR・COOLER・COLOR-TV）が庶民の憧れの的となった。この頃オリンピック招致に向け東海道新幹線や高速道路の建設に拍車がかかったとはいえ所得格差も顕著になったためか総理から「貧乏人は麦飯を食え」なる発言も飛び出した。このことは、生活の快適さ、便利さ、楽しさをもたらしたものの、集団就職で若者は大都市に集まり、家族関係は少子化と相まって希薄になっていった。人間の絆の希薄化に加え、子供たちはテレビやコンピュータの普及でゲームにのめり込み、子供達の社会性が失われていると感じるのはわたしだけであろうか。この現象は進行して、今や東京一極に集中し、人間の絆が絶たれて現在では一人暮らしの老人の孤独死や老人ホームにて暮らす年寄りが増えて、介護の問題が社会の大きな負担となっている。平成二十三年一月NHKによると東京で空き家が十万件あり毎年三千軒ずつ増えているらしい。人間同士の繋がりが弱くなった証拠だろう。

昭和前期は、まだかかる要素の萌芽も見られず、のんびりした時代であったが、昭和四十年代頃から学習塾が増えて学生が通うようになった。これは教育費の高騰に繋がり、金持ちの子が難関校に入り易くなった。こうみてくると、お金の掛る世の中となってしまった。しかしながら、ここ三年間医療専門学校で学生に病理学を教えているが、基礎学力の低下に驚くばかりである。一流企業のサラリーマンとは別世界なのだろうか。そうであって欲しい。

昭和三十四年には、当時皇太子であらせられた現平成天皇と平民の正田美智子様の御成婚が挙行され国民挙って祝福し、その模様を見るべくモノクロテレビが売れに売れた。お二人の生い立ちから、馬車でのパレードに至るまでの放映の内容は、当時のラジオ放送では味わえない素晴らしいスペクタクルであった。その頃、テレビで大相撲が放映されていたが、栃錦と若乃花の強い二人の横綱の出現が、日本中の相撲ファンをお茶の間に釘付けにした。

戦後日本の国際社会への復帰は、サンフランシスコ講和会議（昭和五十一年）以降のことである。この時ソ連、チェコ、ポーランド三国は条約を批准していない。ソ連とは現在も戦争終結には至っていない。何れにせよ昭和天皇を衷心より敬い『臣茂』と称して、且つ強力なリーダーシップと知米、親英の人脈に富んだ吉田　茂総理大臣に率いられた日本国民は幸運に恵まれたと思う。その後バカヤロー解散を惹起しはしたが。いずれにしても幸いなるかな、今とは異なり長期安定政権下での出来事であった。昭和三十一年には『もはや戦後ではない』との流行語がマスコミを沸かせたが、わたしが昭和三十七年に渡米する時には一ドル三百六十円で二百ドルしか持ち出しが許可されなかった。その後の五年間は自分にとっては日本での空白の時間であるが、推測するのは割合可能である。昭和三十五年にはカラーテレビの放映が始まり高度経済成長とオリンピックへの期待とが相俟ってカラーテレビが飛ぶように売れた。

昭和三十九年には、東海道新幹線も十月一日に開通し、十日後には東京オリンピックが盛大に挙行された。開催国日本はアメリカ、ソ連に次ぐ三番目に多くのメダルを獲得した。昭和四十二年九月親子四人で帰国して初めて

於 昭和40年頃米国にて

新幹線に乗り京都の弟たちの住処に来てみて狭い家ながらも Car, Cooler, ColorTV が揃っているのに驚いた。当時暫く大学でお世話になったが、学園紛争中で父親も当時としては高齢で、早く後を継いで欲しいとの要望に応えて現在の地で開業した。昭和四十五年には大阪で万国博覧会が開催され見学をして来た。県下で初めての開業の泌尿器科医として家内の全身麻酔下で、泌尿器疾患と外科疾患の手術を守備範囲として共に良く働いた。この間、老人医療費の無料化等政府の愚策も相俟って厚生省の財源は次第に枯渇して現在に至っている。ばら撒き行政の悪弊は、国家財政の危機に瀕した現今でも懲りずに踏襲されている。昭和六十二年九月二十二日昭和天皇は歴代天皇としては初めて開腹手術を受けられ、乳頭部癌であらせられた。昭和六十四年一月七日陛下の崩御とともに昭和の幕は閉じられた。一抹の寂寥感を残して。

追記

戦後昭和期の医学の進歩に関して

終戦後の科学技術の進歩はあらゆる方面に及んでいるがマクロの分野は益々巨大化しロケットや原子力発電所、ミクロの分野は益々微細化に向かっている。医学の分野にもこれが当て嵌まる。戦後の医学の幕開けは、先ず抗生物質の導入から始まった。Fleming の発見したペニシリンが先ず Churchill 英首相の肺炎を治した後日本に導入され感染症に威力を発揮した。結核には Waxman がストレプトマイシンを発見し、戦後飢えと劣悪な環境から低栄養で我が国民病結核の救済に威力を発揮する端緒となった。種痘が功を奏し死亡率四十％にも達する天然痘ウィルスが昭和五十五年五月八日に地球上から根絶された。ＷＨＯ宣言である。

医学は予防と医療に大別され、医療は診断と治療に分れると言ってよかろう。診断にもＰＥＴのように原子炉を必要とするもの、微細なウィルスを見たりする巨大な電子顕微鏡、治療面でも重粒子線が用いられている。画像診断の本格的応用は英国ＥＭＩ社のＣＴによる。ＣＴはその名も示す様に Computed Tomography でコンピュータ化された断層撮影である。今やカメラ、ボイスレコーダー、パソコンからＴＶに至るまで全てがコンピュータ化されている。

元々コンピュータは二進法を用いた計算機で、第二次世界大戦中に大砲の弾道計算のために、Mauchly と

Eckertの二人が真空管を一万八千本用いて創ったENIACであった。これは余り実用的ではなかったらしい。その後、天才数学者で量子力学や経済学に数学を導入したVon NeumannがEDVACを開発した。これは初めてプログラム内臓式で、彼が先輩の功績を無視して単独で発表したためNeumannがコンピュータの父となっている。

　コンピュータの理論は、ブール代数を学ばねばならないが二進法とDe Morganの定理を理解すれば割合簡単だ。此処で少し二進法に触れておこう。コンピュータは言うまでもなく電気回路スイッチのON／OFFに対応する一、〇で数字を表す二進法で機能する計算機所謂電卓の進化した物だ。情報量の最小単位、一、〇を一ビット（bit）とする。因みに人間の脳は左右に分れており、その情報処理能力は左脳4×106右脳108bit／secと云われる。二進法は西暦前二百年頃インドのPingalaが発見したが、十七世紀にドイツ人Leibniz（一六四六～一七一六AD）が中国易経の筮竹が八本で28＝二五六とおり表現可能なのを見出し、二進法を編み出した。彼は現在の微分・積分記号を作った。丁度同じ頃Newtonも独立して微積分法を発見していたので、後世最初の発見者を巡ってドイツと英国間で国際紛争になった。彼はハノーヴァー選帝侯Ernst August侯、侯妃、一家の尊敬を受けて外交顧問となっていたが、侯の息子がGeorg Ludwigが英国王George I世（現英国ハノーヴァー朝）となると支援者がいなくなり失意の晩年を送った。歴史は繰り返すと云われる様に、エイズウィルスの発見に関して仏パスツール研究所のDr. Montagnier（ノーベル賞を受賞）と米NIH Dr. Gallo（ノーベル賞を不受賞）の間で同様な事件が起きた。

　コンピュータのハード面は、真空管からトランジスタ、さらにICへと進化した。マイコンやシャープからポケットコンピュータの4bit CPU（注）機が出て、わたしはBASIC言語を学んだ。Mac Osを搭載したアップルやインテルとマイクロソフトを組み合わせた8bit機も現れた。それまではマニアックな連中が自分達で簡単なプログラムを作っていたので誰でもが使いこなせる代物ではなかったが、パソコンの原型が出来上がっていた。その頃LSIの時代に入り、職場には既にコンピュータが導入されていた。メーカーはIBMを始め、自社製品をオフィスコンピュータとして販売していた。平成に入り、一九九五年にはWindows 95が出てパソコンの機能が何百倍にもなった。値段は下がり本格的インターネット時代に入った。今ではオフコンもインテルのCPUが事務用にも用いられている。同時にパソコンは誰もが使えるようになった。今やLSIの高機能化は医療機器にも革新的な性能の向上を齎し、CTやエコー等画像診断装置にも見られる。昭和後期、医療工学、生物工学、免疫学が飛躍的に進歩して現在の医学の発展に繋がっている。平成に入り、内視鏡的手術、米国では前立腺がんにロボット手術が普通に行われている。また各種肝炎から肝癌の診断と治療、診断機器は其の精度を高め医療に貢献している。

(注)　CPUとは Central Processing Unit の頭文字を取ったもので中央演算装置とも言われ数の処理を司るICの頭脳部分。4bitとは一度に処理できる情報量を表し、二十四つまり十六通りの状態しか扱えない。よって、上位と下位4bitをマトリックスに組み合わせてアルファベットとその他の記号を表記した。つまり、仮名は使用不能だった。8bitになって28＝二五六通りにアルファベットと仮名が使用可能となった。初期のコンピュータが仮名しか打ち出せなかった理由は此処にある。16bitになり初めて漢字が表記可能となった。今やWindowsは64bit機なので一度に264の情報を扱える。プログラムを書く時、人間の言葉に近い高級言語で書き、これをコンパイラーで機械が理解できる機械語に変換するか、より機械語に近いアセンブラでプログラムを書く。機械語は二〜十六進法で書かれている。十はA、十一はB、十五はFで表記する。1bitを八ケ束ねて1byteとする。因みに、漢字は2byte、その他の文字は1byteで表記できる。

軍歌少年の決意

笹本　正樹

まえがき

わたしの生まれたのは、満州事変（昭和六年）の年だったので、これから十五年のあいだ日本は軍拡の道をたどった。

小学校に入る前の年に、日支事変が始まり中国侵略のはてしない戦争に入っていく。清が滅びたことにより、中国は大混乱だったのだろう。清の復興を願うということで、傀儡政府を樹立して満州国をつくるが、国際連盟からは認められなかった。それで日独伊三国同盟を結んで天皇制ファシズム国家となっていくが、これはわたしの大きくなってからの国際的な認識で、当時の子供たちは軍歌の中で育ったとも言える。

多分、ラジオから流れていたのだろう。学校で教わった記憶はない。（儀式の歌ぐらいだろうか）

わたしの父親の歌っていたものは、日清戦争、日露戦争のころの軍歌だった。鼻歌だから、歌詞はよくわからなかったが、戦争はいかに大変で哀しいものであるかと言ったメロディーだった。

しかし、わたしが育った第二次世界大戦の頃のメロディーは違っていた。日本はいかに強いか、東洋を侵略して植民地とする西欧人といかに対立してこれを撃滅するかだった。だから初期の頃はアジア解放戦争とか「大東亜戦争」というものだった。

太平洋戦争と呼ばれるようになったのは、パールハーバー以降だったと思う。その頃は〝必勝の信念は必死の訓練より生ず〟と何回も習字の時間に書かされた。そして学校帰りは軍歌を声はりあげて歌い、常勝日本軍は〝鬼畜米英〟よりも強いのだと、子供心に信じ切っていたのだった。

昭和十一年（五歳）

わたしたち家族はその頃、静岡県伊豆半島の東側の河津村というところに住んでいた。今は河津桜で有名になっているが、その当時は、曽我神社というのが有名で、曽我兄弟の出た村だと言われていた。

海潮の香りがただよってくる藁屋根の家だった。父は小学校の代用教員だった。（高等小学校を出て一年間講習を受けると教師になれた）母は高等女学校（第一期生）を出ていた。当時、父親は三十一歳で母は三十歳だった。

次男が生まれた。わたしはその肥えた子をおんぶしたくて、背にくくりつけてもらったが、道路を歩いているうちに、後ろに引っくり返りそうな感じになり困った。さいわい電柱があったので、それに抱きつき大泣きをした。

するとどこかの叔父さんが鼻歌でやってきた。軍歌を歌っていたのだ。

ビョーコーチンノテキノジン
ワーレノユータイスデニセム
オリカラコーオルキサラギノ
ニージューニニチノゴゼンゴジ

腕力のあったその人は、わたしたちふたりをかかえて、藁屋根の住宅まで運んでくれたのだった。わたしはその人の歌っていた最初の「ビョーコーチン……」だけが記憶に残っていた。ビョーコーチンとは何だろう。きっと病気のチンチンのことだろう。五歳児というものはそれぐらいにしか思わないものだ。

廟行鎮の敵の陣
われの友隊すでに攻む
折から凍る二月の
二十二日の午前五時
「爆弾三勇士の歌」

なんとそれは軍神肉弾三勇士と賛えられた昭和七年の上海事変の歌だったのだ。

昭和十二年（六歳）

日支事変が始まると、父は僻地の小学校へと左遷された。そこは南天城山に近い山奥の村だった。住宅、教室、教員室が一棟の中にあった。戸数は五十軒足らずだ。一つの教室に一年生から四年生が四十名ほどだった。教師は一人だ。授業が終ると父の歌っていたのは〝戦友〟という淋しいものだった。

ここは御国を何百里
はなれて遠き満州の
赤い夕日に照らされて
友は野末の石のした

これは満州事変だろうか。友達が戦死してしまい、満州の野に埋めて石をのせて葬った、というものだ。父は何か一仕事すると、この歌をつぶやいていた。「時計ばかりがコチコチと動いているも情なや」戦死した友の懐中時計が今も自分のポケットの中で鳴っている、この部分がわたしの好きなところだった。

ラジオからはむしろ明るい歌が流れていた。竹の棒を肩に、足踏みをしたものだ。

肩をならべて兄さんと
今日も学校へ行けるのは
兵隊さんのおかげです
お国のために
お国のために戦った
兵隊さんのおかげです
兵隊さんよありがとう

この歌は、わたしもすぐ覚えた。分教場の小さい運動場をめぐりながら、子供たちも大声をはり上げて歌っていた。

授業は四十五分、十五分の休み時間に教室からドット子供たちは運動場にでてきて大騒ぎするのだ。わたしはその時を待ってハシャギ廻る。しかし、たちまち潮を引くように子供たちは教室に帰る。

父にねだってわたしは、教室に入れてもらった。一年生の最後尾に、机と椅子を置いてもらって、一国一城のあるじだった。

昭和十三年（七歳）

小さい村だったが、赤紙がきたというので、出征する若者がでてきた。子供たちは竹を切ってきて、四角の紙に赤丸を描く。旗をふって、バス停から兵士を送る。

勝って来るぞと勇ましく
ちかって故郷《くに》を出たからは
手柄たてずに死なりょうか
進軍ラッパ聴くたびに
まぶたに浮かぶ旗の波

その時は授業がなくなるから、子供たちは嬉しくて、大声でどなり声となって歌うのだった。戦闘帽で、ゲートルを巻いた兵隊さんは「いってまいります」と敬礼する。子供たちもまねをして敬礼した。

わたしたちは、その奥さんがかげで赤く眼を腫らして、泣いているのには全く気がつかなかった。すばらしい日だったのだ。

この年、三男が生まれた。村に一軒あったトタン屋根の〝小山〟というお菓子屋は甘いものを置かなくなった。やがて配給制というのになって、一ヵ月に一度、紙袋に駄菓子が入れられたものを、受け取りにいくことになった。一家で一袋だ。

当時、子供たちには〝戦争ごっこ〟というのがはやった。畑やタンボをかけまわって、敵をやっつける、というものだった。わたしもこれをやりたくて、子守のために弟を背中に負っているのだが、チャンバラゴッコに熱をあげたものだ。

その頃、本校に通う五年生、六年生、高等科一年生、二年生たちが大声で歌っていたものがある。

万朶《ばんだ》の桜か襟の色
花は吉野にあらし吹く
大和男子《おのこ》と生まれなば
散兵線《さんぺいせん》の花と散れ

この歌はむずかしかった、意味がわからなかった。

昭和十四年（八歳）

二月十一日が紀元節と言われた。学校に行って式が終わると、授業はないので、子供たちには嬉しい日だった。

雲にそびゆる高千穂の
高根おろしに草も木も
なびきふしけん大御世を
仰ぐ今日こそ楽しけれ

父親がオルガンをひくと、子供たちは大声をあげて歌ったが、一年生の女の子には緊張しすぎて、小水をもらす子もいた。ともかく、なんとなく日本はすごい国なんだ、という気分になる歌だった。昭和十五年が、二千六百年ということだったので、西暦でいうとギリシャ時代からということになろうか。わが国は天孫降臨で天皇の祖先が、雲から、九州高千穂の峯に降りられたという、すごく古い話だった。

支那（現在の中国）を日本軍は攻めて、その三分の一ほどを勝ち取ったということで、地図に赤く、日本領として塗ったものだ。

くにを出てから幾月ぞ
ともに死ぬ気でこの馬と
攻めて進んだ山や河
執《と》った手綱に血が通う

昨日陥《おと》したトーチカで
今日は仮寝《かりね》のたかいびき
馬よぐっすり眠れたか
明日の戦《いくさ》は手強《ごわ》いぞ

子供たちはこの歌がいちばん好きだった。馬が出てくるからだ。兵隊さんよりも馬の方が大変なんだなあと思ったりしたものだ。

後年、わたしは二十八歳で香川大学の教師となった時、この作詞家（白秋系の歌人）とお会いした。久保井信夫さんといって、琴平の方だった。おだやかな詩人の眼だった。そのことが強く記憶に残っている。

昭和十五年（九歳）

日本の紀元二千六百年を祝う式典が職場や学校で行われた。わが国はこの間〝万世一系〟で天皇が支配してきた尊い国柄であって、世界でもこのような国は見あたらないというものだった。次は愛国行進曲だ。

見よ東海の空あけて
旭日高く輝けば
天地の正気溌剌《はつらつ》と
希望は躍る大八州
おお清朗の朝雲に
聳《そび》ゆる富士の姿こそ
金甌《きんおう》無欠《むけつ》揺るぎなき
わが日本の誇りなれ

すでに日本は日独伊三国同盟を結んでいて、先進資本主義の〝英米仏〟に対抗しようとしていたのだった。フィリピンは一九〇〇年に米領、ベトナムも仏領となり、インド、マレー半島は英領だった。太平洋の制海権は、すでに、英米仏に握られていたのだ。日本国中に紀元二千六百年の歌声が鳴り響いていた。

金鵄《きんし》輝く日本の
栄ある光身に受けて
いまこそ祝えこの朝
紀元は二千六百年
ああ一億の胸は鳴る

その頃、ドイツのヒトラーは、第二次世界大戦に突入していた。そして、またたく間にヨーロッパを征服した。ラジオからは終日、ヒトラー総統の絶叫が流されるようになった。

「ヒトラーは源義経だなあ」

ラジオを聴いていた父はつぶやいた。子供たちは〝必勝の信念は必死の訓練より生ず〟と習字でいく度も書いた。大人たちには〝欲しがりません、勝つまでは〟とか、〝斃れてのち止む〟（死ぬまで戦う）という言葉が流行していた。

昭和十六年（十歳）

わたしの家にも戦争孤児となった従妹がやってきた。父親は戦死し、母親は結核でなくなったので、親戚同士で助けようというのであった。小学校二年の女の子が来た。一年たつと、違う親戚の家にまわされて行った。いつも淋しい顔をしている女の子だった。一年間妹ができた感じだった。

守るも攻むるもくろがねの
浮かべる城ぞたのみなる
浮かべるその城　日の本の
み国の四方《よも》を守るべし
まがねのその船　日の本に
仇なす国を攻めよかし

その頃、この歌をよくうたった。かつて日本海軍はロシア大艦隊を撃滅したということで、東郷平八郎元帥は大軍神だった。十二月八日山本五十六太平洋艦隊司令長官はパールハーバーを攻撃して、アメリカの太平洋艦隊をほとんど撃滅してしまった。このニュースが新聞に載った九日の朝は驚いて飛び上った。頭が天井にぶつかるか、と思うほど日本海軍の大勝利に感激したものだ。

国のため何か惜しまむ若桜
散りて甲斐ある命なりせば（辞世の歌）

とくに、特殊潜行艇に乗った若者たちは、真珠湾に残った敵艦に体当りして、花々しく散ったということだった。（九軍神）

すごいすごいと、子供たちは海軍兵学校に入ることに憧れるようになった。

海の民なら男なら
みんな一度は憧れた
太平洋の黒潮を
ともに勇んで行ける日が
来たぞ歓喜の血が燃える
世界海軍史上の英傑は、スペインの大艦隊を撃滅したネルソンと米国の大艦隊を壊滅した山本五十六《いそろく》である、と言われたものだ。

昭和十七年（十一歳）

五年生になると、八キロほどある本校に通うのだった。トンネルや山を越えて、雨の日も風の日も上級生といっしょだった。一日も欠席しなかった。

当時は、ポケットに手を入れるな。戦地の兵隊さんのことを思って忍耐する、と教えられた。指はすぐ霜焼けとなった。

朝だ夜明けだ潮《うしお》の息吹き
うんと吸い込むあかがね色の
胸に若さの漲《みなぎ》る誇り
海の男の艦隊勤務
月　月　火　水　木　金　金

今のようにズック靴はなかった。ワラぞうりを各家でつくった。しかし、山道や石ころ道を歩くので、ワラぞうりは、二日間しかもたなかった。
最初は父親に草鞋《わらじ》を作ってもらっていたが、やがて日曜日に自分で作るようになった。三足作っておくと一週間は大丈夫だった。そのうち、ワラだけでなく、桑の皮を細長く切って入れてみた。これはなかなかちびなくて、四日位はもった。
校長先生はヒトラー似のチョビひげを生やし、膝までの軍靴をはいて、朝礼台に立つ。ヒトラーは、当時、電撃的にヨーロッパを制覇した世界的英雄だった。

父よあなたは強かった
かぶとも焦がす炎熱を
敵の屍《かばね》とともに寝て
泥水すすり草を噛み
荒れた山河を幾千里
よくこそ撃って下さった

赤紙→召集令状があちらこちらの家にくるようになった。この頃から学校では教師が生徒を殴るようになった。そんなことでは軍人になれないと言うのだ。

昭和十八年（十二歳）

母がモンペ姿で、竹槍をもつようになった。分教場の運動場には、この地域の婦人たちが集まった。
退役軍人がやってきて、お母さんたちを一列に並べて、号令をかけた。「エイ」と叫んで竹槍を前にだす。米兵が下田湾に上陸してきた時のための訓練だった。

母の背中にちさい手で
振ったあの日の日の丸の
遠いほのかな思い出が
胸に燃えたつ愛国の
血潮のなかにまだ残る

お母さんたちはよくこの歌をうたっていた。わたしもなんとなくこの歌が好きだった。わたしの母は、誰のモンペがきれいだった、あれはどういう着物をほどいて、作ったのだろう、などと話していた。竹槍で敵兵を突くことにはあまり関心がなかったようだ。この「日の丸行進曲」は二番が大好きだった。とくに〝敵の城頭たかだかと、一番のりにうちたてた〟というところが子供たちに人気があった。そこを声張り上げて歌った。

去年の秋よ強者《つわもの》に
召出されて日の丸を
敵の城頭《じょうとう》たかだかと
一番のりにうち立てた
手柄はためく勝ちいくさ

この頃から、運動場を畑にするように軍から命令が来たようだ。分教場の運動場は端から端まで、イモ畑となり、楽しいスポーツはできなくなった。

本校でわたしは級長となり、毎朝、授業の前に明治天皇の御製を、わたしが主導で詠ずることになった。（教師が板書しておく）

浅みどり澄みわたりたる大空の
ひろきをおのが心ともがな

わたしは自然に短歌に関心をもち始めた。

昭和十九年（十三歳）

アメリカのB29が、天城山頂を高々と飛ぶようになった。「あれはどこへ行くのかなあ」と父に問うと、伊豆半島を北上し富士にむかって行き、それから右折して東京に爆弾を落すのだということだった。

村のサイレンが鳴り終ると、子供たちは運動場に飛び出して、桜の木に登った。

見たか銀翼《ぎんよく》この勇姿
日本男子が精こめて
作って育てたわが愛機
空の護りは引き受けた
来るなら来てみろ赤蜻蛉《とんぼ》
ブンブン荒鷲ブンと飛ぶぞ

日本の飛行機が群をなして飛ぶようになった。「スゲー、スゲー」と男の子たちは桜の木の上で叫んでいた。桜の花の咲いたあとは、紫のサクランボがいっぱいついていたので、子供たちの唇は黒人の口のようになってしまうのだった。その頃、日本の戦闘機〝隼〟はアメリカの機より強く、世界一速いとのことだった。わたしは海軍もよいが、空軍の戦士となろうと決心した。

恩賜《おんし》の煙草いただいて
あすは死ぬぞと決めた夜は
曠野《こうや》の風もなまぐさく
ぐっと睨《にら》んだ敵空に
星が瞬く二つ三つ

南伊豆には豆陽中学というものが一つあった。郡下の各校の小学校六年の優等生が受験するのだが、定員百五十名で大変だった。他は高等小学校だったのだ。

中学校に合格したものの、カーキ色の服、戦闘帽、ゲートルを巻く。教師、上級生に会ったら敬礼すること。剣道、銃剣術、柔道、軍事教練は必修だった。まちがって上級生に敬礼しなかった者は、放課後に図書館の裏で鉄拳制裁を受けるのだった。

昭和二十年（十四歳）

ガダルカナルの撤退で、日本は守勢にまわって行く。「さらばラバウルよ」との歌がはやった。山本五十六司令長官が敵の戦闘機に囲まれて、墜落死したニュースが入った。わが国の太平洋艦隊はフィリピン沖で敗北したということで、無念だった。

わたしたち中学生は祖国の危機を感じるようになった。大学生が学徒出陣で出て行く。

花も蕾の若桜
五尺の生命ひっさげて
国の大事に殉《じゅん》ずるは
我等学徒の面目ぞ
ああ紅《くれない》の血は燃ゆる

学校では上級生たちがこの歌をよくうたっていた。やがて神風特攻隊といって〝一機一艦主義〟が叫ばれた。一人が乗った飛行機で、敵の千人乗った軍艦を沈没させれば、日本は勝つというものだった。

米軍がガム島に上陸、そして日本軍は、玉砕することになる。アメリカ軍沖縄に上陸。この情報が入った時、日本軍はなるべく敵を引き寄せておいて一気にたたくのだと、新聞で報道した。戦艦大和が沈んだ。

中学生は動員されて、下田港の山側に壕を掘りに行った。また、出征軍人の家を助けるということで、農家に行って田植え、稲刈りを手伝ったりして、学校の授業は半減してしまった。軍歌も淋しくなった。

海ゆかば
水漬くかばね
山行かば

草むすかばね
大君の
辺にこそ死なめ
かえりみはせじ

真夏の暑い日に、新型爆弾が広島、長崎に落され、玉音放送（天皇の敗北宣言）がラジオから流された。

昭和二十一年（十五歳）

キノウウマレタ
ブタノコガ
ハチニササレテ
メイヨノセンシ
ブタノイコツハ
イツカエル……

これからの祖国はどうなるのだろう。十五歳のわたしは、去年生まれた妹を背にして、真暗闇の気持だった。父も母も食糧のことを考えていたようだ。米軍が各都市を大爆撃したこともあって、交通機関はメチャメチャだった。

下田港の方から、多くの人々が山深い田舎へ米を求めてやってきた。金がないので、きれいな晴着や紋付など持ってきて、米と物々交換をしていた。

やがて食糧が日本中で足りないのがわかって米軍はトウモロコシの粉を、大量に日本に送ってきた。わたしが中学三年生の頃は、朝昼夜と、トウモロコシの粉だった。朝はスープ、昼はダンゴ、夜は焼パンなど母がいろいろと工夫していた。当時のわたしは四十キロ位だった。その頃、おかしな歌が子供たちにはやった。「キノウウマレタブタノコガ、ハチニササレテメイヨノセンシ」というものだった。誰が流したものだろう。日本兵がブタであるというものだった。

毎晩、すべての人々が虚脱状態だった。灯火監制はなくなったが、第四等国となってしまった日本はこれからどうなるのか。

アメリカのマッカーサー元帥が占領軍の総司令長官として東京に入った。この人は天皇陛下よりえらいということで悲しく思った。わたしは暗い夜空を見つめて短歌をつくった。

今に見ろ興して見せる
世界一文明国の大和島根《やまとしまね》を

あとがき

戦争が終ったあと、父親は下田の中学校の図画の教師となり、わたしたちが十年間住みなれた南天城分教場とおさらばした。

父は画家になりたくて、若い頃（十八歳）東京の太平洋美術研究所で学んだ。その影響もあって、弟（三男）は東京芸術大学に入り、日本画を学んだ。（平山郁夫氏に師事）さて、次男は、分教場の下道を戦車が何台も通った時、石垣から落ちたことが原因で五歳で亡くなった。

父はわたしに東京高等師範学校に入ってくれ、と言っていた。でも、戦後は東京教育大学と名称が変っていた。妹は東京医科歯科大学の看護学科に入った。

わたしが五十歳の時、昭和十六年当時のことを弟の挿画入りで、小説「さくらんぼ分教場」として書いた。（協同出版、昭和五十六年）

註　歌詞は「愛国歌集」（野ばら社、昭和三十二年）を参照した。

わたしの「三丁目の夕日」

塩田　博文

昭和二十八年生まれのわたしの記憶にあるのは、昭和三十三年頃からだろうと思う。昭和三十三年といえば終戦からわずか十三年しか経っていない時代ではあるが、わたしの周囲にはもはや戦争の面影はほとんど残っていなかった。

当時のことを調べてみると、はがき五円、封書は十円で、長嶋茂雄が巨人に入団した年である。皇太子妃が決まり翌年のご成婚というのがしっかり記憶に残っている。フラフープもよく覚えているが、子供のわたしが上手になる前にフラフープをやると腸捻転になるという話が出たりして、すぐなくなってしまった。

何と言っても昭和三十三年は高さ三百三十三メートルの東京タワーがエッフェル塔を十三メートル抜いて世界一になり、その工期もわずか十五ヶ月という超短期で作ったことである。世界一というのは、子供のわたしたちにとっても誇らしかったものである。

そして東京オリンピックまでの間にものすごい発展をとげ、わたしたちの暮らしも一気に豊かになっていった。この時期が一般家庭でも電化が進んだ。ほとんどの電化製品は一ヶ月の給料くらいだったが、それでも多くの家庭で競い合うように次から次と買いそろえていった。中でもテレビは超高級品で、近所で買ったことを聞きつけると、ものめずらしさも手伝いみんなで押しかけたものである。

トースター、ミキサー、魔法瓶、電気ポット、電気炊飯器、電気冷蔵庫、電気洗濯機。家事を大きく変貌させた電化製品など、その頃まで健在だった洗濯板も今では全く見なくなった。その当時の三種の神器といえば、洗濯機、冷蔵庫、テレビであった。

その後すぐに「3C」時代が到来する。カラーテレビ、カー、クーラーだが、どういう訳か我が家には冷蔵庫が一番あとに入った。うちにはなんと四十五年前に購入した骨董品のような冷蔵庫がある。今でも健在で、故障も全くせずしっかり現役である。四十七リットルと本当に小さいが、小さいものを入れるのにはいい塩梅で便利である。驚くことに鍵がかかるようになっていて、最近それに気付いた。ドアーの取っ手下に小さな鍵穴があるが、何のための鍵なのか？家内に話すと大うけで、「金庫の代わりにお金でも入れていたのかな!」と笑っていた。確かに現在では冷蔵庫に鍵がかかる仕掛けのものなど発売されていないと思う。時代とはいえもはやその鍵の行方を知るものなど我が家には誰もいない。今は使われていない鍵の束の中にそれが紛れ込んでいるのかと思うと、ちょっと調べてみたいという思いに駆られる。

しっかり記憶に残るのは、やはり食べ物である。中でも即席のラーメンの元祖、日清のチキンラーメンは湯を注いで三分という画期的なもので、わたしもよくおやつに食べた。今その復刻版が出ているが、当時と同じその味は懐かしく食べるたびに当時にタイムスリップできる。当時は一袋三十五円で高級品の部類であった。インスタントという言葉もその頃から使われ始めたのだろうと思うが、やはり昭和三十三年に登場したこのインスタントラーメンが新しい食文化の象徴のように思う。レトルトカレーが登場する前に即席ハウスカレーというカレーの素が出たのがこの頃で、それまで母がカレー粉とうどん粉で作っていたカレーとは一味も二味も違っていた。しかし今思うと母の作ったうどん粉カレーの味はやはり忘れられない。カレーに形のある豚肉が入るまでにはあと少し時間がかかり、この頃はせいぜいコマ切れ肉がいいところであった。

近所の駄菓子屋へ行くと、当時十円あれば何でも買えた。五円でもおもちゃがたくさん買えたのだから当時五円玉一枚が子供にとってかなり大きな価値があった。近所の駄菓子屋でくじが引けたし、何か一つは買えた。東京や大阪では鉄板焼きのコーナーがあって十円もんじゃや十円お好み焼きがあったそうで、田舎のこのあたりではところてんやおやつっぽい焼き菓子が買えた。何より駄菓子屋へ行くだけで実に楽しかったものである。

渡辺のジュースの素もなつかしい味である。「ワタナベのジュースの素です、もう一杯♪……。」というコマーシャルソングは今でも歌える。ジュースにしないで粉のままなめて舌がオレンジ色になるのをおもしろがったりして遊んだ。それまで瓶で飲むものだった牛乳にテトラパックが出てきたのもこの頃で、それも最近は見なくなり、完全になくなってしまったのだろうか?

学校給食では鯨肉が時々出てきていた。今では高級品だが、当時は牛肉などの代用品的位置であったのだろう。かなりの生徒が残して先生に怒られていた。「脱脂粉乳」の牛乳、アルミのカップになみなみと注がれるのだが、苦手なもののひとつであった。栄養のためだからとみんな鼻をつまんで何とか飲んでいた。コッペパンはなぜか甘みがあってわたしは好きだった。どうもサッカリンなどが入っていて甘かったという説もあるが……。海外からはコーラが上陸して、あんな黒くてまずそうな飲み物にはまるとは夢にも思っていなかった。

ごはんとおかず

明治末生まれの父は、米にまつわる話をよくしてくれた。小さいころ聞いた一粒作るのに一年かかるという話は記憶にしっかり残っていて、その頃さっき食べたご飯茶碗一杯で何百年かかるのだろうかと真剣に考えたものである。お米になるまでに大変な手間がかかるのだから、残さず大事に食べるようにということを言いたかったのだろうと思う。十四人兄弟の十三番目の父と、そのすぐ下の十四番目の妹と二人で小さい頃一升のご飯を手づかみで全部平らげた話はよくしてくれた。そしてそのことを父の両親は少しもとがめず、「こんなに腹を空かせている子供に、腹いっぱい食べさせてやれないのが不憫だ。」と涙したとのことであった。昭和一桁の頃のこと、そういうことも珍しくなかった時代だったのであろう。

当時はひとりで一日に五合食べることも珍しくなく、一升食べる若者もいたとのことである。「アメニモマケズ」のなかで宮沢賢治も「一日に玄米四合と……。」と言っているので、五合というのもあながち大げさではないのかもしれない。

父は塩引きが好物であった。わたしの小さい頃の塩引きは、焼くと真っ白に塩が吹くようなかなり塩辛いもので、そのようなものは今どこのスーパーをまわっても売っていないのではないかと思う。その強烈なしょっぱさゆえ、ほんの小さな一切れで、ご飯三膳はかるくいけそうなほどであった。わたしも今はすっかり贅沢になってしまい、ホテルの朝食などで出てくる塩鮭などもあまり美味しいと感じなくなってしまった。当時たまに食卓にのぼるそれは、とてもご馳走な気がして、大事に少しずつ食べ本当においしいと思った。まさに塩味はご飯をうまくする脇役、いや主役であったように思う。そんな父は、カツオの塩辛「酒盗」と呼ばれるものも好んでいた。当時はイカの塩辛のほうが美味しいと思っていたが、わたしも年とともに酒盗のうまさがわかってきて、どうやら父の領域に達しつつあるようだ。これも美味しいごはんあっての極上のうまさなのかもしれない。

もったいない

米を大切にすることは小さい頃からの習慣で、食堂でも残しそうな量のご飯の場合、あらかじめ減らしてもらい、決して残さないようにしていた。最近もったいないブームということで、残さない人は多くなったかもしれないが……。わたしは、弁当のふたについているご飯粒を、箸でつまんできれいにたべる最後の世代なのかもしれない。それは一粒一年という父の教えのおかげかもしれない。

学生時代田舎から送られてきた米にコクゾウムシが出ても、それを捨てることなく、日向に広げて虫をよけ、そうして食べたものである。時によっては虫食いがひどくて、米が細かく砕けたようになっても大事に最後まで食べた思い出がある。炊飯器の釜にくっついて残ったご飯も、水を入れておじやのようにして食べるということもよくしていた。ある時、父がわたしのアパートに来たときにそうして食べていたら、その後お金の無心をしても何も聞かずに送金してもらえるようになった。これは思いがけない効果であった。

最近、コンビニの賞味期限間近のおにぎりやお弁当をプライスダウンして販売したことが問題になったことがある。賞味期限、消費期限についてはいろいろな考え方がありあくまでも厳守すべきという一方、いやいやまだ食べられるものをみすみす捨てるのは……という声もあり、どちらに軍配を上げたらよいのやらむずかしい問題であろう。

わたしは月に一度大阪出張がある。常宿にしている空港近くのホテルでは、夜九時になると弁当が五十％オフ、おにぎりは五十円になり、ホテルに遅くチェックインした時などによく購入する。それらの弁当やおにぎりは、夜中の三時に期限切れになるものなので、小腹が減った宿泊者の空腹を満たすには充分で、ありがたいセールである。

先日、それを二十個、つまり千円分購入した。フロントの方ははじめ不思議そうに、次にニッコリして千円を受け取っていた。酔った勢いもあったが、それにしても二十個はちょっと多かったか……。たぶん酔った頭で「明日早朝の飛行機で家に帰るのだから、すぐに冷凍してあとでいろいろにして食べてみよう。」などと考えたのだと思う。（ちなみにわたしは、自称リサイクル料理の天才？だから……。）しかし、あの夜のフロントさん、わたしの職業を知ったら「最近世間で問題になっている ワーキングプアも、とうとうここまで来たか！」と思ったかもしれない。それはさておきその〝おにぎり達〟わたしが買わなければ規則にのっとり破棄処分になる運命であったに違いなかったことであろう。

しかし消費期限とか賞味期限とかに縛られてまだ食べられるものをみすみす捨てている今の日本「どこかおかしい、何かちがう」と思っているのはわたしだけではないと思う。「お米一粒を大切に」という昔からの考え方は、いつの間にか通用しなくなってしまった。

五十歳前の人たちには信じられないかもしれないが、皿に残った醤油を捨てずに別な料理に使った時代もあった。どこの家でも？そうしていた頃があった。捨てないといえば、ラーメンがちょっとしたご馳走だった昔、お客の残したラーメンのスープを再利用していたと聞いたことがある。そんな時代を経験した世代のせいか、今でもラーメンの出前を頼んで自宅に届けてもらったときなど、その美味しいスープが捨てがたく、漉して刻みしょうがなどを入れて炊き込みご飯を作ったりする。

小学校に上がる前だったか、駅前にある炭の集荷場で山積みされている炭俵から少しずつ炭を抜き取って、もう一俵作っているのを見ていたことがある。当時小さかったので、何をしているのかわからなかったが、今ならばよく理解できる。「大人の事情」があったのだろう。牛乳瓶のふたをはずして水を加えていたというのもよくやっていたらしい。わたしはなんと製造日前の牛乳を飲んだこともある。

わたしの舌の記憶の中で、うまかったもののひとつに母の作る白菜漬けがある。漬物小屋にある大きな樽にいくつも漬けていた。子どもの背丈よりもはるかに高い樽で、小さいわたしにとっては事故を起こしそうな高さだった。真冬に氷を割って取り出し、それを母が菜きり包丁でざくざく切る音を今でも懐かしく思い出す。

それにしても塩分が入っている樽が凍るのだから、あの時代はどんなに寒かったのだろうか。冷蔵庫がなかったので食べるだけ取ってきては食べたが、やはり取りおきではだめで、引き上げてすぐに食べるのが一番美味しいことは、子どもの舌でもよくわかった。

そういえば電気釜もなく、今のような保温機能付きの炊飯器もない時代、夜遅く帰ってくる父のために母はどんぶりにご飯を入れ、それを新聞紙でくるんでさらに風呂敷に包み炬燵櫓に吊り下げておいたものである。冷え切った体で疲れて帰ってきた父にとって、ほんのり温かいご飯は何よりのご馳走だったに違いなく、それはどんな味だったのか、冬になると今でも試してみたいと思うときがある。

ご飯にまつわる思い出には、必ずといっていいほど父と母が登場し、それはとりもなおさず現代とは違い、家族同士の距離が、とても近かった、ということかもしれない。

わたしも年なのか、ビールを飲み残すことが多くなった。そんな時はいつも家内がその残りのビールを糠床に入れる。ビールが疲れた糠床を再生してくれるのだそうである。確かにこの手法、しばらくすると糠床が見違えるように元気になるのが実感できる。「ビールも糠床も親戚同士じゃないの！」と、家内はあてずっぽうにやり始めたようだが、先日、大正、昭和初期に出版された料理本の復刻版を買ったら「糠床の調整には、贅沢ですがビールがよいでしょう。」と書かれてあった。「贅沢ですが……」というところに時代を感じる。当時、日雇いの日当がビール一本と同じだったそうで、確かに贅沢だったろうと思う。みんなで飲み会に行くと、今でもビールはアルコール飲料の中で一番高いので、ビールが高級品であることは現代でも同じだが……。

この例は特殊ではあるが、捨てない、無駄にしないというのはわたしたちの世代においても精神衛生上とてもよく、清々しささえ感じる。捨てないことは生かすことにつながり、我々の年代の者が生活の中で培った美点なのかもしれない。

生かすということが当たり前の時代だったと思う。その生活がイカス事に気付いて欲しいとわたしは強く感じる世代である。

野菜などもなるべく捨てないで、全部食べきるというのが当たり前の時代でした。たとえばホウレンソウの根元。今の若い主婦たちは、赤い根元を切り捨ててしまい、これを食べようとする人はほとんどいない。確かにくせがあり苦手の人も多いが、調理次第では甘くておつな味がする。スイカの皮を漬物にすることも最近はなくなった。もっとも品種改良で皮が薄くなり、皮を漬けるのもむずかしくなってしまったが……。残念なことである。大根の皮のきんぴらを食べたことがあるだろうか。大根は大根おろしをするときなど、食感的にはやはり皮をむいた方がいいので皮ひきでひいて捨ててしまうが、これをごま油できんぴらにすると驚くほどうまい。これを捨ていた頃のことを思うと、何ともったいないことをしていたかと思う。通常の大根おろしを作ったくらいではきんぴらにするほどたくさんの皮ができないが、ほんのちょっと箸やすめにはいい量である。このことを知ったのは、とある有名な評論家の奥様がこの料理が得意だったらしく、その奥様が亡くなったあと、自分で作るようになったというのを何かで読んだからである。皮といえば、生姜もレンコンも皮ごと、丸ごとがうまいと書かれている本が多い。料理をすることが好きなわたしは、こんなことを誰に教わるでもなく日常的に行なっていたが、先日「始末の料理」という本を読んでいたら、わたしがこれまでやってきたようなことが書かれていて驚いた。野菜のへたや皮をおいしく食べる調理法が出ていて、本の中にある写真にも惹かれいくつか作ってみたが、どれも満足のゆく味だった。ヘタでもうまいことに納得！その中でも特に美味しかったのは、かつお節のだしがらを煎ってチャーハンの味付けにしたもので、これは是非試してもらいたい。

「丸ごと食べるのがよい。」とよく言われているが、要は皮と身の間にあるいい栄養をむだにせず摂るためにそう表現したのではないだろうか。

以下は　業会（歯科）誌に以前書いたもので、ご飯にまつわる話は尽きないし、書いていてもワクワクする。

空腹

暖かい炬燵から出る決心をして自分への褒美として空腹を満たすため動き出す。家族は皆寝てしまっていて起きているのは中学生である自分ひとり。日付が変わるころの真冬の東北はとてつもなく寒い。そんな時刻、家の外に出て蒸し釜に残っているご飯を取りにゆくのは、腹が減って減ってどうしようもないという極限の空腹感の後押しがなければとてもできない。

重い蒸し釜のふたを開け、中から鍋を取り出して家に戻り、ガス代に乗せ火をつけると、残りご飯は簡単にはがれる。そしてあめ色のおこげが出てくる。「今日もいいぞ。」と独り言を言いながらいつもの茶碗によそい、鰹節と醤油をかけ一気に食べる。

あんなに美味いものはほかにないと、今でも時々思い出してはもう一度味わってみたいと思う。四十数年前、大家族であった我が家の空腹を満たしてきたあの蒸し釜……。今ではどうなっているのだろうか。もう入手不可能かもしれない。

わたしの子供のころ、土間のない町屋ではかまどはなく、炭を使ってこの蒸し釜でご飯を炊く家が多かった。ガスが普及するようになるとこの蒸し釜はだんだん使われなくなった。しかしその後も我が家ではなぜか、少し高価になり始めた炭を使って蒸し釜でめんどうな御飯炊きを続けていた。それどころか電気釜が出てきても買わずに、蒸し釜で御飯を炊き続けていたのである。

炭をおこし蒸し釜の中にいれる。そこへ鍋をのせふたを被せる。その上に片手で軽く持てるほどの小さな丸いふたを十分ほど待ってのせる。しばらくすると白い湯気が上がり始め、さらに五分ほど立つと湯気が煙に変わる。このタイミングで蓋をする。この時下の四角い空気口を閉じて十分位蒸らすと出来上がり。このタイミングが御飯のでき不出来を大きく左右するのだ。

いい色のおこげは御飯のできばえを物語る。蒸し釜の蓋を開けたときのおこげのあのいい香りは、わたしの子供のころの忘れられない思い出の一つである。思い出しただけで食欲がわく。鍋の蓋をあけると甘い香りがして、表面にはぽつぽつとたくさん穴がみえ、そして御飯がつや良く立ってる。

この御飯、冷えても旨いのだ。むしろ冷や飯が美味しいことを教えてくれる。冷えたおこげの御飯に冷たい味噌汁をかけて一気にかきこんでもうまい。やや品が無い向きもあるが、これがまさにわたしのお袋の味だった。

おふくろが亡くなってはや三年。おふくろの味も、蒸し釜の記憶も遠いものとなった。日々の忙しさにまぎれて蒸し釜探しもあきらめかけていたある日、古いものを整理していた蔵の中からそれが突然出てきた。それも新品に近い状態で……。

おそらく古いものが壊れ買いなおしたものの、もう若くない母が電気がまの便利さに負け、使わずじまいでお蔵入りになったまま忘れられていたのではないか。

しかし、そのおかげで、わたしが夢にまでみたあの味、あの香り、あの風味を、再び味わえることになったのだから……。

食の満足感を得られるのはこの上ない幸せだが、つい忘れがちになってしまう。わたしも還暦近くなり、この頃は歯も弱くなってしまったので、硬いものを食べるのが辛くなってきた。おいしいものをおいしく味わえないもどかしさを実感し始めている。

空腹感などとはおよそ縁遠い時代に生きているわたしたちは、幸福ではあるが、見方を変えれば不幸であるともいえる。子供時代、ご飯が待ち遠しかった頃は何を食べてもおいしかったし、食べることそのものが幸せだった。しかし飽食の時代のせいなのか、はたまた運動不足のせいなのか、この頃とみにおなかがすくという感覚が薄れてきているように感じる。

飽食の時代に慣れすぎた今、「食べ物をおいしく食べるには？」と尋ねられたら、職業柄「歯を大切にして、自分の歯で……」などと答えなければならないところだが、グルメ番組のコメントみたいな答えになってしまいそうだ。

食べ物をおいしく味わう一番の方法は、有名な料理家たちが口をそろえて言うところの「おなかを空かせて……」であるようだ。では、少し汗を流すとするか。

参考文献

「ａｌｗａｙｓ　三丁目の夕日」

「アポロニア21」【玉手箱だよ人生は　二〇一〇年十二月号・二〇一一年八月号】

耳を奏でる自分史の曲

高徳　敏弘

第一楽章　珍しい名前の話

わたしは、昭和三十年に香川県の宇多津町に、農家の長男として生まれた。

姓は「高徳（たかとく）」。二百年ほど前、高松から養子を迎えるに際し、これまでの「末包（すえかね）」という姓から養子姓の「高徳」に変えたそうである。小さいときからわたしが呼ばれる時わたしの姓の読み方が分からず、戸惑った様子を見るにつけ、自分の姓は珍しいし、人に迷惑をかける嫌な名前なんだと、自然に自覚するようになった。

病院の待合室でも自分の頭の中には、「こうとく」「たかのり」「たかとく」と呼ばれても常に反応できる体になっていて最初から「たかとく」と呼ばれたことはまずなかった。またどのように呼ばれようが、わたしの名前が悪いのであって呼ぶ人の責任は一切ないと思ってきた。どこかの首長だった人で、姓の漢字の一字に通常の漢字とは少し異なった部分があって、その漢字を使っていない自分への陳情書は読まないと聞いたことがある。真相のほどは分からないが、わたしの名前の経験からいうと、そのような思考方法が不思議でならなかった。ちなみに、わたしの戸籍上の漢字は、「高」も「徳」も旧字ときている。

わたしが社会人になるとき、親戚の人から「頑張れ」ではなく、「姓が珍しいから警察沙汰になるような事件を起こすな。親戚、皆に迷惑がかかる」と温かく送り出されたものであった。人からは「家がお寺さんですか」と聞かれるが実際、鎌倉の大仏があるお寺の名は「高徳院（こうとくいん）」である。「徳が高いとは素晴らしい名前だ」と言われ、「名前負けです」と赤面の思いで答えたものだ。

最近になって自分の姓は珍しいが高松と徳島を結ぶJRの高徳線（こうとくせん）もあってか、よく人に覚えていてくれやすく本当に得（＝徳）をしているなと思っている。このような心境の変化は、子どもの頃は人に名前を覚えてもらいたい気持ちが全くなかったところ、今ではできる限り自分を覚えていて欲しいという自分自身が変わっていったことによるものだと思う。

ただ不便なことは三つほどあって既製品の判子がないこと、試験で名前を書くとき時間がかかること、姓の次にくる名は普通の名前にしないと姓が姓だけに人名とは思えないものになってしまうことだ。

第二楽章　親から子への戦争の話

わたしが生まれた昭和三十年は、太平洋戦争が終わってから十年経っているので、平和そのものだが山に防空壕跡があるなど、戦争の跡は何となく身の近くに残っているような状況であった。今のように物が豊かにあるということではないが戦争中の食べるものに事欠いたときと比べれば幸せなものである。でも昭和三十年代後半の小学生の頃は大学へ進学する人数はまだまだ少なく、大学へ行きたいと思っても口に出して言えば「生意気な」と言われそうな時代であった。

小学生のときに、家の温室で栽培していた菊の出荷作業を手伝いながら母親から太平洋戦争の体験話をときどき聞いた。

母は、坂出実修女学校の三年生から四年生にかけての昭和十九年、二十年に学徒動員により、坂出市西庄にある野田農機具工場で飛行機製造に使う排気管を作っていた。実修女学校から三十人ほどが動員されていたようで野田農機具工場跡の建物群は昭和五十年代半ばまでJR予讃線沿いに残っていたので母の話も実感をもって聞くことができたし、わたしの通勤時にその建物を見るたびに母からの話を思い出していた。一番怖かった話は、昭和二十年七月の高松空襲の話であった。前日の夜八時頃から空襲警報があり、近くの山へ十人ごとに分かれて逃げたようである。空襲があったのは午前二時五十六分から二時間弱、B二十九の百機以上の大編隊が高松を襲ったということであるが、母の隠れた山の上空を、高松方面に向かう多くの飛行機の爆音が長い間響きわたり高松方面から聞こえる爆発音、空を真っ赤に焦がしたひかりが怖かったと聞いた。小さかったわたしはその様子を頭の中で空想しながら、恐る恐る聞いていたものである。

父親は召集を受け、終戦間近に満州へ行ったりしていたらしいのだが、人に話せないほどつらい思いをしたらしく、戦争体験の話をわたしに一切してくれなかった。しかし二年ほど前、父が歴史に興味があるわたしの子どもも二人に戦争体験談をせがまれ、初めて戦争の話をしている姿を見た。こういう語り部が少なくなれば、平和というものは努力して維持しなくても当たり前のようにあるものと思ってしまいやすくなり、一種の怖さを感じる。

また乃木希典大将の話もいまだに忘れない。乃木大将は日露戦争前の明治三十一年から三十四年まで善通寺にあった陸軍第十一師団長として赴任していた。立派な逸話は数々あるが中でもわたしが食べ物を粗末に扱うと母から「乃木大将は便所に落とした米粒も拾って食べていたほど物を大切にしていた。お前も見習え」と言い聞かせられ、不潔な便所で何でそんなことができるのかと、ただただ驚くのみであった。

第三楽章　ほろ苦い話

さてわたしのほろ苦い出来事、早く忘れてしまいたい出来事は沢山ある。いい思い出もあるのに、どうして悪い思い出の方が頭に鮮明に残っているのか。同じ失敗を繰り返さないことが生命の保持に役立つという本能からきているものかもしれない。わたしの七つの失敗談を、恥を忍んで順番に書き残すが、笑っていただき、わたしという人となりを理解してもらえばと思っている。

(1) 列車とともに消えたアルバイト代

最初に紹介するほろ苦い出来事は、大学一年生の夏、夜間アイスクリーム工場でアルバイトをしたアルバイト料約三万円を列車上段の網棚に置き忘れたことである。

当時は一月の生活費が三万円ぐらいでした。下車してすぐに気づき、駅員の方に列車車掌への連絡をしてもらったが、結局、見つからず、あれだけ働いて得たお金が消えていき、消え行く列車の後姿も今も鮮明に覚えている。

忘れ物の中には、このほか大学図書館で借りたキルケゴールの本があり後日、事情を図書館の人に話すと新本を買う必要はなく古書が出れば連絡するからそのときに代金を払ってくれればいいと、叱られることなくほっとした。なくしたキルケゴールの哲学書「死に至る病」の本の内容は忘れても、忘れられない思い出の本である。

もう一つの忘れ物に、ミュージックグループ「ビー・ジーズ」の日本公演のチケット（前列二列目の席）もあった。もう一枚買ってなくした席に座った人間をつかまえようと意気込んで行くも公演終了までその席は空席のままであった。今にして思えば、無鉄砲な行動だが当時は考えて考えたあげくの作戦だった。でも入場券を取得した人が会場へノコノコと来るわけないのに…。

アイスクリーム工場でのアルバイト経験は貴重なもの

があった。零下二十度の冷凍倉庫で製品が入った段ボール箱を積み重ねる仕事であり、頭から足まで防寒具で整え、冷凍倉庫で二十分ほど作業をしてから夏でも暖房を効かした部屋で二十分間休憩をとり、また冷凍倉庫に戻るという繰り返しであった。マイナス二十度では舌で唇を濡らしただけですぐに唇が切れるとか、冷凍倉庫でアイスクリームを食べると胃の中でアイスクリームがなかなか溶けず、体の震えが止まらなくなるなど普通では経験できないような体験をした。

(2) 善通寺はだか祭りと点滴

四国八十八箇所の七十五番札所で、空海の父である佐伯善通を開基として創建された総本山善通寺が香川県の善通寺市にある。そこでは、毎年二月、春の心にめぐり会うという大会陽（だいえよう）の一つとして真言宗の正月行事である「はだか祭り」が行われていた。サラシ一本の参加者たちが五重塔から投下される宝木（しんぎ）の争奪戦を繰り広げて一年の福を奪い合う。

県の善通寺土木事務所でも善通寺さんとご縁があって、数年間はだか祭りに参加しており、二十三歳のわたしも参加することになっていた。サラシを巻くのは初めての経験になる。数日前から風邪気味で、できれば参加したくないと思っていたのだが、誰も聞く耳を持っていなかった。土木事務所でモタモタと準備をしていたところ、皆は夜のはだか祭りの会場へと出発してしまっており、わたし一人ふんどし姿で皆を追って商店街を駆け抜けていくはめになった。普段の日であれば軽犯罪で捕まるような姿であるが、お祭りの日は沿道の女性からも「頑張って」と拍手喝さいを受ける。会場でみんなと合流できたものの開始の時間が近づくとわたしの体調も知らず観衆の人たちから水がかけられ、水から逃げることばかりを考えていた。本番の宝木の投下になると、場外乱闘に巻き込まれれば危ないので、予め決めていたように投下の前に全員揃って土木事務所へ帰ることになっていた。

帰って着替えをすましてふと風邪のことを考えると真冬に裸でいたのに熱が下がっていた。弘法大師さんのお蔭と言われたが。ちなみに、二十五歳の頃、これも風邪気味なのにソフトボールの試合に駆り出され、体力の余力も残らないほど疲れきり、四十度近い熱が一週間ほど続いた。病院では「若いのになかなか治らないな。今から点滴を打つが、これで熱が下がらないようなら入院だ」と言われ、点滴を受け、すぐに治ったことがあった。

善通寺のはだか祭りで熱が引いた出来事は、何が「点滴」の役割を果たしたのか、今もって不思議なことである。

(3)　ベトナムでの病院ツアー

平成十七年の夏、両親と姉、わたしの家族四人でベトナムのホーチミン市へ旅行をしたことがある。

道路にはオートバイとクルマが一杯なのに、信号機がない。人々の活気に溢れ、漆器製品、絹織物、美術品が目に付く街である。やさしい人柄の人が多く、また訪れてみたい街である。当時、街にはコンビニがなく、これから外国人観光客が増えればコンビニができてくるのだろうなと思っていたが、今では日本からの投資でコンビニが沢山できているようだ。

帰国二日前の日の朝、少し熱があり、お腹はくだり、どうも食あたりになったようで他の家族三人とも同じ症状であった。両親は八十歳代であり、明日帰国する予定のためガイドさんに連絡して病院へ行くことにした。ガイドさんの紹介で現地病院の日本人女性スタッフの方がホテルまで迎えに来てくれた。大きな病院で、医師、看護師などの医療スタッフは多国籍の人から構成されているのには驚いた。その日本人女性も直接の医療従事者ではないが、日本人患者のために働いていて、こういう形でもって海外で活躍している若い人たちがいるのだと、病院に行って初めてわかった。ベトナムでは医療費が高いため一般の人が病院へ行くことはめったになく、ガイドさんが日本での留学後、ベトナムに帰国して、すぐに食あたりになったと笑っていた。

わたしたちは点滴を受けてその日の夕方までには回復することができた。生野菜を食べたことが原因かなと思っているが注意を怠ったが故の失敗であった。親が高齢なために心配であったが大事には至らず、はからずもベトナムの病院事情を経験でもって知ることができた。

(4)　十年間の日課は風呂焚き

小学生、中学生、高校生と十年以上にわたって家で与えられたわたしの仕事は毎日、五右衛門風呂を麦わらで焚くことであった。

今になって考えると、両親とも働いていて仕方ないにしても、小学校低学年の子どもに火を扱う用事をよく言いつけていたものだと思う。風呂焚きをせずに近所の子と遊び、家へ帰る時間が親より遅くなれば叱られるので、学校から帰ればまずは宿題を仕上げ、急いで風呂を焚いた後、近所へ遊びに行っていた。

沸かすには、直径二十五センチほどの麦わらの束、十五ほどを一時間ぐらいかけて燃やす。どうすれば早く沸かすことができるのかいろいろとやってみる。どんどん麦わらをかまどへ入れていったら、使うべき麦わらは早くなくなるが沸かすことができず、逆に半燃えの燃えカスがかまどの中に溜まって邪魔になるだけで、結局、何の効果もない。要は空気をうまく取り入れながら粘り強く麦わらを完全燃焼させるしかなく、どうやってみても時間短縮はできない。麦わらでなく薪であれば、長い時間、燃えていてくれるので手間がかからないが当時、薪は火葬時に使うために一定量蓄えて保管する貴重なもので使わしてくれなかった。

それでも早く遊びたいが故に、燃え尽きる前にドンドン麦わらを入れて遊びに行ったことが何回かある。こんなときは、自分の経験で風呂が焚けていないなと分かっていて親も分かっていたと思うが親は、怒りもせず「冷めてしまったんやな」と麦わらで焚き足していた姿を思い出す。本当にひどい息子だと思う。でも、十年以上にわたって家事を毎日手伝った子どもは、近所にはいなかったと思うが。

今ではスイッチ一つで風呂の用意ができ、どうして水からお湯になるのか目で見えないし、考えもしない便利な世になっていて、どうかなと思うがそれでも幸せなことなんであろうか。

(5)　仮病のような病気

たいした風邪ではなかったのだが、親を心配させて病院へ連れて行ってもらったことがある。

小学校三年生の頃、風邪気味で熱が少しあったのは確かだがそんなに我慢できないほどではなかった。当時、健康保険もあり病院へ行きにくい環境ではないが自己負担もあってか、できるだけ我慢していた時代であった。病院へは自転車の後ろに乗せてもらって三キロほどを自転車で行く。病院の帰りにはいつも街の駄菓子屋に寄ってお菓子を買ってくれる。親に「大丈夫か」と聞かれ、ふと駄菓子屋を思い浮かべ、「大丈夫でない」と言ったことが一度ある。わたしを心配して自転車で遠い道のりを病院まで連れて行ってくれているのに、親に対する大きな負い目の一つになっている。

自分に子ができ親の立場になれば、なおさら恥じ入る。吉田松陰の「親思う心にまさる親心」。独身の方が多くなる今日この頃、子どもを持って初めて分かるところもある「親の心」を経験できないのは残念だと思う。

⑹　絶体絶命

徳島県宍喰町の海岸で溺れかかったことがある。

現在の海陽町で、太平洋に面し、プロゴルファの尾崎将司さん、プロ野球元監督の上田利治さんが生まれた町である。社会人になったばかりの二十三歳の頃だったが、友達とともに徳島県の宍喰へ海水浴に行った。防波堤の裏の陸地側に足を踏み入れたところ、急に足が届かないほどの深さになり、加えて波は激しく海底に向こう流れになっていた。泳ぐどころか波が来れば海底に引きずりこまれ波が引けば浮き上がって息をつくのが精一杯の時間しかなく、また次の波が体を海底に引き戻す状況であった。

沖側の防波堤に向かえばいいのか、陸に向かうのか。波がきついときは沖側へ行けば波が小さくなって生存率が高まると頭では分かってはいても決断ができず「ここまで生きてきた自分の人生はこんな死に方をすることになっていたのか」とか「家族は悲しむだろうな」とか「職場の皆は驚くだろうな」といった思いが一瞬よぎった。

幸運は十メートル近く離れた所に何の事情も分からずに友達がいて、「高徳、何してるんや」と声を掛けてくれたことであった。そこまでなら何とか泳いで行けるという目標ができたので「そこでじっとしていてくれ」と叫んで後は必死で泳ぎきることができて助かった。

泳げる人間でも、それを上回る波の力が反対の方向に加われば死ぬこと、防波堤の裏側は波ですり鉢状になっていることがよく分かったが、死を覚悟した初めての経験であった。

⑺　最大の失敗

一番大きな失敗は、大学入試の際、受験番号を書き間違えたことだ。結局、この大学を卒業したが、卒業まで級友にも親にも言うことがためらわれた大失敗であった。

大学入試は二日間あり、初日にあった試験の受験番号を書き違えたらしいのだ。二日目の朝、受験票をかざして試験会場の入り口を通った際、係員がわたしを探していたようで、「いたぞ」と大声で他の係員を呼び、「君は受験番号を誤って書いていないか。受験した部屋にはあり得ない番号なんだ」と聞かれた。しかし、わたしが故意に書いたはずもなく、ただただ沈黙が続いた。二日目の受験が許されないのかと心配しつつ「受験会場へ行っていいですか」と尋ねたが誰も答えてくれず、わたしとしては珍しく開き直って受験会場へと向かった。受験開始前の係員の注意は、当然、「受験番号、氏名を間違わないように」とのこと、ぐさっと胸にきた。

これまでこんな失敗をしたことがなく、わたしは冷静沈着な方だと思っていただけに、かなりのショックを受けた事件であった。だから在学中、恥ずかしくて誰にも言うことができなかった。一方でこんなことがあったのに合格発表時にはなぜか合格しているような気がしている、ふてぶてしい自分があったのも事実だ。いずれにしても自分が思っている以上に受験であがっていたのだろうか。

第四楽章　影響を受けた話

人は書物、友人の言葉など一定の経験を通じて以後の自分の考え方や生き方、性格形成に少なからず影響を受け続けているものがある。何かしら心に残っていて気になる程度のものからその人の性格形成につながる大きな事柄のものまである。わたしにとっての三つの事柄をご紹介したい。

(1)　幼稚園での出来事

幼稚園児の頃のわたしは、先生方に利発さはないが瞳をじっとさせて落ち着いて人の話を聞く、どこか気になる大器晩成型の子どもと思われていたようだ。その頃、よく遊んでいた誰が見ても利発そのものの友達がいた。その子の母親からわたしの母親に、友達として親しく付き合って欲しいと言われたそうで、言われるまでも無く自然によく行動をともにしていた。ある事件が起きるまでは。

幼稚園のお絵かきの時間のとき先生から画用紙が一人一枚ずつ配られて各自、動物園の絵をクレヨンで描くことになった。利発そのものの子は、黒のクレヨンで、キリン、ゾウを描いていき、途中から動物が空を飛ぶなど無茶苦茶な構図で描き続ける。もう遊びの世界で、見ているわたしは、どうやって収める気なのかとヒヤヒヤものだった。画用紙一枚も貴重な時代であったのに。

とたんに黒一色に塗りつぶして画用紙を真っ黒にした上でその上から黄色のクレヨンで動物、檻を描き、夜の動物園にするんだと言い出した。

わたしの思考能力を超え、自分には到底できない行動に、ショックを受けたのは確かだった。わたしの心の中に、ある種の壁ができ、利発そのものの子の誕生会へも、わたしの親が用意しておいたお祝いの品を持って行こうと出掛けたものの、途中で家へ引き返してしまったこともあった。人から見ると理解しにくい行動かも知れないが、わたしにとって初めて劣等感を抱いたときで、うまく自分を制御して乗り越えていくことができなかった。

絵画を鑑賞するときは、技法の優劣はともかくとして抽象画であろうが何であろうがわたしの想像を超えた構図かどうかで作品を評価する癖がついていてもこれは独善的な考え方に陥りやすいので、自戒しながら見ている。

ちなみに、その子は、我が国で最も難関大学の法学部を卒業した。

(2) 乱読って駄目なの

「乱読はよくない」と聞くが、それは相当量を読まれている方のセリフで、大学に入学するまで十冊程度の文学書しか読んだことのないわたしにとっては余計な言葉だと思っていた。

友人に大学入試の長文問題に島崎藤村の「千曲川のスケッチ」が出ていたなと言われてもチンプンカンプンだった。そこで、その友人に文庫本の裏にある紹介書物のうち日本の明治以降の夏目漱石から司馬遼太郎、庄司薫まで、ロシア文学のドストエフスキーなど読んでおく方がいい本に印を付けてもらい、数年間ほど毎日、本を読む生活に入った。手当たり次第の乱読そのものだ。体系だって読まなくても結構ためになっていて「乱読はよくない」にある種、抵抗感を持っていた。

しかし十年以上経ってみてからその意味が何となく分かるようになった。内外の主だった小説をほぼ読み終え、自分の判断で本を選び、読書範囲も広くなっていくにつれ、読んで何の感銘も受けない本、読むだけ時間の無駄な本があると思うようになった。これは読者によって受け止め方が変わるので、絶対的に無用な本があるという意味ではない。自分にとって必要な知識を読書を通じていかにして集め、自分のものにしていくかが重要なのであって自分にとって不必要な本の「乱読はよくない」という意味で少しは分かるようになった。

大阪大学の鷲田前学長が「教養とは知識の量ではなく、知識を組み立てて使いこなすこと」と言われ、そのとおりだと思う。しかし知識量が絶対的に不足していれば、まずは知識を集めることから始めないと何も生まれない。「乱読」と「多読」とは、そんなに違うものとは思えず、乱読であっても、多読で、読書後、満足感があればいいのではないかと思っている。

(3) 農作業からの贈り物

田植え、稲刈り、脱穀、草抜き、施肥など、農作業は、根気と時間がかかるものだ。マラソンのようでもあり、炎天下の日であろうものなら早く切り上げようとバタバタと作業をすれば息が切れて体力的にも長続きしない。

青年期になって分かったことであるが草を抜いても、また生え出し、良質な土壌ならば草が生えるのが当たり前で、農作業はただただ地面に這いつくばって根気よく行うものである。農作業は時間がとられるので、わたしの癖で、雑草や土に話し掛けながらやらないと、やってられない。また田植えのとき、「植えるべき苗数の人数がいれば、用意ドンで一瞬のうちに田植えが完了するのに。でも三千平方メートルの田んぼに二万人の人手が必要になり、無理だな」とか馬鹿なことを考えながら作業をしていた。農作業以外のことも夢想しながら作業をし、結構いいアイデアが生まれる。

我が家では人手が足りないことから小学校の低学年の頃から農作業を手伝わされていた。幼年期のわたしは、農作業中にのどが渇き、お茶を飲みに相当離れてやかんを置いてある場所へ行こうとすれば、親から「手ぶらでいくな。稲の束など、持っていかなければならないものがあるなら、ついでに持っていけ」と注意される。「考えて行動しろ」「先に、次は何をするか考えろ」「休憩するなら座ってしろ。立って休むと、人から役に立たない子と言われる」などなど。これら農作業の手伝いを通じて、「考えながら生きる」ということを嫌というほど味わされた。

今でも、机の上で考えた時より歩いているときに数学の解き方が分かったり何かをしながら考えた方がいい結果が生まれる。実は大阪香川県人会誌を香川関連の情報誌にして関西の書店で有料でもって販売しようという考えも平成二十一年に高校受験会場へと子どもを連れて行った帰り、車を運転していたときに浮かんだものので前々からいい知恵がないか、ずっと考え続けていた。

西武グループの元オーナーの堤義明氏は、父親の康次郎氏から子どもの頃、食べ物に醤油をかけ過ぎると、「必要な醤油の量も同じで、将来の見通しも立てられないようでは立派な経営者にはなれない」と叱られていたという。「三つ子の魂百まで」と言われるが、小さい頃からの思考方法の習慣づけは、大人になっても続けられていると思う。

最終楽章　大阪への感謝の気持ち

実体験を素直に書くように挑戦してみたが、体系だってもない赤裸々な自分史になってしまった。

三年ほど前、転勤で初めて大阪で過ごすようになり、最初の頃は大阪より韓国ソウル市の地理のほうが詳しかったほど大阪のことはよく知らなかった。

大阪と言えば、「大坂本町糸屋の娘　姉は十六、妹は十四　諸国大名は弓矢で殺す　糸屋の娘は目で殺す」の起承転結の名文を思い起こす。

大阪府と香川県の面積はほぼ同じなのに、高松駅の一日当たりの乗降客数は二・六万人だが、大阪梅田のＪＲ、私鉄、地下鉄の乗降客数はその百倍の二百五十万人で、梅田は京阪神ターミナルの中心だけに移動人数も多い。梅田には、大丸、阪神、阪急、三越伊勢丹の百貨店が競い合う。また、商社、電機、化学医薬品、繊維、建設住宅業、食品など多くの分野で、大阪で誕生し知名度の高い企業が多いのには驚かされた。大阪市本町にある企業家ミュージアムにおける、大阪を舞台に活躍した百人もの企業家たちの事績を紹介した展示は必見である。

大阪では、多くの新しいことに挑戦ができ、それを理解してくれる方々にも恵まれ充実した二年間になった。感受性が豊かで何年も先を見据えて経営をされている方など多くの人たちとお会いすることができ、大阪勤務がなかったら今頃どんな生活を送っていたのだろうかと想像すらできないほど、素晴らしい貴重な経験を重ねることができた。

両親からは、「感謝の心を忘れるな」「感謝の気持ちはすぐに、ありがとうと声に出して言うもの」と教えられてきた。

できる限り詳細な自分史を書くことができれば、大阪でお世話になった方々への少しの「感謝」にもなればと思っているが、本文は、どのような楽曲に聞こえたであろうか。

自画像（2011年）

六十年代の回想

髙橋　幹

回想の視点

六十年代を回想するこの記録を、漱石の引用から始めることにする。はじめて上京する九州の青年の描写であるが、これは三四郎の口を借りた漱石自身の心持ちであったに違いない。熊本や松山に住んだことのある漱石の目には、九州や四国の女は色の黒い田舎者と写ったのであろう。

三四郎は九州から山陽線に移って、段々京大阪へ近付いてくるうちに、女の色が次第に白くなるので何時の間にか故郷を遠退く様なあわれを感じていた。
(夏目漱石「三四郎」)

それから半世紀以上の時間が流れたある年の夏、東京行き急行瀬戸号の三等車に、わたしは乗っていた。この四国連絡の夜行列車は乗客のほとんどが四国の人だったと思われるが、途中京大阪から乗り込んで来る女が、格別に白い肌をしているとはわたしの目には写らなかった。四国も京大阪も女はさして変らないではないかと、わたしは漱石の一節を思い出しながら三四郎とは別の感慨にふけっていた。半世紀の時間が、いやおそらく敗戦後二十年の歳月が、日本をかくも個性に乏しい平板なものに変えようとしていたのだと。

明治三十三年生まれだったわたしの祖母は(彼女は偶然にもかつて漱石が住んだ松山の生まれだったが)もう死語になって何十年も経つというのに、いつまでも映画を活動と言い、国鉄バスを省営バスと呼んで臆するところがなかった。「そんな古くさい言葉は今は通用しない」と注意を喚起したことがあるが「新しい言葉ができたからといって急に昔の言い方を棄てやあ出来ませんがね」と、口馴れた廃語を臆面もなく使い続けて、とうとうそのままあの世に行ってしまった。

ところが最近の中高年者ときたら、平気で若者言葉を使って毫も恥じ入る様子もない。「ら抜き言葉」はもう当たり前の表現法として定着したし、あらゆるフレーズに「部分」をやたらと添付して得意になり、感想を聞かれると「最高です」としか答えられない。どうやら時の流れに質的な変化が見られるようだ。

時の流れは、カチカチと刻み続ける時計の音の単なる集積ではない。時間には質があり、色彩がある。長く退屈な一年、急ぎ足で去った一年、倦怠に満ちた灰色の一年、赤く燃える一年。

時代精神を貫く時間の質は、その時々の集団と個の関わりによって規定される。集団は個の反映であるとともに、個は集団から影響を受けつつこれに参画するが、集団の巨大化は個の埋没を生む。わたしたちはこの過程で、いくらでも交換のきく限りなく小さな存在となる。敗戦後のわたしたちが経験してきたのは、このような歩みではなかったのか。

現代の時代精神は西洋合理主義と科学技術に支えられている。科学技術の進歩は確かに便利な生活を保障してくれるが、それが危険な存在になる時がある。それが悪魔的な発達を遂げた時だ。わたしたちは科学技術の恩恵を受けつつも、他方でそれを抑制する思考の基盤を忘れてはならない。しかし、そんな思考の複線化が本当に出来るのだろうか。わたしたちは歴史に学ぶしかない。

三千年の歴史から
学ぶことのできぬ者は
無知のまま闇にとどまり
その日暮しをするがよい。
(ゲーテ「西東詩集」)

ヒトはどのようにでも過去を回想することが出来る。順調な人生を過してきた人の思考は、一般に保守的な傾向を示す。ヒトは前方を見ないで、なつかしくうしろを振り返る。しかし時間という漂白剤で消毒された過去を振返るだけでは、歴史に学ぶことにはならない。ヒトは不都合なことを忘れがちなものである。

「子供が背負わなければならない最大の重荷は、親の生きてこなかった人生である」という心理学の立場に立てば、平成を生きる人たちの最大の重荷は、わたしたち昭和の人間の生きざまの中に求めなければならない。「良識ある人」の誰もが感じる「今の若い者は……」という懸念は、実は「良識ある人」の生きてこなかった、昭和人の影の姿ではないだろうか。明るい光の差すところほど、大きな影はできるものである。

ここまでの短い文章の中で自分のよって立つ回想の視

点をある程度明らかにできたと考えているが、わたしはこのような立場から六十年代の一時期を書き綴りたいと思っている。それは東京オリンピックの前年、わたしが大学に入学した時に始まる。

　ヒトの記憶は幾重にも堆積した経験の総体である。記憶という曖昧な倉庫から紡ぎだすわたしの記述が、時間と空間の規律を無視することによる読者の混乱を懸念しているのだが、ともあれ急行瀬戸号の車中に筆を戻そう。

はじめての東京

　当時の夜行列車の旅は実に忍耐を要するものだった。現代の感覚からすると、それは人格ある人間を快適に送り届ける乗物というより、むしろ牛や豚を輸送する道具のようにさえ思われる。弁当ガラは座席の下に捨てるのが当たり前だったから東京駅に着いた時の車内は汚らしい塵箱の体をなしていた。トイレでの大小便はそのまま線路の上に垂れ流しで、停車中の使用は禁止されていた。この状況は黄禍と呼ばれて、六十年代後半まで続いた。

　このように不愉快な汽車の旅にも、あらゆる規制が大雑把だった時代だけに、今では考えられないような痛快なこともあったのだが、余り無法なことを書き留めるのは今回の目的からはずれると思われるので、惜しむらくも割愛させていただく。

　東京は普請中だった。渋谷に近い九州選出の代議士の家で、書生のような生活を送っていた友人の所に転がり込んだわたしは、当てもなく街をさまよい歩いた。あちこちで道路工事の、そして地下鉄の工事が昼夜の別なく行われていた。その活気が田舎者のわたしを大いに感心させたものである。

　しかし東京の地下は、今とは違っていたってのんびりとした構造でもあった。神田の古本屋に行きたいというわたしの希望に対して友人は「渋谷から黄色い電車に乗り、赤坂見附で赤い電車に乗り換えて、お茶の水で降りればよい」と簡明に教えてくれた。

　わたしはその時はじめて地下鉄という便利な乗物に乗ったのだが、車窓からの風景をいっさい切り捨てて、暗闇をゴォーと目的地に疾走するだけの何の面白みもないこの乗物は、その後の日本のたどる軌跡を暗示していたのかも知れない。

　そのころ都で流行ったものに歌声喫茶があった。見ず知らずの若者がロシア民謡を合唱するこの空間は、畢竟するところ「つながり」を求める行為であったのだろう。

西洋合理主義は世界のあらゆる事象を分断し、因果律の法則で説明することによって対象と自己との関係の解明に成功したかに見えた。なるほど科学技術の進歩はわたしたちにはかり知れない欲望の充足を約束してくれた。これは否定しがたい事実である。

しかし「あらゆる事象の分断化」は当然の帰着として「関係性の喪失」を生み出すことになる。関係性の喪失は地域社会で、職場で、学校で、そして家庭でとあらゆる場所で観察されることになるのだが、行き過ぎた孤立が「関係性の回復」を求めるのは自然な成り行きである。たとえその対象が新興の宗教であろうが、異性の肉体であろうが、マイホームの団欒であろうが、電話でのおしゃべりであろうが。

平成の若者が携帯電話を片時も手放さないあの姿もまた、喪失した関係性を求めてのことなのだろう。ただ決定的に違っているのは、歌声喫茶が六十年代後半の若者の異議申し立て運動に消極的ではあるが発展的に解消していったのに対して、通信会社の経営戦略がしかけた陥穽にはまった平成の若者からは、ある種の犯罪と公衆道徳の低下以外の何ものも生まれないという事実である。「つながり」を求めながら、大量消費社会の罠の中に、逆に「個」を喪失しているのである。しかしこの陥穽をしかけたのは間違いなく昭和のわたしたちなのだ。

読書会で学んだ教養

一週間の東京滞在のあと、わたしは再び平凡な学生生活に戻った。そのうちに読書会をやろうという話になった。教養主義の臭いを残す読書会は当時まだ学内のあちこちで行われていた。「生活の探求」「出家とその弟子」「三太郎の日記」「善の研究」などがよく取り上げられたものだ。

ある時友人のひとりが「星の王子さま」の読書会を提案した。当時この本は岩波から出版されていたが、なかなか手に入りにくいものであった。熱心な友人はその一部を謄写版で印刷して参加者に配布した。その中にこんな一節があった。

「人間たちはねえ」と王子さまは言いました。「特急列車に乗りこむには乗りこむんだけど、自分がなにを探しているのかは分らなくなってしまっている。だからざわざわ騒いで、堂々巡りばかりするんだ……」

西洋合理主義と科学技術というふたつの動輪を持つ特急列車に乗り込もうとしていたわたしが、王子さまの言葉をシリアスに思い返したのは、拝金主義がほぼ頂点に達した昭和も終わりに近づいたころであった。

また別の機会にフロイトの「精神分析学入門」を取り上げたことがあった。そこには無意識の世界の存在や夢の分析についての記述があったのだが、フロイトがどこかで引用していた《夜、われわれが夢に見るものは、昼間われわれがなおざりにしたものの哀れな残滓である。夢はしばしば、軽蔑された事実の復讐であり、見捨てられた人々の非難の声である》という誰かの言葉が、わたしの記憶に長く残っている。（これがアナトール・フランスの言葉であったことを最近知った）

そのころわたしは「空中を浮遊」していた。落下しそうになる」夢を繰り返し見ていた。落下していて遂に落下しそうになる」夢を繰り返し見ていた。

そのころわたしは「空中を浮遊していて遂に落下しそうになる」夢を繰り返し見ていた。落下しようとする先は、ある時は毒蛇の棲息する暗い谷間であったり、ある時は零落した女たちの住むラビリンスであったりしたのだが、そのたびにわたしは平泳ぎのように手足をばたつかせて辛うじて落下を免れようとする、その刹那に目を覚ましたものである。

思い返すにこの夢は、その当時わたしたちが選択しようとしていた進路＝科学技術への盲信的な追従と無制限な消費社会の追求＝への警告であったのだと、いまになって思い返される。

こうしてわたしは読書会で学んだ新しい知識を、教養という古い革袋に放り込んだまま、七十年代へと追い立てられて行くのだが、その直前に一度だけ、王子さまのことや空中を浮遊する夢を反芻できるチャンスがあった。六十年代後半のことである。これについては後に述べることにする。

休暇中の思い出

倦怠に満ちた学生生活だったが、休暇で帰省した時のわたしはいたって平凡で元気な若者であった。父親は備後の生まれだし母親は伊予の出だったので、讃岐に生活しながらわたしはいつまでも讃岐の人間になりきれないでいた。人生の大半を讃岐で過していたわたしにとってこの地は、故郷と呼ぶことに若干の躊躇を感じながらも、休暇に帰る先は結局ここにしかなかった。

最初の夏休みに高知までの徒歩旅行を企てた。机上に三泊四日の空論をたてて琴平駅から歩き出した。牛屋口を越え、仲南の山の中を歩いて樅ノ木峠の近くで国道に出た。そのころ現在の猪ノ鼻トンネルはまだ開通しておらず、道は二軒茶屋と若狭峰の間で阿讃の稜線を越えていた。峠は深い切通しになっていて数軒の人家があり、峠越えの人々の便宜をはかっていた。もちろんそこは借耕牛や荷馬車が行き交う昔の峠道ではなく、トラックやバスの走る一級国道である。

その晩は峠を少し下った道端で野宿した。次の日は小歩危付近の吉野川で泊った。道は舗装してないし、コンビニも自動販売機もなかったが、道沿いの集落には必ず学校があり雑貨屋や八百屋や魚屋もあって、現在よりもしっかりとした人の営みを感じさせた。普請中の都とはまったく異質な土地が、そこで生まれ育ち、仕事につき、家庭を持ち、やがて病んで死んで行く、つまり人生を完結させる場所が、四国の山村にはまだ残っていたのだ。

国道から見上げると切り立った山腹に数軒の人家がへばりついている。《白雲生ずる處　人家有り》唐詩を連想したわたしが「あんな所で生涯を過せたら幸せだろうなあ」と言うと、友人のひとりが「お前みたいな文明の皿までねぶった人間があんな不便な所で住めるわけがない」と現実的な批判を下し、その時はその通りだと納得した。

それから五十年近く経って高知に行く折り、その辺りを通る度に、やはりあの時にあの石径を斜めに切り上がっておけばよかった。他人を陥れることもなく、世間に対して韜晦の技術を身につける必要もなく、毎日洗濯をしたような涼しい生涯を過せたのにと思うのだが、もうあとの祭りだ。

山間部を通る国道なのでいたる所で冷たい沢の水が手に入る。持っていた粉末ジュースを溶かして飲んでは渇を癒した。この飲物はエノケンの歌う「ほほいのほいのもう一杯、渡辺のジュースの素ですもう一杯……」というコマーシャルが全国を風靡していて、わたしにはとても思い出深い飲物だ。

三日目は疲れきって天坪駅にたどり着いた。吉野川の流れはすっかり細り野宿する適当な場所もなかったので駅の傍の広場にテントを張った。明け方になって雨が落ちてきた。最初は暗い空からぽつりぽつりと落ちた。そのうちに次第に深くなった。駅舎に避難して駅員に聞くと「高知まではまだ八里ばあ、あるろうねえ」と気の毒そうな顔をした。屋根に音を立てて降りしきる雨を見上げながら、わたしたちも気の毒そうに顔を見合わせた。高知行きの徒歩旅行はあえなくそこで終わった。チクロ入りの粉末ジュースも天坪という名の駅もいまはもうない。

讃岐の風土になかなか馴染まなかったわたしは、いまだに讃岐弁は使いこなせないし、あん餅雑煮は口にしたこともない。それでも知らず知らずのうちに習慣というものは身に付くものである。

徒歩旅行から帰って暫くして、東京で世話になった友人の家を訪ねたことがある。友人の母親が奇妙な食べ物を食わせてくれた。母親はこう解説した。「半夏生のころ、田植えを終えた農家では、その年に穫れた小麦ではげ団子を作った。そのころまでに田植えを済まさないと不作になる。」

さほど美味いものとは思わなかったが、この讃岐の習慣は気にいった数少ないもののひとつだ。今でははげ団子を食べて、その足で近くの八幡さんに茅の輪をくぐりに行くことを、半夏生の年中行事にしている。

ちなみにその男の家は、中讃地方の遍路道の途中にある大きな鎮守の森の端にあった。小川が流れ、よどんだ湿気が時の流れを止めた、神隠しの起こりそうな深い森だったが、今ではすっかりひらけてしまい、やせた樹木の間から、隣にできた酒造会社の建物が透けて見えるのは、まことに無粋なことである。

六十年代後半のこと

六十年代後半、大学は混乱を極めていた。これを詳細に書き留めんとすると誇張に陥り、安易に表現せんとすると情に流される危険を冒すことになる。

しかし高度成長を続ける社会に批判の杭を打ち込み、時代の転換期になりうる唯一のチャンスが六十年代後半にあった。この事実を間引きすることは、読者に気の抜けたビールを振る舞うに等しい。当時の時代精神を回想しつつ筆を進めることにする。

同時代の出来事を正しく見きわめることは大変むずかしい。ある出来事を判断し批判する場合、判断の支点を時代精神の外におく必要があるが、時代精神の外に立つ者に対して、世間は差別、偏見、村八分といったあらゆる不愉快な攻撃を用意している。戦争の時代に平和を語ることのむずかしさについては、戦前の日本人のひとしく経験したところである。

そのころノンセクト・ラディカルと呼ばれた人々がいた。特定の党派に属さない無名の人々である。そして当時の主役は間違いなく彼らであり彼女たちであった。

二十一世紀の主役が無名のわたしであり、あなた方であるように。

彼らはことを為すために集団を組織した。いつの時代にも徒党を組んでことを為せば、よい結果を生まないものである。（集団はそれを構成するひとりひとりの平均値を決して超える存在にはなれないという事実は、日本の政治家を見ればよく分る）

先に「集団の巨大化は個の埋没を生み、わたしたちはこの過程でいくらでも交換のきく限りなく小さな存在となる」と書いた。個は集団を構成する過程で、本来個の持っている理性や道徳性を喪失する。集団の道義性は、集団の大きさに反比例すると思われる。

この集団化の原因は近代合理主義とテクノロジーの発展にある。生活は豊かになるが、この過程でヒトはしてはならない錯覚に陥る。人生の価値は銀行の勘定で決まると。当時の学生もこの原則から自由ではなかった。

大学のストは半年間も続いたから、若いわたしたちはヒマを持て余していた。「小人は閑居して不善をなす」の諺は、当時のわたしたちのためにあるようなものだと、今になってその失われた時間を苦々しく思い出す。

休講をよいことに、備後地方の田舎町に滞在したことがある。そこは銀山街道で栄えた宿場町の面影を色濃く残している江ノ川の支流に開けた町であった。その町の祖父の家に居候を決め込んだわたしは、天気のよい日には倉田百三の生地庄原に行ったり、若山牧水の「幾山河……」の碑を見物に備中と備後の国境まで足を延ばしたりして、ただ無為の時を過ごした。

そんなある朝、中国新聞の記事で大学に機動隊が突入したことを知ったわたしは、あわただしく田舎町を出発したのだが、真っすぐには大学には向わず、バスで尾道に出たあと、そこから多度津通いの連絡船でひとまず実家に向った。実は「暗夜行路」に出てくるこの連絡船に一度乗ってみたかっただけなのである。友人たちにある種の危機の迫っているその時にも、「こんな時だからこそ時任謙作の追体験が必要なのだ」と、わたしは天の邪鬼な理屈を心の中でつぶやいていた。

尾道駅前の猥雑な一画にある船着場を離れた汽船は、向島の造船所と高い千光寺を両側に見ながら、やがて朱色のあざやかな阿伏兎観音を左手に備後灘に出て、鞆の港に寄港した。かつて栄え、今は衰退しつつあるものの持つ独特な陰翳が港町には漂っており、係留された数艘の家船が別の翳りを投げかけていた。

この古きものへの愛惜の情は、鞆を出航した後の船上にもそのまま引き継がれた。デッキに立つと王越の鼻から箕浦の浜まで、讃岐の西半分を見渡せる。その風景のなんと穏やかであったことか。千年の昔、空海や最澄たち留学生が遣唐使の船上から眺めたのと寸分変らぬ讃岐の風景が、目の前に広がっていた。

この日本最初の美しい国立公園に、洲を埋め立てて工場を建設し、海峡を切裂いて鉄橋を造った。文化と自然はこうして蝕まれ、文明と生活はこうして豊かになったが、この同じ思想の先にフクシマの悲劇が用意されていたとしたら、わたしはそれをあえて神の復讐と表現しておこう。

学生たちの失敗に学ぶ

六十年代後半のあの時、学生たちは当時の時代精神をもっとラディカルに否定すべきだった。そもそも時代精神とは、理性や道徳とは無関係な、その時代を支配する単なる常識に過ぎない。その時代精神が生活水準の向上や福祉社会の成立という名目で科学技術と手を組んだ時に、悲劇的な状況を生み出すことを、わたしたちは最近経験した。(何十年か前に原子力発電についての真剣な議論が必要な時に、「原発反対」の声を社会の不満分子のノイズと片付けた当時の時代精神のことを忘れてはならない)

学生は、余りにも政治的、思想的な立場に立ち過ぎていた。(そのような態度自体が、学生たちが既に時代精神に呑み込まれていた動かぬ証拠だ)批判すべき本当の対象は、当時の教授会でもなければ、政や官の腐敗でもなかった。誰も気がつかなかったが、敵は本能寺にいたのだ。

学生は流行の思想を学ぶことによって、自分のこと、そして社会のことはすべて理解していると錯覚していた。認めたくない自分の暗い影を既成の集団に投影し、これを批判することで自己の存在を肯定しようとしていた。しかし批判すべき対象は外にではなく、ひとりひとり心の内に、学生たちが意識できなかった無意識の領域にあった。

かつて勉強したフロイトの夢理論や、星の王子さまの一節に思いをはせるべきであった。(時代精神の批判のためには、わたしたちがかつて読書会で学んだ「教養」が意外と有効なのではないかと、最近感じることがある。

いわゆる「教養主義」は旧制高等学校のイメージと結びつくので、これまで公言することを避けてきたのだが）学生はラディカルなつもりの発言をし、教師は時代精神＝常識にのっとった回答をした。そして世論は当然のように常識を支持した。やがてストは終結し、大学はもとの日常に戻った。

翌年、大阪万博が開かれた。理性的で冷静な議論ができるためには、人々の心のどこかに醒めた心理状態がなければならない。しかし万博のインパクトは強烈だった。「科学技術が明るい未来を約束してくれる」と日本中の人々が集団的憑依状態に陥った。六十年代のエネルギーは、こうしてヒステリックな興奮のなかに消滅してゆき、そのあとは大人しい若者が育ってゆくことになる。

ちょうどそのころ、エコノミック・アニマルという言葉が流行っていた。毎日神仏にお祈りすることを習慣としている外国人の目には、働く以外に人生の意義を持たないように、日本人は写ったのであろう。

しかしわたしたちが、現在の日本の社会にうすうす疑問を持ち始めているのも事実だ。その徴候はニュースとして（しばしば常識から逸脱した悪いニュースとして）報道されることも珍しくないので、ここで具体的な事例の紹介は省略する。

ヒトは自分の誤りに気付きながらも、それを認めるには一定の時間を必要とするものだ。決定的な証拠を突きつけられるまでは。

政治的にも、経済的にも、そして何より文化的に瀬戸際に立たされている日本人にとっていま求められているのは、右か左か、原発か脱原発かという単純な二者選択ではない。（脱原発依存などという姑息な言葉に惑わされると、将来再び高いツケを払わされることになる）

ここでアナトール・フランスの言葉を思い出しておこう。敗戦後の経済復興という明るい光の中で、われわれがなおざりにし軽蔑してきた事実を、あらためて意識の閾値まで高めることが、いまわたしたちに求められているのではないか。誤解を恐れずに別の表現を借りるとすれば、かつてわたしたちの祖先が生活の場に保持していた「宗教的なもの」の復権が必要とされているのだ。（ここで使った「宗教的なもの」とは特定の教義や教団を指しているのでは、無論ない）先に述べた思考の複線化とは、このような意識の変革を通じてのみ可能なのだと思われる。

地球の始まりに人間はいなかったし、その終わりにも人間はいないだろう。ヒトを根こそぎにするのは世界的な伝染病でもなければ、自然災害でもない。これを回避させるのは伝染病のワクチンでもなければ、津波避けの防波堤でもない。国際平和条約などは何の役にも立たない。実に単純なことだが、それはヒトのこころの変化に係っている。

おとといおいで

唐突ではあるが、初めてはげ団子を食べた時のことをもう一度書いておく。その友人の家にいた八十のお婆さんが、はげ団子を食べながらこんな話を聞かせてくれた。

「このあたりの古い家には、たいてい青大将が居着いていて、時々お座敷に這い出してくる。蛇はお家を守る大切な生き物だから決して殺生してはいけない。その時は『おとといおいで、おとといおいで……』とやさしく呪文をとなえる。すると蛇はなんの悪さもせずに静かに姿を消す。」

「おとといおいで」という過去と未来の入り交じった奇妙な表現が、その時は理解できなかったのだが後年、漱石の作品の中で「父母未生以前の本来の面目は」という禅語を知った時に、不意にはげ団子のお婆さんを思い出して、わたしは膝を打った。「父母未生……」は禅の公案である。

そこで残り少ない原稿の余白を、もう一度漱石からの引用で埋めることにしよう。十九世紀末に西洋思想の洗礼を受け、神経衰弱を患いながらもやがて東洋的天然・自然に回帰することによって自由の境地に遊んだ天才の分りやすい言葉である。

人間の不安は科学の発展から来る。進んで止まる事を知らない科学は、かつて我々に止まる事を許して呉れた事がない。徒歩から俥、俥から馬車、馬車から汽車、汽車から自動車、それから航空船、それから飛行機と、何処迄行っても休ませて呉れない。何処迄伴れて行かれるか分らない。実に恐ろしい。

（夏目漱石「行人」）

戦時中の記憶をその後に生かして

武田　和久

わたしは岡山市の中心街、新西大寺町の生まれだが、お手伝いさんが香川県三豊郡（今の三豊市）から来ていたし、わたし自身も香川大学保健管理センターの教授として十一年間務めたので、四国との縁は結構ある方だと思う。

わたしが生まれたのは昭和七年で、まだ日本もよい時代だったようである。戦勝記念の日の丸の小旗を振って凱旋する戦士の行進を迎えた記憶もある。町の中心にあった深柢小学校（現在は廃校）に入学した頃も、教科書は「サイタ　サイタ　サクラ　ガ　サイタ」で、校庭の庭にも色とりどりの花が咲いていて、楽しい春だった。わたしは自分の名前が書けたので、「お前は、幼稚園に行かなくていい。」と親から言われ、幼稚園には行かせて貰えなかった。そのため幼稚園から小学校に来た生徒たちは友達が沢山いるのに、わたしには知った友達がなく先生に認めて貰うにも勉強するしかなかった。そのためか級長もやらせてもらったし、学芸会でも「因幡のシロウサギ」などよい役は与えてもらったが、社交性という面が育たなかったことで、後々までわたしの欠点として残ったように思う。すなわち人間関係よりも学力あるいは研究を優先させる結果になったのだった。

ことが変わり始めたのはわたしが小学校四年生の時。朝学校に行くと、みんな、大東亜戦争勃発と書かれた黒板に見入っていて大変なことが起こったのを実感した記憶が今も残っている。それからは運動靴の配給もなくなり寒い、冷たい冬の朝、草履か下駄で学校に行き、足袋ははいていなかった。学校に着いたら廊下の掃除。水が凍ったバケツの中の冷たい雑巾を絞って、廊下を拭いた記憶が今でもよみがえる。したがって手も足も霜焼けだらけであった。

岡山を焼け出されたのは中学校一年生の時。今でも忘れられない六月二十九日だった。親から「空襲だ、さあ逃げよう。」と言われて、寝間の戸を開けてみると南の空が一面に真っ赤に染まっていた。兄弟三人は母に手を引かれ、末の妹は父に負われ、一人一枚づつ布団を頭にかぶって逃げた。わたしだけが草履も履かずに裸足のまで飛び出したのは、いつまでも言われた。町の中はあちこちの家が炎を出して焼け落ちており、少しでも火の気の少ない、今の岡山大学病院の西辺りの川縁まで逃げた。ここなら焼けないだろうと、布団を頭にかぶって、ヒューッと落ちてくる焼夷弾の音を聞き、落ちては飛び散る花火の様な火の固まりを見ながら、時が過ぎるのを待った。わたしの寝間着にも焼夷弾のかけらの炎が飛んで来たが、たいした火傷もなくもみ消した。朝が来てＢ29の音もしなくなったが、帰る家は焼けてなくなっていたので、母の里の山手村西郡の田舎まで、約五里の道を歩いて疎開することにした。周りにある爆弾が落ちて出来た大きな穴ぼこや、亡くなったり、傷ついた方々を見ながら歩き始めた。

疎開先の田舎では母の兄弟の子供も避難して来ており、総勢十四、五名だったと思う。そのうちにみんなと仲良くなり、田んぼや畑で一緒に遊んだが、一番苦労したのは風呂の水汲みであった。わたしは比較的年上だったので、家の外にある井戸の水を汲んで桶に入れ、それを担いで家の中の風呂に水を満たす役をもらった。水が重くてフラフラし、歩くのも大変だったこと、そして入れた時にはきれいだった水も、自分が風呂に入れる時には、何人も使った後で、汗と汚れでどろどろだった記憶が残っている。

食べるものもがなかったのは勿論のこと。「米一粒作るにも一年かかる」と言われ、残ったご飯も捨てたりは出来なかった。糸を引くようになった酸っぱいご飯も、「それが食べられなければ、他にご飯はないから食べなくてよろしい。」と言われ、何でも食べた。お陰で感染症に対する抵抗力は出来たように思う。ヨモギの葉っぱはまだよかったけど、イナゴの足はぽりぽりしてあまり美味しくなかった。

それから、これは後に述べる学校での指導とも関連するのだが、教練の実習で行軍のとき、幾ら喉が渇いても水は飲ませてもらえなかった。体育の授業の時もそうで、運動している時水を飲むと体が「なまる」ので水は飲むなと言われていた。「なまる」とは元気が出なくなることで、今医学的に考えると「低ナトリウム血症」に当たる。今の若い方が何時もペットボトルを離さないのは理解出来ない。われわれは少々のことでは熱中症なんかにはならないと思う。

ともあれ、中学校に行くのが大変だった。総社（今の東総社）から岡山に通ったが、吉備線の便が少なかったためかいつも満杯。途中から乗ってくるわたしの友達は窓から引き入れてやっていた。わたしの通っていた岡山第二中学校は岡山駅から四キロメートル以上離れた東山の上にある岡山県立成徳学校の講堂を借りていたので、電車が復旧していない焼け野が原の町中（図を参照）を通って、向うに見える山の上までの道を歩いて通った。山への上がり口に火葬場があり、何体もの空襲での死骸をトタン板を重ねて焼いているのを見るのも次第に慣れてきた。空襲から何日も経っているのに、西川辺りには死体がごろごろしていて、明らかに異常な日々であった。でも駅前まで行くと、流し焼きのような食べ物を作っている屋台が出ており、皆おなかを空かして群がって見ていた。

帰りの汽車も満杯で、車両の間に両足をかけて跨って乗るのはしばしば、機関車の一番前にも腰掛けて乗った。貨物列車に詰め込まれて一番奥にいると、発車、停止の時、満杯の乗客に押されて息が出来なくなるので、出来るだけ乗らないようにした。総社の駅に降りて、また二キロメートル程の道を歩いて帰る。自分が食べるものくらいは持って帰らないと一番おなかの空く年頃だったので、田圃の畦に沿った小川に入ってどじょうを捕まえて帰り、自分

空襲後の岡山市街
岡山市北区内山下付近にあった岡山市公会堂（現：岡山県庁）から公会堂筋（県庁通り）を西望。

誇らしげに皆と分け合って食べた。

　これも通学途上の出来事で、列車が三門駅から岡山駅に入ろうとした時、米軍の戦闘機に追いかけられ、列車は一生懸命逃げたためか岡山駅では止まれず、次の駅の法界院まで行ってやっと止まった。岡山駅に帰ってみると、機銃掃射を受けた焼け跡が地下道に降りる階段の白い壁に残っていた。津山線でも何度か機銃掃射を受け、二人程亡くなった学生がいると聞いた。

　戦争はますます激しさを増し、広島、長崎への原爆投下、沖縄への米軍上陸と、危機は我が身にも迫ってくる。我々の武器は竹槍一本。何度も刺し方の練習したが、「お前は抜き方が遅いので、刺しても逆に切られるぞ！」と言われ、抜き方を一生懸命練習した。どの様なところに隠れていて竹槍を使うと、見つからずに刺せるかも教わり、何十年か後に、ラバウルからソロモンのガダルカナル方面に行ったとき、ここに隠れていて敵を刺したのだと現地の人から聞かされた場所があり、以前教わったのと同じだと思った。

　このような毎日で、命を捨てる覚悟は出来ていたが、暗くなったり沈むようなことはなかった。出来れば予科練に進んで特攻隊に入り、自爆攻撃で死ぬる方が格好いいとも思った。そんなある日の八月十五日、友達から「戦争はもう無いんだよ」と聞かされ、頭の中は真っ白というか空っぽになった。そして、また一からとぼとぼ歩き始めた。戦時中の辛かった思いが戦後の復興の力に繋がったように思う。戦時中も決して鬱っぽくはならなかったし、戦後の復興も決して楽ではなかったが、一度落としかけた命を拾ったので、現在増えているように自ら命を絶つ等という発想は全然ない。戦争を通して命の大切さを身にしみて感じた。そして、生き残った我々の世代が見事復興を成し遂げた。

戦後の変革期を生きる

津森　明

　わたしが学齢に達し小学校に入学のころ支那事変が泥沼に入り太平洋を中心として今日でいうところの東南アジア、当時の言葉で南方にきな臭い雰囲気が漂い始めていた。この方が地理的に正しいだろう。おそらく戦勝国の呼称を第二次大戦後から用いているのだろう。国内で沖縄諸島を西南と呼びながらその先を東南というのは解せないがもっと歴史を重視すべきであろう。

　終戦後、支那という呼称が駄目となり日中戦争という呼称になったが海は東シナ海と呼んでいる。戦争は宣戦布告が必要だと学んだし布告なしの戦争は事変というのだと理解していたが今日ではすべて戦争といっている。

　わたしの幼少当時、非常時という言葉が叫ばれていて生家の近所からも多くの青年がたすきをかけて戦地に向かっていった。これを応召といい、また自ら志願する若者も多くいた。

　わたしは昭和十六年四月に小学校に入学することになっていたが勅令により小学校という名称でなくなり国民学校という名称になり尋常科は初等科となった。母に連れられて桜が満開の朝早く浅野国民学校に向かい初等科一年生となった。

　浅野国民学校は今日の高松市香川町浅野の八王子の丘にあり石段を登って校門に入った。すぐ東に八王子神社があり森に囲まれていた。今日もこの森は往時のままである。校門には十段位の石段を登るようになっていた。その途中に奉安殿という立派な石造りの建物がありそこに天皇陛下の御真影というのが安置されていて毎日この前で最敬礼をしてから教室に入っていった記憶がある。

　担任の先生は向原ヤイという女の先生であった。男子の人数は二十数人という小人数であって国語の本の一ページ目は「アカイ　アカイ　アサヒ　アサヒ」であった。姉や兄たちの「サイタ　サイタ　サクラガサイタ」とは違っていた。

　当時の学校には校訓とがあるのが普通だが浅野国民学校には正門をくぐると海軍の航空隊員で日中戦争の空中戦で片翼になりながらも沈着冷静な操縦で基地まで帰り着いた讃岐出身の樫村寛一の写真が掲示されていた。

　わたしの年は、男女の人数が大きく違っていたからか理科室という広い教室で学んだ。古い教室であり床の隙間から床下の物を拾ったりしていたが紙切れに明治の年号の記述があったりしたものである。

学芸会でわたしは乙姫さんを命じられた。姉の着物の赤い下着みたいなものを借り演じた。以来、女の子からオトヒメサンと言ってからかわれたものである。

大東亜戦争という列国を相手にした戦争は敗戦後、太平洋戦争という呼称になったが英米蘭支などと戦い四年足らずで敗北した。最近は太平洋戦争とも言っているが大日本帝国は崩壊、東京裁判といわれた連合国による裁判で戦時中の東条首相らが絞首刑を執行され、また外地でも日本軍の将兵たちが処刑された。

これは革命でもあろう。わたしたちはまず国民学校生徒だったが修身と国史などが廃止され国語なども戦争などについての項目が載っている教科書のページは墨塗りさせられた。もちろん音楽の教科書も軍事色のあるモノは削除させられた。

二十二年三月に初等科を修了、卒業したが国民学校初等科は小学校となり村々に中学校が出来た。これを新制中学校と呼んで国民学校初等科を出たわたしたちは全員新制中学校に入った。市内の高中や一中、工芸、商業などに入ろうとしていた者の夢は吹っ飛んだ。

新制中学校は学校教育法が公布されて間に合わなかったのか開校式というのか入学式は五月一日であった。当時まだ進駐軍はいて学校視察とかで下士官くらいが来訪、便所などを調べていた。

当時の中学生は男は国防色（カーキ色のこと）女はモンペであり戦時色に満ち溢れていた。戦時中の名残で授業の合図などは板「バン」を叩いていた。半鐘は軍事供出されて板をたたいていた。校舎も間に合わず校庭の近くに建っていた八角堂という八角形の藁ぶきで一種の講堂みたいな施設で授業や集会にも使用していた。

この八角堂をなぜか、戦後十年ばかりして村が撤去してしまった。戦時中によく言われた八紘一宇というのが戦無派からきらわれたのかこれを作った村内の大工の歴史的作品だと思うが仕方がない。この大工は村の農業会の本館も作ったという建築に才長けた人物だったのにと当時から思っていた。

浅野中学校は小さい学校だったが向井英一校長がアメリカのダルトンプランという授業を取り入れた。一斉授業のあと各自が自習して教師に報告にいくというものである。学校が神社の近くで小高い丘にあったので一斉授業以外の各自が自習する時とか休み時間には森に入り虫を取ったり花を採ったりして楽しんだものである。

学制改革により高校は郡部にも多く作られて入学試験はなく希望者は全員が新設高校に入学した。名前だけ高校で旧制中学校よりレベルが低い感じであった。ここの高校を出て大学入試になったがそんなに難しいものではなかったようである。高校では先輩の勧めもあって新聞部に入り記事を書いたりして時には他校に取材に行き記事を書いたりもした。大学では新聞部に入らず学校周辺を歩き情報収集をした。

わたしは三十二年に大学を卒業したがゼミのグループで裏日本というのか京都の北部から兵庫北部を経て鳥取、島根と地域の探索の旅をした。これが地域研究の発端になり讃岐の島の生活について調べてリポートにしたりして地域研究が好きになった。

就職は偶然にも四国新聞社に合格、新聞記者になり地域の取材が生涯の仕事になっていった。入社しての講習の講師が元毎日新聞の支局長、地域をよく知ることがいい記事を書く基本だと説かれた。一週間くらいの講習ののちに記者クラブというのに配属され先輩記者と共に自転車で警察署や交番、海上保安部を毎日訪ね世間話をしてその中から記事を書いていた。事件担当時代に大きい殺人事件に多く遭遇、「夜打ち朝駆け」といわれるように事件モノは早朝や夜更けにインタビューすると案外、いい記事がとれるものである。

入社した三十二年というのは事件の多い年で強盗強姦などが続いた。サツ回りは地域を知悉するには最善のポストである。このごろは「お巡りさん」も名前だけで巡廻連絡をしないから内偵が難しいのだろう。

三十七年、突然の人事異動で事件担当つまりサツ回りから内勤の整理部に担当替えになった。事件担当時代には徳島で起きた南海丸という客船の沈没事故が初めて県外に一人で取材に行くという経験であった。勤務を終え帰宅するために琴電瓦町駅まで来ると街頭テレビが鳴門沖で客船の南海丸が沈没と報じていてすぐに本社に電話すると五百円出すかすぐに行けということで現地に向かった思い出がある。

その遭難者の一人にバスで一緒に通勤していた先輩もいて犠牲になった。取材に現地に向かい小松島のほうの宿に泊まったがどこかの中年の女性と同じ部屋になり非常時の取材を体験した。その翌日には海上保安部の船に乗ったところ何と鳴門でなく和歌山に着き、そこから大阪経由で高松に向かった記憶がある。街頭電話も少ない時代、苦労した思い出がある。

船舶の事故と言えば三十年五月の紫雲丸事故を思い出す。早朝に高松港を出た国鉄の宇高連絡船の紫雲丸が港とは目と鼻の先の女木島の西端あたりで貨物専用の僚船と衝突、修学旅行生ら多くの犠牲を出している。この時わたしは大学生で大阪に住んでいて下宿の女の子を抱いて散歩中で号外を見て驚いた記憶がある。

三十三年には西日本放送が放送をはじめ、テレビ時代に入る。このころ評論家の大宅壮一が「テレビの普及によって一億総白痴化する」と言った言葉を思い出す。

三十八年にはかつて明治の政治家大久保諶之丞が述べたという阿讃国境の猪ノ鼻峠にトンネルが開通した。この時代、国道11号線や今の三豊市から阿讃山脈を抜ける曼陀峠などにトンネルが開通している。

このころいわゆる近代化が進んできたのである。やがてわたしは報道部に移り課長待遇から県庁記者クラブ詰めになり政経を担当、先輩に挟まれて議会や庁内を回り取材して回った。知事は金子正則の時代でここで多くの人物にめぐり合うことになる。

警察担当はいわゆる事件記者だが昭和三十年代には内外とも多くの事件事故があった。わたしが駆け出しのころに高松市福岡町の詰田川入り江に航空自衛隊機が突っ込み操縦していた士官が死亡したり、三豊市詫間でも自衛隊機が墜落､多くの兵が死亡する惨事も起きたりした。

また今のさぬき市の山間でバスが谷あいで転落し死傷者を出したりもした。原因がわからず未解決の事故には国鉄高松駅の火災があった。歴史ある明治の建築物であったが白昼に出火、全焼した。

四十二､三年には二年続いて大雪となり高松市内の商店街のアーケードが潰れ落ちるという大事故も起きている。この事故で通行人が怪我している。このとき豪雪という言葉が新聞に初めて出た。三十九年に東京オリンピックが開かれテレビもカラー時代に移行し始める。宇宙飛行も始まり「地球は青かった」という言葉が巷間もてはやされたりした。

この時代、讃岐だけでなく四国と中国地方を訪問する「日本海から太平洋」というルポをカメラマンと記者で歩いて取材した。もちろん重要地方を歩いたが他は車会社と話し合って車を出してもらった。記者は二人、カメラマンも二人で日本海か土佐までルポした。

こうした企画連載によって地域を知るのに大きく役立ったのである。

広島がヒロシマに変容した日

内藤　達郎

広島市は戦国時代の毛利輝元により太田川河口に城下町として開かれて以来、中国地方の中心であり続けた。江戸時代には浅野藩の城下町として栄え、明治維新後は広島県県庁所在地となり、中国地方の経済的な中心地として発展していた。さらに広島高等師範学校・広島女子高等師範学校・広島文理科大学・広島工業専門学校を有する学都でもあった。

広島には軍都としての側面もあった。日清戦争時には前線に近い広島に大本営が置かれ、また臨時帝国議会も広島で開かれるなど、一時的に首都機能が広島に移転されている。これを契機として、陸軍の施設が広島に多く置かれるようになった。広島城内には陸軍第五師団司令部、広島駅西に第二総軍司令部、その周囲には各部隊駐屯地等が配置された。当時、爆心地の北側は陸軍の施設で広く占められており、陸軍敷地南約二百メートルに爆心地がある。また宇品港に置かれた陸軍船舶司令部は暁部隊と呼ばれ重要な拠点であった。

昭和二十年八月の原爆被害で一気に知られたが、被爆当時の市中人口は約三十五万人と推定されている。八月六日は月曜、朝は八時が勤務開始である。大半の労働者・徴用工・女子挺身隊、および勤労動員された中学上級生は数十の軍需工場での作業となった。

また建物疎開には、中学下級生および一般市民の勤労奉仕隊が参加した。建物疎開とは、空襲による類焼を食い止めるために建物の間引きを行う作業である。青空の下での作業であるため、彼等は原爆の熱線を直接浴びることになる。

爆心地五百メートル圏内では閃光と衝撃波が襲った。巨大な爆風圧が建築物の大半を一瞬にして破壊した。鉄筋コンクリート建築である産業奨励館は垂直方向の衝撃波を受けて天蓋部は鉄骨を残して消失、一部の外壁を残して大破した。相生橋や元安橋の石の欄干も爆風で飛ばされた。

また強力な熱線により全身の水分が蒸発・炭化した遺体が道路などに大量に残された。爆心地を通過していた路面電車は炎上したまま遺骸を乗せて走り続けた。吊革を手で持った形のままの人や、運転台で死んだ女性運転士もいた。

　野外で建物疎開作業中の勤労奉仕市民や中学生・女学生は隠れる間もなく大量の熱線をまともに受けた。勤労奉仕に来ていた生徒が全員死亡した学校も多かった。また彼らは熱線直後の爆風で吹き飛ばされ、地面や構造物に強く叩きつけられた。さらにこの爆風は屋外の被爆者の衣類を剥ぎ取り、ほとんどは裸となった。そして、爆風は火傷を負った表皮をも皮膚組織から剥ぎ取った。被爆者は自分の腕の皮膚が剥がれて垂れ下がり、爪のところでようやくつながっていることを知る。背中全体の皮膚がはがれ、腰からぶらさがっている者もいた。強い衝撃で眼球が眼窩から飛び出した者、腸が腹腔から飛び出した者などもいた。

　爆心地より二キロメートル圏内の木造家屋は一瞬にして倒壊、瓦礫の下に閉じ込められた。自力で脱出した者、もしくは他者に助け出された者の他は、熱線により起こった家屋の火災に巻き込まれて焼死した。火災は同時多発し大火となったため、家屋の下敷きとなっている生存者を知りながらも逃げるしかなかった者も多かった。そして逃れた者の大半も家屋倒壊の際に様々な外傷を受けていた。鉄筋コンクリートの建物内にいた者の多くは、爆風で吹き飛ばされたガラスや建材等の破片が頭や体に突き刺さり、そのままの状態で避難の列に加わった。また水を求める被爆者は次々と川へ飛び込んだ。

　一九四五年（昭和二十年）の八月から十二月の間の被爆死亡者は、九万人ないし十二万人と推定されている。そして二〇一〇年八月六日現在の被爆死亡者は二十六万九千四百四十六人に上り、毎年五千人前後の被爆者が死亡している。（被爆した両親・叔父・伯母の話を参考）

本当に原爆は必要だったのか

　トルーマンはなぜ人口稠密な日本の都市に無警告で二発の原爆を投下したのか。なぜそれは八月六日、九日でなければならなかったのか。

　当時のアメリカ大統領トルーマンは、また多くのアメリカ人の主張する「百万人のアメリカ兵の生命を救うため原爆が投下された」との説は事実ではない。ルソン島と硫黄島と沖縄での戦いの戦死者の総計が二万七千人ほどで百万人などという数字は事実無根で、戦後になってからのトルーマンの創作に過ぎない。

　昭和二十年七月二十八日、当時の首相の鈴木貫太郎が

「ポツダム宣言」を「黙殺」したことが原爆投下を招いてしまったとの説は事実ではない。日本側が黙殺したのは、トルーマンとバーンズ国務長官が原案の条項から天皇の地位保全を削ってしまい、正式の外交文書と思われない作り方をし、日本が間違いなく黙殺するように仕組んだからに違いない。

原爆の完成が八月一日の予定で、ソ連の参戦が八月八日との情報を得たトルーマンは、ソ連が満州の防衛戦に攻撃を仕掛ければ、間違いなく日本は降伏するだろう。日本が降伏する前に原爆の投下を終えなくてはならないと考えたのではないだろうか。

それにしても原爆は何の役に立ったのだろうか。トルーマンと彼の取り巻きは広島と長崎を破壊したにもかかわらず、ソ連への威嚇には成功せず、ソ連の影響力を東アジア全域に広げさせてしまった。広島と長崎への原爆投下から六十六年、原爆は使用されることなく冷戦は終結した。

現在原爆を所有する国は増え、テロリストが世界のどの都市にでも現われ、広島、長崎級の原爆を落とすことは可能と考えられる。大戦時よりも、世界の狭くなっている現在の方が世界中の人が脅威にさらされる可能性ははるかに高い。

なぜトルーマンは都市に対してまったく無警告に原爆を投下し、二十万人以上の一般市民を焼き殺し、放射能の後遺症に苦しむ人を作り出したのか、単なる過去としないでわたし達が未来へつなげる問題としてあらためて考えていかなくてはならない。緊張は緊張を生み出し、屍骸と血涙の上に真の平和はやってこない。

修学旅行生からの手紙

これは岐阜県のある中学修学旅行生からの手紙である。アジサイの花のイラストがある便箋に平成二十三年六月十三日の日付とともに書かれている。

拝啓　雨のおかげで新緑もひときわ色濃く感じる季節となりました。

皆様にはお変わりなくお過ごしのことと思います。わたしたちも元気に学校生活を送っています。さて、先日はお忙しいにも関わらず修学旅行の平和学習で、丁寧に碑のいわれを説明してくださりありがとうございました。

おかげさまで「ヒロシマのこころ」について学ぶこ

とができました。特に心に残っているのは、戦争が人間のしわざでありどれほど残酷なものだったかということです。

内藤さんが言われた「戦の報復の連鎖を断ち切る」ことについて、わたしは本当にその通りだと思いました。

これからの生活の中で生きていられることに感謝し、友だちとケンカをしても素直に「ごめんなさい」を言える心と相手を許す心も忘れずに生活していきたいです。そしてあんまり素直じゃないわたしは「ありがとう」「ごめんなさい」「愛しています」「許してください」。この四つの言葉を大切にして、ちゃんと素直に伝えていきたいとも考えています。

お世話になった皆様方、本当にありがとうございました。みなさまのご健康といっそうのご活躍をお祈り申し上げます。

敬具

拝啓　雨のおかげで新緑もひときわ色濃く感じる季節となりました。

皆様にはお変わりなくお過ごしのことと思います。

わたしたちも元気に学校生活を送っています。さて、先日はお忙しいにも関わらず修学旅行の平和学習で、丁寧に碑のいわれを説明してくださりありがとうございました。

おかげさまでわたしがこれまで知ることの無かった被爆者の方々のつらさを知ることが出来ました。特に心に残っているのは、原爆で亡くなられた方々の名前がおさめられた慰霊碑のことです。内藤さんが言われていた「もうすぐ僕もここに入る」という言葉を聞いてわたしは、ああ、被爆者の方にとってはまだ戦争は終わっていないんだなと感じました。

これからの生活の中でわたしも戦争や原爆があったという事実、そして、報復の連鎖を断ち切るという「ヒロシマのこころ」を忘れることのないよう生きてゆきます。

お世話になった皆様方、本当にありがとうございました。これから暑くなって参りますが、体調を崩さないようにご活躍をお祈りしています。

敬具

拝啓　雨のおかげで新緑もひときわ色濃く感じる季節となりました。

皆様にはお変わりなくお過ごしのことと思います。

わたしたちも元気に学校生活を送っています。さて、先日はお忙しいにも関わらず修学旅行の平和学習で、丁寧に碑のいわれを説明してくださりありがとうございました。

おかげさまで「ヒロシマのこころ」について学ぶことができました。特に心に残っているのは、平和公園の「グランド・ゼロ」のことです。内藤さんが言われた「ここに原爆で亡くなった六千人のたましいが埋まっている」と聞いてあの土を触ったとき、すごく冷たいなあと思いました。ぼくはこれからの生活の中で「ヒロシマのこころ」「ヒロシマの叫び」ということにも気をつけて、失敗を成長にかえていく生活をしていきたいと思います。

お世話になった皆様方、本当にありがとうございました。これから暑くなって参りますが、体調を崩さないようにご活躍をお祈りしています。

敬具

＊グランド・ゼロとは平和公園建設時に盛り土せずに残った唯一の地点（慈仙寺跡の墓石の周り）を差す。

ピースボートによる地球周「おりづるプロジェクト」に参加して

二〇〇八年九月七日、百二名のヒバクシャと六百名以上の一般客を乗せたクリッパー・パシフィック号は地球一周の夢をのせて横浜港を出航した。途中、船の故障もありモナリザ号への乗り換えなどあった四ヶ月にもおよぶロングランの旅ではあったが、楽しく充実した人生観が変わるほどの旅であった。

ベトナム、シンガポール、インド、エリトリア、エジプト、トルコ、ギリシャ、マルタ、シチリア、スペイン、ラスパルマス、ドミニカ、ベネズエラ、パナマ、ペルー、イースター島（チリ）、タヒチ、ニュージランド、オーストラリア、パプアニューギニアそしてパラオの十九カ国の訪問国では、各平和団体やＮＧＯとの証言・交流が活発に行われ大きな成果をあげることができた。

そのひとつが「平和市長会議」への参加招聘への同意署名であろう。核廃絶を希求する世界の各都市の首長がこぞって広島・長崎に集まり、世界に「ノーモア・ニュークリア」をアピールすることは大変意義のあることでその成果が期待される。

また、この「地球一周」の旅を世界一周といわないのは、放射能に侵されつつある地球環境に眼を向けようとするネライもある。これまでマンハッタン計画による原爆投下による広島、長崎での大量殺戮、ビキニ水爆実験による第五福竜丸の死の灰の被害、ビキニ、ネヴァダの多数の風下住民の被ばく、米、英、仏によるミクロネシア、ポリネシアの核実験で多数の後遺症と大量の被ばく難民の発生、そしてスリーマイル、チェルノブイリそしてこの度のフクシマ原発事故による被ばく、などなど日本が「唯一のヒバク国」ではなかったことを再認識させられた。

原爆投下は論外としても、核実験や原発事故による放射能汚染は地球規模に拡がりつつある。特にチェルノブイリやフクシマ原発は原子炉や建物が一挙に破壊され、炉心溶解（メルトダウン）による大量の放射能を吹き上げる暴走事故といわれている。これはまさに「小さな核爆発」というべきかもしれない。

「脱原発」は単に「原発から降りる」という意味だけでなく、原爆、水爆、戦略核兵器、劣化ウラン弾などが暗躍するダークサークル（暗黒の循環）を断ち切ることを目標とするものである。

戦後の大量生産、大量消費、大量廃棄に根ざしたアメリカ型資本主義の消費的にして、破壊的なライフスタイルからの脱却を意味し、原子力神話を支えてきた資本、国家、科学技術が結集した構造的暴力から、自ら開放する第一歩になると考える。

原発は「昭和」の問題でヒロシマへの裏切り

「昭和　わたしの証言」の中で原発問題をあえて取り上げる。それは原発問題の諸悪の根源が昭和三十年に施行された「原子力基本法」にあるからだ。原発問題は新しくて古いまさに「昭和の問題」なのである。

昭和三十年以来、日本は原発から生まれるプルトニウムという「悪魔の贈り物」に覆われるようになった。日本が原爆という核の被害者から加害者に転じたことを、世界は厳しく見つめている。プルトニウムの処理管理方法はこの半世紀経った今でも確立されていない。原発に対して安全・安心はあり得ないのである。

日本の原子力発電は、試験炉ではあるが日本原子力研究所（当時）が一九六三年十月二十六日に茨城県東海村で十二・五㎿の動力試験炉（ＪＰＤＲ）を用いて二千kWの発電に成功したのが最初である。なお、この日は、日本が国際原子力機関（ＩＡＥＡ）への加盟が認められた日でもあり、「原子力の日」とされている。

実用発電炉としては、日本原子力発電という会社がイギリスのコールダー・ホール改良型原子炉を導入し、東海村において十六・六万kWの運転を開始したのが最初である。

その後、一九七〇年十一月に関西電力がアメリカのウエスチングハウス社技術により軽水炉の一種であるPWRを美浜発電所（美浜一号）に、翌年（一九七一年）三月には東京電力が軽水炉の一種であるBWRを福島第一原子力発電所（一号）に完成し、運転を開始している。それ以降、日本の実用炉は全て軽水炉が採用されている。

中国電力は、瀬戸内海国立公園に浮かぶ山口県上関町長島の田ノ浦にある美しい入り江の埋め立てを、山口県の許可を受けたとして強行しようとしている。田ノ浦から四キロの距離にある祝島は、万葉の時代からの歴史がある海に生きる人たちの島だ。

原発建設によって美しい瀬戸内海の自然は破壊され、貴重な生き物の命が奪われ、周辺住民の生活は、都会の電力をまかなうために犠牲にされる。原発からは海水より七℃以上高い温度の大量の冷却水を排出し続け、ひとたび事故が起きれば周辺地域はもちろんのこと、最悪の場合にはほぼ日本全土と朝鮮半島から中国大陸まで放射能で汚染される。

原子力発電にともなって生じる処理方法のない放射性廃棄物が大量に蓄積され、それを青森県六ヶ所村の地下に半永久的に埋め込もうとしているが、現在、大変な費用がかかる最終処理の危険な作業段階で行き詰まっている。

オバマ米政権は、使用済み核燃料再処理施設と再処理で取り出したプルトニュウムを燃やす高速炉を米国内に建設しないことを決め、環境に優しく、新たな費用を生む太陽光発電などのクリーンエネルギー政策を推進している。

CO_2削減のために原子力発電が必要だと宣伝されているが、CO_2を出さないのは核分裂反応の段階だけで、原発建設はもちろんのこと、ウラン採掘、燃料製造・運搬、廃棄物の貯蔵と再処理など、あらゆる段階で大量のCO_2を排出している。さらにすべての段階で作業に従事する人は外部被曝と内部被曝にさらされ、とくに原発で働く人の被曝による健康被害は世界的に問題になっている。

ガン、特に白血病や骨髄のガン、生殖器のガンなどが多発している。放射能汚染物質による内部被曝の問題は、原発従業員や周辺住民だけでなく、広範囲におよぶ汚染物質の世界的な拡散によって、発ガンの原因となっているとの指摘もある。

チェルノブイリの事故やスリーマイル島の事故も、原因は機械的なトラブルではなく、作業員の操作ミスという人為的なものであった。すなわち、どんな機械でも必ず壊れるし、人は必ず操作を間違えるのだ。また、日本は地震の多発地帯で、現在、全国にある原発所在地や、原発建設予定地周辺にも活断層がある。

すでに上関町は安芸灘大地震の発生周期に入っており、また至近距離に米軍岩国基地があって、航空機事故の可能性や航空機などを使ったテロの危険性もあり、ミサイル攻撃の標的にもなる。ひとたび原発で重大事故が発生すれば、もはや人間の力では対処の方法がない。このようにきわめて大きいリスクをカバーする保険は存在しないため、政府は国内の原発事故は電力会社が上限千二百億円で免責される原子力損害賠償法というものを作ってまで原子力発電を推進しょうとしている。

原発でつくられる電気のコストは、フランスに依頼している使用済み核燃料の再処理や、六ヶ所村に押しつけた高レベル放射性廃棄物の処理などにかかる費用を含めると、風力、火力、水力発電よりもはるかに高価となる。

原発建設は、自然を破壊し、命と健康と周辺住民の生活という取り返しのつかない高価な代償を払ってまで強行すべきではない。

一方、太陽エネルギーは、すべての再生不能エネルギー資源の埋蔵量から計算される、総エネルギーの何十倍ものエネルギーを一年間でまかなってくれる。国民がクリーンエネルギーによる電気を選択できない日本では、まず節電が大切で、オール電化住宅などに騙されてはいけない。オール電化住宅は、一旦停電になれば何もできなくなり、電磁波による健康被害の危険もある。

原子力の問題は、わたしたちひとりひとりが毎日の生活の中で考えなければならないことであり、どんな社会でどんな生き方をするかということだ。社会が持続可能であるために、スウェーデンを中心に活動している世界的な環境団体ナチュラル・ステップは、

① 地下資源を掘り出さない
② 化学物質を環境に増やさない
③ 自然を物理的に壊さない
④ 人間の基本的ニーズを満たす

という四つの条件を提唱し実践している。これは傾聴に価する。

「脱原発」は戦後の大量生産、大量消費、大量廃棄に根ざしたアメリカ型資本主義の消費的にして、破壊的なライフスタイルからの脱却を意味し、原子力神話を支えてきた資本、国家、科学技術が結集した構造的暴力から、自ら開放する第一歩になると考える。日本に原発はいらない、造らせてはいけないのだ。

ヒロシマからフクシマへ

日本における食品の放射能汚染について、フランスの「ＣＲＩＩＲＡＤ（放射能独立研究情報委員会）」から三月二十日に報告書が出ている。

それによると「福島第一原発の近隣市町村産の食品の一部に放射能の痕跡が検出された。しかし、ただちに健康に危険のないレベルとみられる」という報道に対して、この情報は間違っているとしている。

非常に高い汚染レベルがホウレンソウから検出された。そのヨウ素131が六千百Bq／kg～一万五千二十Bq／kg（平均一万四百五十Bq／kg）というものだ。

五歳の子供の場合、ヨウ素131を一万Bq摂取しただけで年間許容量の一mSvに達してしまう。

以上の報告を見ても汚染された食品（葉もの野菜、牛乳、生チーズなどの危険食品）は、「危険がない」と言えるものではなく、消費しないよう回収すべきである。もちろん、被曝線量は高いものではなく、いますぐ危険というものではなく、福島原発の対策にあたっている作業員たちの被曝レベルに比べれば低い。しかし、だからといって防護対策が必要ないことにはならない。汚染食品の摂取による汚染の上に、放射性のガスや原発からの放出物や地面に堆積した放射能による被曝も加わるからだ。

日本のエネルギー政策の転換により火力発電所を閉鎖してまで原発に依存（現在三〇％）したのは、一部の企業利権との癒着があるのではないかという疑念さえ生じる。

CO_2削減のために原子力発電が必要だと宣伝されているが、CO_2を出さないのは核分裂反応の段階だけで、原発建設はもちろんのこと、ウラン採掘、燃料製造・運搬、廃棄物の貯蔵と再処理など、あらゆる段階で大量のCO_2を排出している。さらにすべての段階で作業に従事する人は外部被曝と内部被曝にさらされ、とくに原発で働く人の被曝による健康被害は世界的に問題になっている。

ガン、特に白血病や骨髄のガン、生殖器のガンなどが多発している。放射能汚染物質による内部被曝の問題は、原発従業員や周辺住民だけでなく、広範囲におよぶ汚染物質の世界的な拡散によって、発ガンの原因となっているとの指摘もある。

わたしの平和宣言

「ヒロシマ」という片仮名書きは、単なる「広島」ではない。「広島」を抽象化し一般化し、世界化した表現方法である。一九四五年八月六日午前八時一五分に落とさされた一発の原爆は、「広島」を「ヒロシマ」に変えてしまった。原爆による被害の惨劇には多くを語る必要はない。しかし、いくら語っても足りない。その矛盾をカタカナの「ヒロシマ」は世界に訴えているのである。

しかも、それは、あり得ない出来事として、一種の「神話」となった。「神話」はあり得ない架空のものである。しかし、原爆投下による甚大な被害は紛れもなく事実である。それをあり得ない「神話」としてとらえ事実として認めたくない、その心理の裏側に残酷さが横たわっている。「ヒロシマ神話」は、日本を超え、人類が認めたくないほどの事実として、なお継続して今を問うているのである。

一九四五年八月六日午前八時十五分、このヒロシマに原爆が投下されたことを決して忘れてはならない。あの時失われた尊い命の犠牲の上に築かれた今の平和を、そしてそれに繋がる幸せを心しなければならない。

生きたくても生きることが出来なかった多くの命の重みを考えると、戦争は愚かな事というだけでなく、限りない憎しみがこみ上げてくる。あの状況が目に浮かぶと、核の想像を絶する恐怖を感じる。生かされているわたしたちは真実を語り継ぐ大きな責任と使命がある。

その語り継ぐ真実から生まれるのが「報復の連鎖を断ち切る」という真理だ。それが「ヒロシマのこころ」であり、それを継承するのが「ヒロシマの使命」と考える。

今ここに人間が人間らしく死ぬことが出来ず、犠牲になった多くのみ霊に哀悼の真を捧げたいと思う。戦後血を吐くような思いで涙と汗を流し、悲しみに耐え憎しみを乗り越え、傷つきながらも明日に向かって生きた人間のたくましさに感動を覚える。

原爆は無差別に多くの命を奪った。熱線、爆風、放射線によって瞬時に多くの人が亡くなっただけでなく、倒れた家屋の下敷きとなり、生きたまま炎に包まれる人もいた。懸命の看病にもかかわらず、家族の前で苦しみながら亡くなった人もいた。行方不明のままの人もいた。六十六年経った現在でも名前が分かっている八百十六人の引き取り手がない。また無傷にもかかわらず、原爆症で亡くなる人もいた。

数知れない悲惨な死を見届けたわたしたちの使命は、ただひたすら「生きる」ことだった。

その後数十年でヒロシマを国際平和文化都市に築き上げられた多くの先人達に心からの感謝と敬意を表します。わたしたちはその道程をしっかりとたどり、核廃絶と世界平和実現のために全力を尽くすことを誓います。

ヒロシマ　灯ろう流し

新制大学の教養課程

西岡　幹夫

一、新制山口大学文理学部

一九五四年（昭和二十九年）四月、山口大学文理学部に入学した。新制山口大学は長州毛利藩の藩校明倫館を源流として、一八八〇年（明治十三年）、県立山口中学校として設立され、幾多の変遷を経て、官立山口高等学校（旧制山口高校）となり、一九四九年（昭和二十四年）、新制大学となった。

文理学部には理学部への専門コース、理科甲（理甲）と医学部へ進学するコース、理科乙（理乙）があった。医学部に進学するには、ここで必要な単位を取り、二年後に、医学部への入学試験がおこなわれる。この制度は全国的に、昭和二十九年度の入学生が最後で、翌年からは六年間の一貫教育となる。したがって、われわれはこの学制の最後の学生であり、今思うと、小学校、国民学校、新制中学校などと、学制改正に翻弄された（一、二）。

われわれの理乙は約四十名で、二名の女性がいた。現役組を示すいがぐり頭の学生は少なく、また、相当な年配にみえる学生もいて驚く。男性は通常、指定の詰め襟の学生服を着て、規定の帽子をかぶって通学する。学生服の襟には学部を表す徽章をつけ、理乙は医学を示すmedicine のMマークで、経済学部は economy のEをつけ、工学部は technology のTだったと思う。

二、鴻南寮に入る

大学は叔父の家からごく近く、そこに寄宿するものと考えていたが、父は鴻南寮をすすめる。鴻南寮は田園地帯の糸米にあり、旧制山口高校の学寮で、防長の多くの俊英が寄宿したことで知られている。

四月になり、入寮の許可が出て、行李と蒲団袋に日用品を詰め込んで、日通便で送り出す。その後は、自分で荷造りをし、それを山陽本線の島田駅まで三十分ばかりかけて自転車で運び、また、後日、山口駅においてその荷物を受け取り、鴻南寮まで三十分の道程を自転車で運ぶ。これは大変な労働であるが、当時は誰でもやっていた当たり前の事だった。

寮は一階の南寮十五号の三人部屋であった。岩国高校を卒業した藤中君と久津摩君と柳井高校のわたしが入り、彼らは理甲であったが、われわれの高校は近くであり、直ぐ仲良くなる。三人は持参しためいめいの小さな座り机を部屋の壁側に等間隔に並べ、それに向かって勉強する。時には、講義のノートを見せあい、わからない事を相談し、お互いに重宝したものだ。文理学部への通学は、寮から歩いて十五分で、一緒に出かける。当座は、寝る時も、起きる時も、一緒だったような気がする。夏は風が吹き込み、凌ぎ良いが、冬は寒くて、二、三日は朝まで眠れない夜もあった。寒さなどは若いわれわれには問題にならなかった。しかし、誰かが皓々と照る月を眺め、故郷のことなど語ると、皆、しいんとなり、ホームシックに見舞われたのもこの頃だ。体は大きくとも、十八歳、初心なあの頃が懐かしい。

われわれは初めての寮生活からいろいろな体験を通じて、学び、考えて、どんどん成長してゆくことになる。

三 驚いた寮での出来事

寮生活にもやや慣れた頃だったが、吃驚仰天したのは深夜のストームであった。廊下で何やら手に持って、大声をあげて走り回る人々がいる。深夜だが、目がさめるのは当然で、困惑のきわみである。集団でドンチャン騒ぎをする学生寮での伝統的な行事で、ファイヤーストームとも言っていたので、手に松明などの火をもっていたのかもしれない。新入寮生に気合を入れる行事の一つとも思えた。寮には旧制中学や旧制高校以来の蛮カラな校風が色濃く残り、蛮カラを極めた先輩寮生がいた。中には、何年も居候する年長者もいるらしい。

その頃、陰金田虫には驚き、心配した。六月頃のある日、股のほうが痒い。その辺りを調べてみると、にきびに似て、これが集って円形状（形から銭虫ともいう）に繋がっている。その内、広がったような気がして、同室の友達等にそれとなく皮膚の痒みについて聞くのだが、要領を得ない。仕方なく、寮の事務室で相談すると、先輩の一人が愉快そうに、君も罹ったかと笑う。これは陰金田虫で寮生の多くが冒されるという。寮の風呂場の脱衣所などから感染するらしい。

暫らくすると、風邪薬の様な瓶に入った水薬を持ってきて、これを塗れと言う。先輩を信じて、その水薬を手ぬぐいの先につけて、酸っぱい匂いがするなと思いながら、股の患部に塗る。すると、飛び上がるほど痛い。彼は笑っており、治るから心配するなと言う。その痛みのためか、皮膚が鈍感になったのか、また、薬効があったのか、翌日は少し良いような気がする。その後、何度か水薬を塗る。

今思うと、これはやはり田虫（白癬）で、また、酸っぱい臭いのする液体は酢酸だったに違いない。後年、医学部時代に思い出して、日本薬局方を調べてみると、酢酸による白癬菌の治療法が記載してあり、足指の田虫に日常よく使われていた。現在のような抗真菌剤はなく、民間療法の一つといえよう。一〇％—二〇％の高濃度の酢酸を用いて治療するので、患部を刺激し、痛いのは当然であろう。なお、一般の食用酢は四％程度の酢酸を含んでいる。

四．千人風呂と寮歌とバス旅行

寮から十五分位歩くと、湯田温泉がある。その一つの千人風呂には大きな浴槽があり、繁盛していた。その当時は、山口と湯田を結ぶこの幹線道路は乗合バスが走る程度で閑散とし、われわれ寮生は下駄履きで、時には高下駄を履いて、浴衣姿で手ぬぐいを肩にかけて、温泉に通う。その帰り道では、湯上がりで気分も高揚し、鴻南寮の寮歌（大正十三年作曲、作詞）、〝鴻南に寄する歌〟を誰かが大声で歌うと、皆も此れに従う。ゆったりしたメロデーで、今でも最初の一、二番は覚えているから、よく歌ったのであろう。歌詞にも、未来を信じ、若き思いを高揚さす何かがある。また、山口の桜の名所、後河原でもしばしば皆で逍遥するが、やはり、口をついて出るのはこの鴻南寮の歌だった。

柳桜をこきまぜて
春も錦となりくれば
後ろ河原の枝並も
若き思いを寄するかな

夏は来たれ夏くれば
オレンジかおる南国の
光は白く野は青く
海潮の波は遠くして

毎年、寮生旅行と称する企画があり、われわれの時は、萩に維新の源を訪ねる日帰りのバス旅行であった。松下村塾は印象的だったし、吉田松陰を始め高杉晋作、伊藤博文ら数々の維新の指導者がなぜこんな田舎に育ったのだろうかと思案したものだが、未だにその答は出ない。

寮生のバス旅行

制服を着て、白い手袋をしたバスガイドが珍しく、バスを背景として一諸に写真を撮る。われわれも真面目に制帽を被り、制服を着ているのが、不思議と言えば、不思議である。

五．親友との交わり

寮生活にも慣れると、寮生は自由な時間を楽しむ。ある日曜日の朝、寮の敷地内で手ぬぐいの鉢巻をきりりと締めてテニスの素振りをしている同級生がいた。横田君で、次の日曜日もほぼ同じ場所で、真剣に素振りをしている。声をかけると、「エネルギーの発散だ」と言う。わたしも体力を持て余しているので、何度か、彼のラケットを借りて、彼のいうエネルギーの発散をした。しかし、素振りだけでは、わたしは長続きがしない。そこで、寮の軟式テニスコートで、試合とまではいかないが、ふたりで打ち合いをした。これはわたしのほうが様になっていた。

すると、囲碁をやろうと言い出す。次の日曜日に、碁盤と碁石を借りて、囲碁を始める。三回続けて負けると、負けた方が、一日余分に碁石を置き、優位の状態から始める。四、五目置いてもわたしが負けたから、二人には五級以上の差があったに違いない。以後､彼を尊敬して、横田さんと呼ぶことにした。わたしは大学院時代に囲碁を正式に習ったが、その際、五級から始めたので、彼はおそらく初段クラスであったに違いない。明るく、さっぱりした性格の彼とは仲良くなる。彼は一浪しており、常識もあり、何事もわたしの兄貴分だった。

爽やかな秋の日曜日、横田君と本家君と三人で、山口線に乗り、長門市の阿武川の峡谷、紅葉で綺麗な景勝地の長門峡に出かけた｡その時の楽しそうな写真のなかに、酒を酌み交わしているスナップがあり、やや驚くが、日本酒の持参は横田君のアイデアであろう。その頃は、わたしはまだ、酒の味は知らなかった。河原をぶらぶらしていると、二人組の女性と出会う。誰が声をかけたか忘れたが､彼女らも学生らしい。女子大生は澄ましており、話し難いと、日頃、わたしは考えていたが、ここでは話も弾み、楽しかった。横田君は彼女らの住所を聞いていたが、その後、手紙でも書いたのであろうか。

横田君は希望していた熊本大学医学部、専門課程に進学した。その一年後、わたしは彼を訪ねて熊本大学に出かけた。驚くほど立派な大学で、また、夏目漱石もいた熊本第五高等学校の校舎や熊本城にも案内され、良い環境で勉強している彼が素晴らしく思えた。大学ではロシア医学同好会に所属し､そちらの勉強もしているらしい。彼は熊本大学の関連病院を経て、故郷の山口県船木で開業していたが､最近は近隣の病院に勤務していると聞く。

本家君は広島県の郡部から来ており、思慮深い性格で何か惹かれた。彼の部屋を訪ね、微分積分学の問題を競争で解くなど、勉強も共にする。しかし、彼とは仲たがいしたわけでもないのに、何時の間にか気まずくなる。その際、彼はわたしのことを気遣い、別の友達にわたしのことを問い合わせたりするなど、優しい男であった。友達付き合いの難しさを、身を持って感じた出来事であった。理乙が終了すると、彼は希望していた東京医科歯科大学、専門課程に進学した。一年ぐらいして、彼は病気で休学したというが、その後、連絡が絶えている。

山口大学には当時、柳井高校から二十名前後の学生が入学しており、彼等と偶然に出会うと、話が弾み、時には、山口の町を隅々まで闊歩した。彼等の多くはいろいろなサークルに属し、楽しんでいるが、わたしは医学部への入試があり、彼等の話についていけない。また、彼等の寮、教育学部の時雍寮や経済学部の鳳陽寮にもしばしば出かける。それぞれの寮に別の趣があり、面白かった。時雍寮はもともと山口師範学校の寮で、わたしの大叔父も、父もここで寄宿していた。経済学部で学んでいた竹馬の友、黒川君も父親がやはり時雍寮で過ごしたと話していた。

思えば、多くの友達とこの地で出会い、そして別れた。鴻南寮の同室であった藤中、久津摩君や向かいの部屋にいた工学部の佐賀の和田君、島根の三代君、山口の中道君とは一年間、兄弟付き合いをした。しかし、その後のことはあまり知らない。工学部は山口県立医科大学と同じく宇部市にあるので、わたしは彼らと同じ街で過ごしたが、一度も出会ったことはない。若い頃の新しい付き合いは、いかに濃厚でも、別れると儚いのかも知れない。また、次々と新しい友が出来て、過去を振り返る余裕もないのだろうか。

ただ、藤中君とは徳山市の近くの街で、ほぼ十年ぶりに偶然出会った。それは山口県国民体育大会（一九六三年）の開催記念行事として、国体旗リレーがあり、わたしは救護班の医師として周南地区を担当していた。地元の高校生を引率して、この国体旗リレーに参加しているのが藤中君だった。お互いに直ぐ気がついた。

六．教養課程の充実した講義

文理学部における一般教養の講義は人文科学（哲学、倫理学、宗教学、日本史学、東洋史学、西洋史学、人文地理学、国文学概論、米英文学、ドイツ文学、中国文学、国語、漢文、英語、独語、華語、など）、社会科学（法学、政治学、経済学、社会学、心理学、教育学など）、ならびに、自然科学（数学、図学、物理学、化学、地学、生物学など）に分かれており、全科目を履修する必要はないが、必要な単位は二年間でとらねばならない。

わたしは可能な限り、多くの課目を毎日受講することにする。多くの理乙の学生も多くを選択し、わたしは一年次は、一週間に十五コマ以上を受講し、その中でドイツ語が四コマで最も多く、次いで英語二コマ、その他、経済学、法学、宗教学、心理学、宗教学、日本史学、物理学、数学、化学、生物学などを次々履修した。

その後、新設の単科医科大学に一九八二年（昭和五十七年）奉職して思うことは、ほぼ三十年前の山口大学における教養課程の講義は質量共に充実していたことだった。旧制高等学校時代に言われた「教養を身につけ、人格を高める」という風潮には賛成で、最近、大学の教養課程の期間において、専門教科を早くから導入していることなどは、些か気になる。

七．印象に残る経済学ならびに宗教学

経済学を選択した理由は忘れたが、ドイツ語、英語をまじえて、詳しくノートを取っているのには驚く。先生は自分の意見を随所に述べられ、わたしは経済学の歴史的展開などにも興味を持つ。

先生は、アダム スミスの言う自由競争の原理について、「国民が self interest を行なえば、見えざる手 (invisible hand) によって導かれ、良い結果となる」、と説明される。マルクスの唯物史観 (historische materialism) の説明は力をこめて講義され、そして、マルクスと共に科学的社会主義を提唱したエンゲルスは、マルクスの葬送の辞において、「ダーウィンは有機的自然の法則（進化論）を発見したと同じように、マルクスは人間歴史の発展法則を発見した。」と述べられる。

講義は一年間続けられた。経済学は卑近な学問だなどと言う同級生がいたが、わたしはこの意見には反対した。産業の発展のみならず、政治、政策、社会全体、さらには、世界平和にも経済をぬきにしては考えられない、経済の歴史は大きな社会実験だとも話したものだ。

また、これらの講義を通して、ヘーゲル、マルサス、ケインズ、マルクス、エンゲルスらの思想を曲りなりにも、触れられた事は良かったと思う。加えて、歴史を知り、偉大な先人の思想を知り、それらを通して、われわれは判断力を養うことが肝要だと考えた。このような判断力をもったリーダーこそ何時の時代にも。何れの分野にも、貴重であろう。

宗教学を選択した理由も、思い出せない。当時、われわれの田舎でも、創価学会や生長の家など、いわゆる新興宗教の布教が話題にのぼり、また、近所に天理教の屋敷が建ち、信者が太鼓を叩いてお祈りをするのを見聞きした。さらに、近くの熊毛郡田布施町に、踊る神様（北村サヨ教祖、天照皇大神宮教）が誕生し、ハワイなどにも布教に出かけるらしい。新しい宗教は大戦のもたらす業かとも、わたしは考えた。

講義には、William James の「The varieties of the religion experience（宗教的経験の諸相）」が種本として使われていた。賀茂教授はなかなか難しい言い回しをされ、理解できないことも多く、また、わたしの疑問にも答は得られなかった。しかし、この講義が宗教的な刺激と啓

発をわたしに与えたか否かは別として、何かひきつけられ、聴講した。試験問題は〝自己の宗教観〟だったと思う。

八．心理学、哲学、三太郎の日記

心理学は理乙コースのかなりの人が選択していた。心理学のテキストは日本教育大学協会の出版（昭和二十九年）で、教職通信教育用だった。性格の類型論については、クレチマーの説く分裂性気質ならびに躁うつ性気質とその体格との関連性、ユングの内向型と外向型、フロイトの肛門愛期型、口愛期型、生殖器愛期型など面白かったが、十分な理解は得られなかった。物の知覚に関しても、有名なルビンの盃の絵が示され、刺激条件は同じでも、上にたつ図（figure）と背景をなす地（ground）とは交代して見られると説明されるが、その成立条件などはっきりしなかった。

それに、心理学は一年やそこらでマスターできる学問ではない、また、心理学はわたしには向かないとも考えた。

哲学も受講した。しかし、先生の講義は難しく、また、歴史の話ばかりである。必読の書と言われたデカルトの「方法序説」は読み始めたが、途中で投げ出した。

われわれの向の部屋にいる三代君は、冬休みは自宅に帰省せずに、阿部次郎の「三太郎の日記」を読破すると意気込んでいた。彼の言動に興味を持ち、わたしも少しばかり読んでみた。最初の「断片」に出てくる描写や青田三太郎の内省的思考に驚いたものだ。「方法序説」や「三太郎の日記」などを味わうには、広い知識と経験が必要だったに違いない。

九．微分積分学と生物学

理数系は好きな課目であり、大学でも数学は最も時間を割いて勉強した。その演習用の何冊ものノートや、参考書、新訂、初等微分積分学（渡邉孫一郎著、裳華房発行、昭和五年、第一版、昭和二十七年、新訂第四十六刊）などには、鉛筆であちこちに小さな字で、最後の頁まで書き込みがしてある。後日、わたしの友達はその参考書をみて、最後まで問題を解いた人はまず居ないだろうと、感心する。わたしには微積分をマスターし、医学部入学試験において高得点を稼ごうと言う魂胆があった。この時代に使った参考書やノートなどを写真に示そう。

同級生の白木君の父親は数学科の助教授で、われわれもその講義を受けた。「西岡君は数学科に向いている」と親父が言うと、白木君から聞き、勉強に力が入った。

何度か、彼の自宅にもたずねる。白木先生は後に教授、教育学部部長も勤められたと聞く。

物理学も微分積分に次いで力を入れて勉強した。しかし、ノートも教科書も残っていない。この頃はお互いにノートを交換して勉強したので、返して貰っていないのであろう。約二十年前の話だが、理乙の同窓会を山口市湯田で開いた時、私の物理のノートを借りたと言う友達が二、三人いた。

生物学は医学部入試に必須であり、長谷芳美教授から基礎植物学の講義を受講した。大学の講義には生物の機能面も示され、例えば、植物体における水の意義，春化処理、温度が増すと同化力が増す Blackman の限界要因説、植物のエネルギー獲得方法などは興味深かった。裳華房出版の植物学や動物学なども勉強した。実習もあり、イモリの心臓から採血し、スライドに塗抹して、ギムザ染色をする。先生はその操作と意味について話される。ギムザ染色のみならず、メイーグリュンワルト染色、メタクロマチン染色、メチレンブルー染色まで習う。そして各種血球成分を観察し、鑑別する。これは専門課程の実習と遜色ない。生物学では形態も大切であるが、その機能を動的に捉えると理解し易い。

化学は二年次に学び、有機化学通論（古川利夫ら共著、裳華房、昭和三十年、増補六判）を参考書として使う。化学は入試の選択課目としなかったので、あまり熱が入らず、有機化学の面白さはわからなかった。

十．ドイツ語と格闘、語学から西洋を知る

理乙ではドイツ語が必修で、また、医学部への入学試験には二ヶ国の外国語が出題される。当時、医学部の講義はドイツ医学が中心で、学生の多くはドイツ語を選択する。

倉石先生と新田先生のドイツ文法の授業は半年間のコースであり、講義のスピードは早く、ついてゆくのが大変だった。分厚い三冊の参考書、藤田五郎著の「熟語本位基礎独文解釈（昭和二十九年、九版）」、「熟語本位　新独文解釈（昭和三十年、二十版）」、「演習本位　新和文独訳（昭和二十九年、十一版）」（何れも弟三書房）とポケットサイズの「一目でわかる　独逸文法整理表」（青木一郎著　南山堂、昭和二十九年、九版）などが今なお、残っている。

ドイツ語読本も二冊ほど手もとにあるが、単語の書き込みが一頁に三十前後もあり、また、訳した文章も書き込まれている。

理乙時代の教科書とノート

「Die Geschichte von Nibelungenlied」（ニーベルンゲン物語、田中康一編、白水社、一九五三年）は大叙事詩で、宮廷における豪奢な暮らしぶり、豪華な饗宴、ジークフリートの暗殺、復讐に燃える妻クリエムヒルトとその壮絶な戦いなどが語られ、〝誉れと忠誠〟というゲルマン的騎士道徳に目を見張らせられたものだ。このような名著を教材として選択されたことは驚きであった。六年後に教育学部に進学した弟も、教養コースで同じニーベルンゲン物語を習ったと言い、内容等も未だに覚えているらしい。

他の一冊は、ルイーズ リンザーの「Geschichte einer braven Frau」（或る女の話、稲木勝彦、三修社、昭和二十八年）で、ヒューマニズムを貫く作品であった。

ドイツ語は六ヶ月もすると辞書を使わなくても、大意はわかり始める。二年時になると、古本屋で、テオドール シュトロムの「Immensee（湖畔）」、ヘルマン ヘッセの「Schön ist die Jugend（青春は美わし）」、などの対訳付を購入して読む。何時しか、その内容にひきこまれて、日本語訳の方に夢中になる。ヘッセの「Unterm Rad（車輪の下に）」やハンス カロッサの「Das Jahr des Schonen Tauschungen（美しき惑いの年）」、は対訳のみを読んだ気がする。猛勉強のお蔭で、ドイツに対する興味が増し、後年、ドイツのほとんどの都市を訪問した。

英語の授業ではオルダス ハックスリーの「Uncle Spencer」を読んだ。小柄なスペンサー叔父の性格描写に興味を持ち、また、歴史的、文化的遺産のスケールの大きさに驚いたものだ。作者ハックスリーの一族はヨーロッパの著名な科学者を多数輩出し、祖父のトーマス ヘンリー ハックスリーはダーウインの進化論を弁護したと言う。また、二年次の教科書は「The fallen idol（落ちた偶像）」で、作者は「The third man（第三の男）」のグレアム グリーンである。しかし、わたしには英語の小説は読みづらく、ドイツ語のほうがはるかに判りやすかった。

良い教材による外国語の授業は、単に外国語を修得するだけでなく、西洋の思考法や生活を理解させ、さらに、広い教養を身につけさせること言うまでもなかろう。

十一．医学部専門課程への受験

鴻南寮で一年間を楽しく過ごすと、理乙の同級生の多くは二年目には寮を出る。下宿して、専門課程への入学試験の準備を始める。わたしも叔父の家の近くに下宿した。初めての下宿生活、食事も外食でいろいろ苦労したが、結構楽しかった。下宿先は古い大きな商家で、暗い感じがするが、家の造りも、家具なども立派である。わたしのほかに、六、七人下宿しており、県庁などに勤める社会人もおり、時々、世間話なども聞けた。クラシック音楽のＬＰ盤のレコードがたくさん置いてあり、鑑賞したものだ。下宿屋のおばさんから、「遅くまで、よく勉強をするね、お腹がすくだろう」と、うどんなどの差し入れが時々あり、格別だった。

理乙の修了に必要な単位は、順調に行けば一年半で十分取れる。わたしはいろいろ考えた末、二年次の後期は下宿を引き払って、光の自宅に帰った。ところが、自宅での勉強に身が入らず、図書館もなく、勉強が進まない、友達もおらず、イライラしていた。この話を聞いた、岡山大、理学部講師をしている親戚から、こちらに来てみたらどうかと言う誘いを受ける。高校時代、数学や物理を短期間ながら、教えてもらい、気心も知れている。彼の研究する蛍光灯の実験も見たいので、岡山に行った。直ぐ帰るつもりが、岡山大学理学部に聴講生として通い、三ヶ月近く長居して、皆に心配をかけた。

この年の終わり頃、同級生の白木、山本君から誘いを受けて、山口県立医科大学を視察し、皆と一緒に勉強しようと、ここを受験することに決めた。

入学試験は宇部市の医大会場であり、古ぼけた建物で行われた。物理、数学は満点を取るつもりが、期待していたほど問題が解けない。英語も難しく、医学用語らしき単語もあり、これには閉口する。ただ、ドイツ語の読解問題はヘッセの「青春は美わし」の始めの方にある文章と雰囲気が似た問題で、上手く出来た。しかしながら、全体的に、試験の手応えはなく、また、合格の競争率が二十倍とも聞き、不安だった。

三月のはじめ、夕刻、合格の知らせが電報で届き、安心する。母親がすすめる氏神様へ早速お礼のお参りをした。

友達の合否を尋ねたが、七、八名とのことで驚く。山口県立医科大学は一期校であり、追加合格をあわせると、理乙の同級生は、結局、十八名ばかりが合格できた。われわれ理乙の先輩も数名は合格したが、その合格率は極めて低かったと聞く。

全国各地の教養課程における医学部志望者の中で、専門部へ合格できなかった学生は多かったと思う。医学部入学制度の改変で、翌年からは医学部専門課程への補欠入学か、または、三級下の高校生と一緒に医学部へ受験することになる。したがって、彼らの多くは三年間以上、遠回りをすることになるし、初期の目的を達成できなかった仲間も多かったに違いない。後先を考えない最悪の医学部制度改革だったと思う。

まとめ

医学部に合格するという目標に向かって、為り振りかまわずに学び、そして新しい、得がたい経験をしながら、これらを着実にものにした理乙、ならびに鴻南寮時代はまさしくわたしの青春の一頁といえる。充実した日々を過ごし、そして、己の成長を確認できたのは、教養コースにおける程度の高い教育によるところが多かったと思う。

参考文献

一、西岡幹夫　遠き記録、「昭和わたしの証言」（津森明、西岡幹夫編著）、美巧社、平成二十一年、二三四―二五四ページ

二、西岡幹夫　戦後の復興期の中学、高校で学ぶ、「昭和わたしの証言Ⅱ」（津森　明、西岡幹夫編著）、美巧社、平成二十二年、二〇〇―二二五ページ

在所の暮らし

藤井　洋一

田植え

神はどこから降りたんぞ
ヤレ　天竺天から降りたンぞ

むかし、この地方の田植え唄は、こういう神降ろしの歌から歌い始める。

春市から麦の秋までの日で、農家の嫁は、一日里へ帰ってゆっくりと休養をとる。里の親は親で、この日までに、他家へ嫁いだ娘のために、真新しいタウエゴ（田植え着物）を用意したのである。

農家の嫁は、毎年一度巡ってくる田植えの日に、里親の心のこもった着物や赤い腰巻とタスキをかけてハレ姿で出番を飾るのである。

早乙女を迎え入れる田んぼには、田ごとにその入り口があった。ウツゲの花を挿し、洗米とお神酒を供えた入口から、早乙女は必ず足を入れたのである。

旧五月の日射しは急に強くなる。新婚まもない早乙女の頭上にも容赦なく射しこんで、白いフクラハギの色も、一日か二日で日焼けして、その白さを消してしまう。

テマガエの義理ゆえに、体調がどうのこうのということは、口にもだせない。とにもかくにも、組んだ仲間の家の田植えが終わるまで植え続けるのである。

上の棚の大黒が　ヤレ　下の棚へと飛び降りて
書いたりや　書いたりや
いろはを書いたの見んさいな

不自然な前かがみの姿勢を取り続け、その上に、梅雨時特有の高温多湿、急変する天候のもとで、疲れは体力の限界に近づく。目の前が朦朧となりながらも、気を取り直し取り直し、苦痛を歌で紛らしながら、先輩の後に続いて植え進む。

極度の疲労で、いつしか若い恥じらいを忘れ、世馴れした村の女たちの声に誘われて、

殿ごの通い路には　板の橋かけよや
板の橋どんどめく　金の橋かけよや

お田植え田飯食うて　田主さんと寝てぃの
田主さんが年寄りなら　息子どんと寝てぃの

田植えも無事終われば、ソウトメワカレとなる。すし

やうどんを作り、酒を飲み、歌を歌うのである。現さぬき市の田面あたりでは、このソウトメワカレには、去年のシツケから後に嫁いできた新しい嫁が、まず最初に歌を歌うものとされていたそうである。

謂われ

来客があると、先ずお茶を出し、これにお菓子なり漬物なりをそえてすすめる風があるのは、五百年も前からの風習だそうである。わが国のように、清らかな水に恵まれた国であったからこそ、それができたのだと教えられてきた。

春魚に使ったサワラの尻尾を、戸口に張った家をあちこちで見かけた。地震の時に、この尾に火をともして明りにするとか、春祝いをすることができたことを、近所へみせびらかすものとか、いろいろとうがった起源説を聞くのである。

ひとに物を贈るとき、かならずノシというものをそえるのは、わが国の古くからの習わしである。ところが、贈るものが魚や鳥である場合や、別に簡単な動物質の食べ物が添えられている場合、また、葬式、法事のなまぐさいものを食べてはならない日の贈り物には、ノシというものをつけてはならないものとされていた。

アワビの肉を細く長くはいで、伸ばして乾かしたものが食料とされ、それが商品として売り歩かれていたときでも、田舎では、こうしたノシがすぐまにあわない家はごく普通であったから、その代用品として、鳥の羽を一枚とか、小さな贈り物には、先刻の戸口の魚の尾を細くさいてノシ代わりにそえたのだそうである。

日本人はごくありふれた食物をやりとりすることを喜び、それには、必ずある種のなまぐさけを添えることを忘れなかった。子供のころ、ちょっとした物を差し上げるときに、マッチのこを一本添えていたことを思いだす。

むかしは、ある決まった折り目の日に、決まった食物を作り、このめでたい食べ物を、平素頼りにしている人々と共に分かち合って食べ、目に見えぬ互いの身の繋がりを作ろうとした。それに、なまぐさけを添えるのは、この民族の遠い祖先が、海辺で栄え、いまよりももっと海に親しい生活をした名残かと思われるのである。

ご馳走さま

香川県では、酒宴やご馳走を振る舞うことをオキャクをするという。近所の子供を招いてオキャクをするとき、

招かれた子供たちは、

「オシンシャクなしにまいりました。」と口々に挨拶をしたものである。小さい子供が、何を斟酌しなければならないのだろうか。

最近ならば、「遠慮なく」というところだろう。それにしても、他人から食事に招かれて、遠謀深慮をする必要が、かつての歴史にあったのだろうか。

こうした子供が招かれる機会は、法事や祝い事などの後であった。おそらく、家の神の祭の供応に、同族でもない近所の子供が参加することをめぐって、こうした言葉を使うようになったのに違いない。

五十年ほど前には、近所同士で貰い風呂の習慣があって、老人が帰りがけに、「ご馳走になりました」というのを聞いたことがある。

ご馳走と言えば、秋祭などは、御馳走作りの最大の機会であった。現在のさぬき市多和の、護摩山さんの祭の朝に、助光地区周辺の道路沿いは、ずらっと魚屋の車が並び、黒山の買い物客でにぎわったものである。

「韋駄天走り」の韋駄天は、禅寺でまつられる像である。禅とともに発展した茶道で、茶寄合を催すにあたって、招待した客を喜ばせようと、西に東に奔走して、道具を寄せ、懐石料理の品々を調えて席を設けるところに、茶人の精神があるといわれる。

昭和三十年代のことだが、ある農家を訪問した時のこと、「まだ普請中です」という主人の挨拶であったが、荒壁のままの玄関に清楚に野の花が活けられていたのを記憶している。自ら山で手折って帰ったものだろう。ほんとうに美しいものであった。それよりも、この上ないご馳走と感じたのは、御主人との用談中に、しばらく姿をかくしていた老婆が、

「お口にあいまいが」

と、パクッと口をあけたアキズラ（アケビ）の実をくださったのである。

話に興がいって、つい退散する機会を失っている間に、台所の方より何ともいえない匂いがして、やがて、ふかしだての栗ご飯を頂戴した。

煮売りなどというものは、昔は未亡人のみに許された生計の道であり、それを買って食膳に供する家などは、村でも数えるほどの家であり、周囲の顰蹙をかったものであった。最近では、どこのお惣菜売り場も賑わうようになり、さっと熱湯を注げば、いい香りの味噌汁がいただけるようになった。

「おいしいね、お母ちゃん」と、いう子供が、終わりに、ちゃんと、「ご馳走さま」と言えるだろうか。

つっぉだんご

稲の脱穀が終わったころの朝食に、つっぉ団子の入ったみそ汁が出た。

今日のように、カントリー　エレベーターに、すべての農家の収穫が送り込まれるようになると、このツツボを田の神への崇敬の証しとして大切にする心は、見る影もなくなっているように思う。

竹のコキバシで脱穀した時代は、それはそれは長い期間であったであろう。だから、村の寡婦にとっては、格好の口すぎのすべになっていたものが、元禄のころに、千歯こぎが発明されて、一人で一時間に三斗から六斗の籾つくりが可能になると、農家ではあらそってこれを採用したのだそうである。

千歯コギに「後家倒し」とか「後家泣かせ」の名があるのは、この高能率性にあるのだと言える。余談ながら、こうして仕事を失った寡婦たちは、持ち前の腕をふるって店を出し、小商いで自立の道を建てたものであった。

こうして、「煮売り」という出来合いの食物が得られるようになると、今まで、家人が真心こめて調製し、神霊と一家全員が食事を共にする行事や、節日の供物である節供もおおきく意義を変えていったのである。

元来、もち・だんご・強飯・何々という、暦のなかの大切な日をきめて、神々と共に特定の食物を食べることは、一年を通じて四、五十回もあったと言うが、前に書いたような事情で、節日の共同飲食の快楽と厳粛味を半減させてしまい、昭和三十年頃には、祭の日にその名残をとどめるにすぎないようになった。

話をツツボのことにもどすと、脱穀の時に、穂先から折れて脱穀できなかった穂は、ひとところに集められて、ヨコヅチなどで軽く打ってモミを落とし、さらに、箕を使ってさびた。トウミという新式の選別機が使われるようになって、その作業がずいぶん早くなったが、いずれにせよ、これが終わるまでの過程で、ムシロからこぼれて地面に散らばったモミがたくさんあった。これが、ツッツォ（ツツボ）なのである。

若い嫁などとは、これを箒で掃き集めて、鳥の餌に利用するのに、さして抵抗を感じなかったが、老女のある家では、こんなことをすると、今にも神罰があたるといって、それはそれは大騒ぎをしたものであった。

土に混じったモミをひとつひとつ選り出すことも、神への忠誠心がさせるもので、常にもったいないとか、ありがたいという念で終始したものである。

仲間契約での田植えをするようになった早乙女も、かつては、タダ食わせてもらうだけで、秋の収穫期に約束の給米のほかに、落ち穂拾いが当然として認められたのである。これは、村内の寡婦が農作業に従事した遺風かと、当時の解釈があったように記憶する。

西洋の落ち穂拾いが寡婦の役得として認められるということを、ミレーの「落ち穂拾い」の絵をみながら、洋の東西を問わず、通じるものを感じるのである。

子守り

もう、あのような風景はみられなくなった。

稲の切り株より二、三寸ばかり伸びた稲の芽が、株切りで無惨に倒され、ひからびている田んぼの片隅に、屋根と三方を藁で囲んだ収納小屋が建ち、外では吹く風にシブが揺れている。間もなく寒さがやってこようと言う頃である。

近所の悪童どもは、ちょうどよいかたさのため、五寸釘を地面に打ちたてて、相手の釘をたおして遊んでいる。

男の子の遊びの輪から少し離れたところで、女の子も遊んでいる。こうした場面のすぐ近くで、膝をかがめたり、腰を横にゆすったりしながら、子守をする少女の姿を見かけたものである。

連日のように、学校から帰るのを待ちかねて、背中に子どもをくくりつけられる。容赦なくしかけられるものだから、少女の背中から腰にかけては、いつも赤くはれて、背中の子が動くたびに、ヒリヒリと痛むのを我慢しながら、友達の楽しそうに遊ぶのを眺めるのだった。

他人おそろし　闇夜はこわい
親と月夜は　いつもよい

まだ、十歳を越したばかりの少女であるが、親達の苦労を少しでも和らげることができると、自分に言い聞かせて、控えめにおさえた声で、歌う子守唄が、まだ、耳元に記憶して残っている人もあるかもしれない。

子守唄の歌詞が、だんだん変わっていったころである。

ぼりよ泣かすな　この子も泣くな
泣けば　名がたつ　ぼりがたつ

このようなものはまだ良い方で、背中の子供や、その母親の悪口を歌にしたものが、子守唄だったようである。

日のとっぷりと暮れるのを待って、背中の子どもを連れて行き、夕飯をよばれて、夜露のおりた道をとぼとぼと我が家へ帰る。世間の因果をかみしめながら帰ってみると、暗い明りの下で、父はわら仕事、母は衣類の手を休めて、

「お帰り」

ただ、このひとことで、日中のつらさを忘れて、寝床に入ったのである。

「親と月夜はいつも良い」ということばを、日本の子どもがわかったのは、いつ頃までであっただろうか。

思い出

けたたましく鳴くモズの声に目を覚まし、障子越しに朝日の射すのを見ると、昨日見つけたモズのイケニエがどうなっているか見たくて、庭へ飛び出してみた。遠くで発動機の音がして、今日も朝早くから籾すりが始まっている。空は透き通るように青く澄んでいる。

あの頃の子ども用自転車は、後輪の回転とペダルの動きが連動するような機構になっていた。とにかく、珍しいものだから、ちょっと借りて、かなり遠くまで走ったものである。当時は今日のように、自動車に出会うこともめったになかったのである。ペダルを踏み疲れて、道端で寝転んでいると、相当遠方へ帰る人だろう。にない棒で荷物をかついでいる。前荷はこんにゃく十丁ばかりを藁縄で括っている。着物の裾をからげて腰にはせて、手拭いが長く垂れていたのが脳裏にのこっている。

母に言われて、竹の豆腐籠をさげて買いに行った。釜から油揚げを長い箸で引き上げて、おばさんが、手を拭ってから、水の中の豆腐をすくってそのまま籠にいれてくれる。しぼり袋で円錐形に固めたオカラもいっしょに入れてもらって、形がくずれなかったのだから、豆腐もかたいものだった。

途中、川原で遊ぶ友達の仲間に入れてもらった。油揚げの中央にわらを通して、下げて帰る子が、橋の上から飛び降りてきて仲間に加わる。今日の川原は川の砂がひいていて、とうていできない芸当である。

若者は力くらべ、胆力くらべと、何につけても、他人より優れていることを自慢したものである。地域の行事で力石運びや草相撲があると、わらのスボキに入れたムスヒが賞品に出た。かなり遠方からも集まってきた催しであった。

発動機と籾摺り機の出現で、その作業も変わったが、五目飯を腹いっぱい食べられることが楽しみで、若い衆が夜籾すりに集まったものである。ムシロ二枚を組み合わせたコクビョウに一本の籾をするのが一晩の作業量とされたのである。籾や藁の始末がすんで、漬物の漬け込みが終わると、いよいよ正月準備にかかるのである。

四畳間の壁紙

この原稿を書くにつけて、初めて知ったことがある。四畳半は、粋に作った小部屋のことだが、四畳間は「怪」に値するものがあるらしい。わたしの四畳間は、そこで生まれたかどうかは知らないが、少年期の初めまで、ここを寝室にした部屋であった。

今もって脳裏に残っているのは、壁面補強のために貼ったのだろうが、古新聞の記事、別けても、時事漫画からの教えは強烈なものがあった。

ステッキを持った西洋人が描かれ、「チェンバレン、また、遅れる」の活字があった。

世界の先進諸国が、植民地経営で覇を競った時代、イギリス首相の失政を揶揄したものだろうが、幼い子供の頭では到底理解できるものではない。だが、国内だけでなく世界の動きが、互いに連動して、世の景気が生じていることが、なんとなく感じ取れたのである。まさか、意図したものとは考えていないが、昭和の初年からの新聞記事から、子供心に刻まれた「世界や世間」は、揺れに揺れて、大揺れに動いたという印象はぬぐい去ることのできぬものがある。そして、身代限りの競売などのことも、大人の会話の中から、感じ取ることができた。

「濡れ草鞋を脱ぐ」というのがある。住み慣れた土地で、永住できない事情が生じたときに、知らぬ他国へ移住することであるが、転居先の有力者に「わらじ親」を頼んで、生業その他、いろいろな便利供与をうけて、新天地で生活を再出発するのである。在所には、そうした世間話があるが、そうしたことは政治が解決するものという受け止めがあるものの、理想的な解決にはまだ長い時間が必要な時代であった。

盲目のおじいさん

川土手を下ったところに桑畑があって、その片隅に半坪ばかりの莚をたらした雪隠があった。その前を通って行くと、盲目のお爺さんの家にたどり着く。土間に据え付けた藁打ち石の上で、横槌を握る手にマメをつくりながら藁を打つ。草履の作り方を教えてくれたのは、この盲目のおじいさんだった。

また、「とんとむかし」の話をして、一つ目小僧の話で、葱の汁を手に塗ってだました天邪鬼を怒らせた話、大話に腹を抱えて笑わされたこともあった。このお爺さんの年齢や名前はまったく忘れてしまったが、

「ここから金毘羅さんまで……」「ここから白鳥さんまで……」などと、その距離を歩数でよく覚えており、盲目であることを意識させられたことは一度もなかった。

お爺さんの話によると、子供の頃、夜なべをする親が、明りとりにコエ松を細かく刻んでヒジバチに投げ込むのが、子供の役であったということである。また、力石を運んで、スボキに包んだ握り飯を褒美にもらい、腹いっぱい食べた話など、雨切り石に腰をおろして、見えぬ目を空に向けて、話し続けるお爺さんの姿が、今も眼の底に思い浮かんでくるのである。ムラの子どもたちは、ひとしきり話を聞いて、また、坂道を登り、川原へ行って石投げなどをして遊んだのであった。

十歳近い年齢の隔たりがある遊び仲間では、自然に年かさの者が、命令をするし、責任をとってくれたから、年かさのガキ大将のことばには、尊敬の念を払わずにおれなかった。

現さぬき市石田を流れる地蔵川は、大正元年の洪水のときに決壊してできた砂山を昭和になってもあちこちで見受けた。川原とこの砂山の間を往復して走り回り、汗をかいたら用水堀に飛び込んで泳ぎ、コオロギのはいまわる草はらに仰向けになって寝て、空の高さや、目を細めると見える丸い虹の輪を眺めたものであった。

やがて、子供が勤労から隔離され、遊びの仲間や場が大きく変わっていった。あぜ豆を入れ、水汲みをし、ランプのホヤを磨き、マッチを擦って火を焚き、雑巾をかけ、下駄を並べ……、子供の仕事は、そして、地域の連帯感等々、大きく変化するのである。

もみほし

稲の刈り跡に伸びた芽のことをヒキテと言うのだそうである。昭和十年代では、株に隠れているズイムシを殺すとか、後作の麦播きのためには不便だなどという理由で、学校から帰った子供まで動員して株切りをした。たとえ後作を予定してなくても、寒さに向かうために、こうして当然実ることのない青い芽を長くのばしておくことに、一種の罪悪感すら抱くことが普通であった。

それはそれとして、この刈り跡の田んぼの風景の変化は、奇妙にさえ思えるのである。

これは、もしかすると昭和十年代の、しかもこの地方の、ほんの一時期のものであったかも知れない。

たんぼの一隅に、シブを置き、その上に麦わらで編んだコモを敷き、そこへムシロをひろげて、小箕に軽くいっぱい分ずつトドリして、モミホシをしたものである。

朝、夜露が消えるのを待って莚を広げ、昼時になると、ひとつひとつの莚ごとに、籾を真ん中に打ちよせて、モミサガシで広げ直すのである。やがて、夕方になると、夜露に濡らさないように、この籾の入った莚を、四つに畳んで取り込むのである。

秋は天気が急変するものである。半世紀も前に聞いたことだが、現さぬき市の長尾あたりでは、白山さんに雲がかかったときは心配ないが、すこし南の嶽山に時雨がかかったら、大急ぎでこれを取り込まなければならなかった。この教えは今も経験することなのである。このように、その土地その土地で、天候の変わる目安があって、それを親から子へと語り継ぎ、それを守って農作業に精を出したのである。

藁で作ったモミホシのための小屋は、風除けにもなり、ちょっとした日だまりであったので、子供にとっては、格好の遊び場になっていた。今のように、親の仕事を知らない子というのが少なかった訳ではあるが、つい遊びに力が入りすぎて、せっかく干した籾を台無しにすることも時々あった。

連れて帰った遊び友達がしでかしたしくじりを顧みて、ああやっぱり町人の子はと、思う一面で、なんで百姓の子に生まれたんだろうとも思うのであった。それでも、食糧難のご時世だけに、うまい飯が食えることを嬉しく思うのであった。

　臼よ早よまえ　早うもうて寝んか
　　一石八斗は　宵のくち
　三石摺ったら　夜がふけた

こんな労働歌でもその意味するものを、今日ではすっかり忘れられてしまった。

肩の荷

正月の部屋の温もりを思い出していた。家族や近隣の人々の動きが通り過ぎて、二月も間近な頃となって、頬に涙していた老人の姿を思い出したのである。

お年玉の袋を胸にかかえてはしゃぎまわる子供たち、

それらの子供を連れて、久しぶりの我が家で、親爺と酒を酌み交わす息子たち。馴れぬ夫の家で、新調した着物を汚さないようにと、エプロン姿でかいがいしく働く若い嫁。その嫁の手元をながめて、思わず目を細める家の母親……。

元朝や　孫をまじえた　お看経

みんなが揃って、仏壇や神棚の前で、襟を正したお正月というものがあったのだ。

しかも、片田舎の集落でも、歳末から年始にかけての商店のにぎわいが思い出に残る。

これは、遠来の正月客のもてなしを裏書きするものであり、その華やいだ食卓も、かつての神仏や正月儀礼とは一味違った正月料理となっている。

毎年正月十一日は帳祝いとか帳とじ祝いといって、ぜんざいを作って祝い、家のシンになる者が、昨年末の帳尻やあたらしい年の計画について話をしたものである。

二月と八月の朔日は、昔から奉公人の出替わりといって、正月と盆に少しずらせて交替をした。こうして、他家へ奉公に出ていた者が持ち帰るお金で、家の帳尻をあわす暮らしをした家が普通の家であった。

分家をすることをシンヤをタテルといった。毎年の帳尻をしめて、少しずつ貯えがたまると、地所を買い、フトコロを良くしていく家が、村に何軒かあった。そうした家は、支出をひかえてシマツナ生活にあまんじた家である。他家へ養子に出して冷や飯を食わせるよりも、小さいながらシンヤにおさまることを良しとしたからである。そこで、家を新築し、田地の二、三割を分け、家財道具を調えてやって、分家をしたのである。

こうした、オモヤの恩義を家族に言い伝えるのも三代目までというのが普通であった。家族の居住・職業の選択・財産の運用などに、家長は万端にわたって重大な発言権を持ち、一家をとりしきる一こまに、正月礼というのがあったのである。

正月はまた見合いの季節である。都会に出ている若者も、正月は帰ってくる。親の責務として、子を結婚させるということが、昔は今より強く考えられたのである。

「子のシツケが終わって、肩の荷がおりた」という声が聞かれたのである。

免場の人情

「○○よー、もどせー、かえせー、」

サンガラを呼ぶ声である。行方知れずとか、神隠しにあった人の名を呼んで、夕暮れ時の里道を、人々が連れだって、鉦をたたきながら探して歩く。何度か思い出がある。

行方不明の原因は、いろいろだが、当人の事情の詮索は二の次にして、隣人としての義務感から、安否を気遣って、探して歩く。

最後に、姿を見かけたのは何時か、場所はどこか。隣人なるがゆえに、想像力を働かせて、心当たりの場を回って探して歩く。

捜索の時間が経過すると、探索する人の範囲を広げていく。当事者の家が属する組、幾組かが連合する部落、そして、村へと、範囲が広がっていくのである。

免場の「免」というのは、旧藩時代のご年貢を済ませた残りで、細々とした生活が免（ゆる）されたことから起こった語だと聞く。藩から賦課される租率が同じ土地を免場と呼ぶのである。藩政時代は土地の勝手作が許されず、職業選択の自由がなかったから、同じ免場と言えば、もちろん、耕作反別の多少はあったが、他面で、家族の人数の多少が関係して、必然的に、同じ程度の生活水準となり、同じような生活感情を抱き、家族や土地、家財に異常事態が起きると、お互いに助け合い、かばいあいをして、露命をつないだのである。昭和になってからも、伝承した在所の暮らしにこうした話がある。

長患いの家人が出た家があると、免場の人たちは、兎に角どちらか早い解決を願って、あちこちへ声をかけて金品を集め、近くのあらたかな寺で勢護摩（ぜいごま）を頼んで護摩札を受けて帰り、病人の枕もとに祀った。

「とにかく、ワケをつけてくれる」と信じたのである。

火事や風水害で被害があれば、一番に駆け付けてくるのも、みな免場の人であり、「遠い親戚より、近くの他人」と、地縁にすがって生活したのが免場の暮しであった。

昔の家の制度が崩れて、免場という村の組織も変質し、一旦緩急があったとして、銃後の耐乏生活が強いられた時代がすぎて、敗戦後の繁栄で、少しばかり生活にゆとりが生まれると、この免場というものが。うとましくさえ感じるようにもなるのである。

人の幸不幸はわからないものである。有縁無縁に関係するかもわからない。地域の広い狭いもどうなのだろうか。勧請市や大般若経の転読、頼母子講や、身代限りの競売に至るまで、いろいろなご発行に、免場の知恵者の力量が問われたのであった。

旧関東州で生まれて（日露戦争で百年間の日本の租借地）

宮武　正弘

第一章　小学校へ入るまで

わたしは昭和六年二月二十二日、今の中国東北地方、旧満州関東州城子童で生まれた。同年九月に満州事変が始まり、この地の治安は極めて悪い状態であったようである。母の話では匪賊と関東軍（日本軍の満州統括軍）の小競り合いが度々で、家の前の通りを匪賊の騎馬を追う日本の騎兵隊が銃をパンパン撃ち合って走り回っていたとのことであった。もちろんわたしには小さい時で何も記憶にない。兄も姉もこのような記憶はないようである。ただ、母が近所の人と立ち話をしている写真やわたしが家の前で三輪車のそばで立っている写真があったのを覚えている。写真のわたしは小さいが洒落た子供服を着ており、ズボンの前が少しふくれているので、おしめをつけているのが丸わかりである。それらを見るとイラクのような危険はなかったように思われる。

幼稚園は鞍山市の家から二十～三十分のところにあった。鞍山市には日本の八幡製鉄所のような大きな鞍山昭和製鋼所があった。通園途中の道路のポプラ並木はとても大きく雄大で、きれいだ。夏の終わりにポプラのやや紅葉した葉が落ちるとよく拾って、茎を運動靴の底に入れ蓄えて、友達とその茎を絡ませて引っ張り合い、こすりあわせて切れた方が負けというゲームをしたのを思い出す。また、変な思い出であるが、ある日教室にひとりの女の子が顔から足まで泥だらけになって入ってきた。みんなが「くさい、くさい」と大騒ぎになった。女の子についていたのは泥ではなくて大便であった。当時のトイレの大便所は深いコンクリート造りの槽の落とし便所で、可哀想にこの子は転落して、幸い便が少なかったから、這い上がってきて命を落とさずにすんだのである。中国の昔の落とし便所は大きなコンクリート製で、こどもが優にずり落ちる大きな便器口は危険で気持ちの悪いものだった。

家はレンガの一階四部屋の平屋建てで、周囲に有刺鉄線が張り巡らされていた。裏庭は百坪位の空地で、倉庫と小さい菜園があり、ホウレン草、トマト、人参など簡単な野菜が植えられていた。外は広い原っぱで、この野原ではコンクリートの井側が製造されており、子供たちはこの乾燥のために並べられている井側の中に入ってトンネルの中を通るようにしてよく遊んだ。ある時、兄がこの五十センチ四方のコンクリートの井側の下敷きになり大騒ぎになったが、幸い顎に傷をしただけでよかった。わたしもこの野原で、ごみ箱を漁りに来ていた背丈五十センチ位の目つきの悪い灰色の犬を友達の女の子が怖いと言うので、そばにあった握りこぶし大の石を拾って犬に投げつけたが、当たらず、グーグッと唸ってわたしに向かってきて、慌てて逃げるわたしの背中に飛びつき背中を思い切りかみついた。それからどのようになったのかよく覚えていない。母はわたしを客馬車に乗せて病院に連れて行った。この犬は狂犬病であった。狂犬病の予防注射をされ、その後も十八本も予防注射をする羽目になった。後で聞いたが、警察が来てその狂犬を探すのに大変だったらしい。そのためか今でも犬は好きになれないし、犬の方も馴れてくれない。犬にかまれた患者さんがよく診療に来られるが、かまれた人が悪いかのように言う飼い主がいる。しかし飼い主の責任は重大だとわたしは考えている。

怪我についてもうひとつ。母がわたしを連れて日本に帰郷するために、商店街に買い物に行った時のことである。わたしは商店街の道路を久しぶりでキョロキョロしながら母の後ろを歩いていると、突然意識がなくなった。気がつくと母に抱かれて顔中傷だらけで泣いている自分を発見した。自転車のハンドルで顔を跳ねられ、転倒し車輪でひかれたとのことであった。この怪我のためわたしは日本に行けずじまいになる。その後は戦時体制となり、帰る機会を失したのである。日本に帰ったのは物心がついてからで、戦後の引き揚げ時がはじめてであった。

第二章　小学校時代

小学校は鞍山大宮小学校に入学した。大きな赤いレンガ造りの三階建ての校舎で、担任は三十少し前の女教師であった。着物の袴の下から白いお腰の一部が見えて、色気ではなく汚らしい感じがしていた。よく金切り声を出し、怒り、叩く、いやな、いわゆるヒステリー先生であったのであろう。生徒たちの制服はやや薄いこげ茶色のサージで出来た良質のものだった。

その後、鞍山市南一条の電電会社の官舎に転居した。ここは新しい家で塀もコンクリート製で快適であった。ある日、宇多津町の叔父が父と同じ電電会社に就職して、わたしたちの家に同居することになった。兄弟は大きいお兄さんが出来て大はしゃぎ、保兄さんと呼んで慕った。会社から帰ってきた保叔父にしがみつき、じゃれつき、腕にぶら下がり、思い出したら楽しい日々であった。

二年生の時、父の転勤で奉天の北、汽車で約一時間の鉄嶺市に引っ越した。鞍山市に残る保お兄さんと別れるのは大変悲しかった。鉄嶺市は風光明媚な市の後背に竜尾山を配した人口二万〜三万の地方都市で、転校した鉄嶺在満国民小学校（生徒数五、六百人）はやや古風なレンガ造りであった。

電電会社の社宅は赤レンガの二戸建てで、近所は中国人の鉄嶺郵便局の局長さんや、親切なやさしい日本人の隣人の人々、お父さんが市役所課長の中国人でお母さんが日本人という同級生の李君など良い人たちであちこちのお宅にお邪魔したりして楽しかった。家の裏に倉庫があり、わたしはその軒下を利用して、鳩を十羽位飼っていた。奉天の郵便局長をしている親戚の佐藤さんが伝書鳩をたくさん飼っていて、そこへよく遊びに行っていたわたしが貰ってきたもので、鳩を五〜六羽一緒に飛ばすと鳩笛を鳴らし空を大きくぐるぐる回り、実に壮観なものであった。伝書鳩は日露戦争時代から戦地の連絡に使われていたようである。五百〜六百メートル離れた所にたくさん鳩を飼っている中国人がいて、その中国人の鳩の大群に巻き込まれてわたしの鳩がその中国人の鳩小屋に入ってしまうこともあり、イタチにほとんど殺されたのを機に鳩の飼育はやめた。学校の友達は級長をしていた陣内君と遊んだのを覚えているだけである。

四年生になり、また父の転勤で奉天市に引っ越した。そこで弟の功が生まれた。いろいろあったが、またまた転勤のため、撫順市へ転居した。ここは有名な撫順炭鉱のある所で、整然とした街並みの清楚な都市である。社宅の近くの公園にある傾斜が六十度位の五十〜六十メートルの丘で、よく近所の子供たちと冒険、兵隊ごっこ、山登りをして遊んだ。

第三章　中学時代

当時の中学生は何らかの形で、戦時の体制に協力するため、工場、グライダー訓練などに行っていた。勤労動員は撫順工業学校電気科にいたので、二年のはじめは満州通信機株式会社（奉天の鉄西区にあった）の真空管工場の真空管内空気排気部署で働く。この真空管は軍用のものと思われ、幹部は大部分が日本人で、しかし、現場の幹部にはしっかりした中国人もいた。

わたしたちは満州通信機の独身寮に寝泊まりして、勤労動員の会社に毎日通勤していた。昭和二十年二月の極寒の日曜日、アメリカ空軍による奉天大空襲があった。朝食後一息ついていた時のことで、空襲警報が出たので急いで近くの原っぱの防空壕へ隠れ、寒空に響くバラバラ、ドカンドカン、耳の奥まで響く音、皆は壕の中で耳を押さえて座り込んでいた。

その後、二～三日して街中にでてみると、奉天駅（現・瀋陽市）の北のガード下で夥しい死骸が転がっていた。よく見ると、手、足、首などがあちこちに散らばっている。コンクリートやレンガで出来た家の多い奉天市の空襲は焼夷弾ではなく、爆弾で木っ端微塵にするのが狙いだったと思われる。

二年生の三学期より父の転勤で学校の寄宿舎に入った。二年生は上級生の小間使いであり、よく殴られ、苛めの対象でもあった。

そうして三年生になり、寄宿舎で上学年から殴られる率は減ったが、水道の故障で風呂が沸かせなかった時、風呂の責任者であったわたしの大腿を鑿で突いてかなり出血させた安部という五年生など、やはり悪い先輩もおり、思い出せば涙が出る。

三年生になり、グライダー部に入ると勤労動員は免除になるというので、グライダー部に入り、毎日グライダーに乗る訓練に日々過ごした。撫順駅から奉天より約三十分位汽車に乗りコウコ屯（？）で下車、十五分歩いて満州国軍飛行場に通う。草の生えた滑走路一本を持つ飛行場で、日本人飛行士と満州軍中国人によって構成された中隊のようである。飛行士たちは九・七式戦闘機と単発軽爆撃機を操縦して、米軍機の攻撃に備えていたのであろう。彼らは二十二～二十五歳位の若者で、食料の乏しい時代であったが、酒、タバコ、肉、米、洋服地を部屋に貯め置き、それで結構楽しくやっているように見えた。

プライマリーグライダーは機体の先の鈎《かぎ》に鉄輪を掛けこれについているゴムで前方三十度左右に分かれて引っ張り走って、機体の後方に付いている固定ひもを放すと機体は二十メートル急上昇して二百メートル直線滑空するわけである。五年生の先輩がセコンダリーで赤トンボ複葉機に曳航されている時、グライダーが急上昇した折、主翼がとばされて墜落死したり、時々思わぬ事故が起きたが、学校や教官、先輩のいうことだけを信じて考え動いていた。わたしは計七十二回乗った。これは今でもいい経験であったと思う。これが今のような平和な時代の事だったらどんなに楽しいものであったであろう。

食料も乏しく腹は減るし体は痩せていたが、割合元気に病気もせずやっていた。

昭和二十年八月九日、ソビエト連邦が日本との不可侵条約を一方的に破り、ソ満国境を機動部隊で突破し、侵入して、当時の関東軍国境警備隊との死線の戦いが始まった。

その時、わたしは中学の寄宿舎で寝ていたが、午前二時ソ連軍による空襲が始まり、全生徒は直ちに撫順神社の山にある大きな横穴式防空壕に引率されて避難した。中に入るとその大きさ、広さに、そして、こんなに立派な壕がいつの間に作られていたのかと驚いた。

第四章　玉音放送を聞いて

昭和二十年八月十五日の訓練中、教官室に集まれとの命令で、皆は神妙に正座して棚の上の古ぼけたラジオを見つめていた。ラジオはピーピー、ガーガーと何を言ってるのか全く分からない。放送が終わって教官から「どうも日本が戦争に負けたようだ。今日は諸君は寄宿舎、自宅に直ちに帰るように。注意して少人数の組を作って帰るように」と言われて、急遽身支度して撫順まで汽車で帰るため飛行場の門に向った。門の中国人衛兵は既に日本の敗戦を知ってか、わたしたちに銃を向け、空に向かって発砲して脅かし始めた。従順な中国人も手のひらを返して敵対をはじめたのである。逃げるようにして最寄りの駅に向かった。駅に行っても列車はいつものようには来ない。仕方なく友人たちと撫順の寄宿舎に向かって歩いた。途中、中国人に脅かされながら、やっと寄宿舎に帰り着き、その晩はまんじりともせず翌朝を迎えた。学校は既に夏休みのため、舎に残っていたのは十～十五人程度だけである。十六日昼過ぎより舎生達は帰省の事を考え始めた。しかし、大混乱となった撫順市のどこへ行っても危険な物騒な状況で外出することも出来ず、体の大きい者が市内に行って様子を見てきて状況を知らせてくれた。こうして、日本人が殺されていた、銀行は人々でごった返していてお金を下ろすことも出来ない、警察官が殺された、日本人の女性は捕まったら何をされるやらわからない、身ぐるみ剥がされた、女の子が連れ去られた、お金は今まで使っていた旧満州国紙幣を使っていた、等々の情報をどうにか得た。さて、日本軍はどうしていたのか、まだ一応健在であったが、軍の内部も混沌としていたようで、日本人の安全、もしくは世話をする余裕などは全くない状態であった。学校も荒らされ、物が散乱し、ほんの十数時間前までいつもきれいに磨かれていた廊下も教室も惨憺たるものであった。

舎監もおらず、銀行も郵便局も閉じてお金を引き出すことも出来ず、みな途方に暮れていた。すると一人の生徒が「今、ここにいない生徒の服や物品を中国人に売りに行こう」と言いだし、考えて見れば、この帰省中の生徒たちとは半ば永久的に、二度と会うことは考えられなかったので、皆で寄りそって中国人街に出かけ、全部たたき売りして金を作り、分けた。

翌十七日朝、わたしたちは友達五人で一緒に約四キロの撫順城駅まで徒歩で出発、途中の中国人街の比較的大きい道を周囲に気を配り、注意して早足で通った。今までとうって変わって中国人たちは如何にも楽しそうで、掲揚禁止だった中華民国の青天白日の旗が家々の屋根高く悠々と風に吹かれはためいていた。やがて中国人、日本人でごったがえしている駅が見えた。駅舎といってもここは田舎の小さな木造駅舎である。中に入ると、切符を買う人々が並んでおり、わたしもやっと通化までの切符を買うことができた。改札口に行ったが駅員もおらず、プラットホームに出ると多くの中国人たちが右往左往している。しかし、待て来るべき列車は来ず、通過する列車が多い。そこへ有蓋貨物列車が連なって入って来て止まった。人々はドッと列車の中に乗り込もうとしたが、日本兵が乗っており、中に入れず貨物車の縁についている鉄梯子をよじ登り、貨物車の屋根に上がった（図1）。まもなく貨物列車は多くの人を屋根に乗せて走りだした。満州の否、中国の原野を越え、山を越え走る。速度は決して速くはない。屋根の上には鉄道

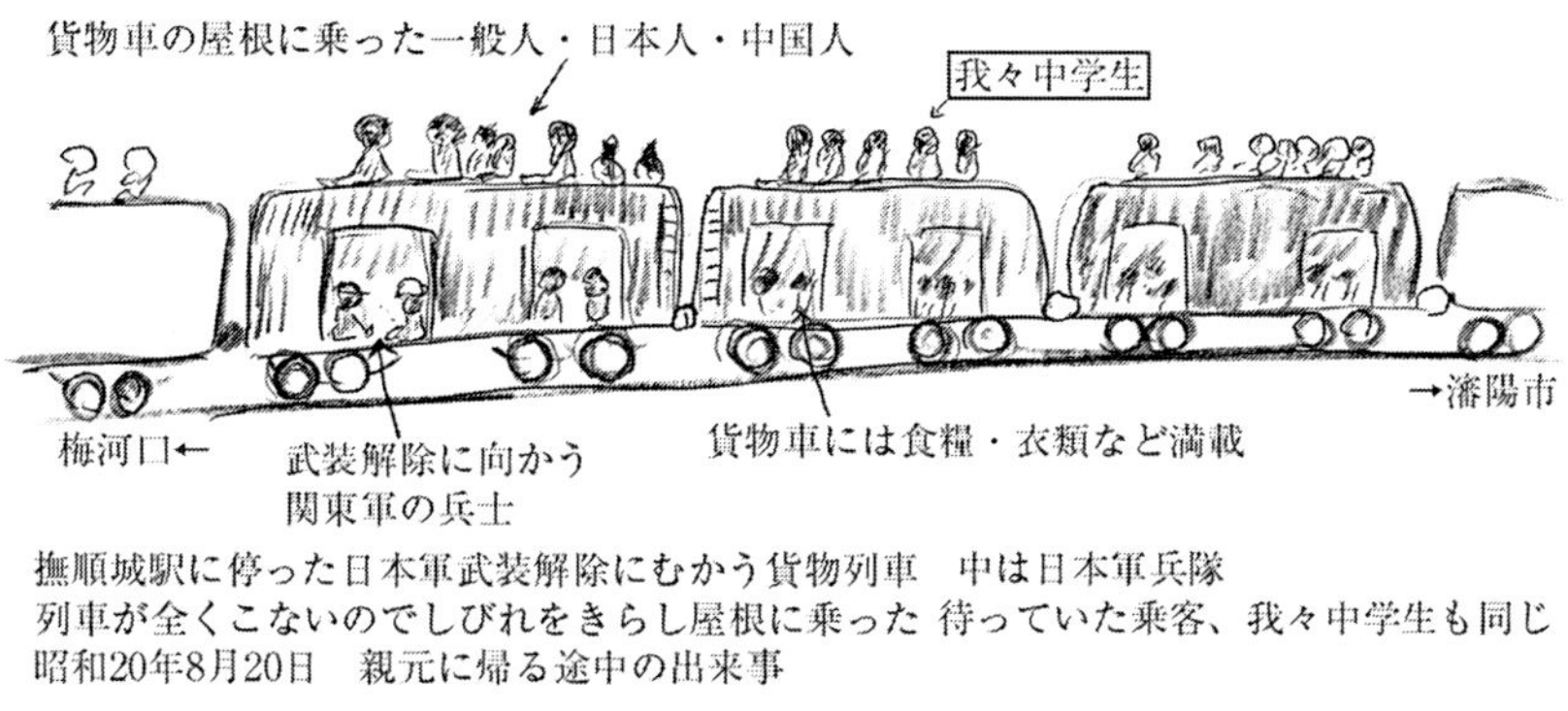

撫順城駅に停った日本軍武装解除にむかう貨物列車　中は日本軍兵隊
列車が全くこないのでしびれをきらし屋根に乗った 待っていた乗客、我々中学生も同じ
昭和20年8月20日　親元に帰る途中の出来事

図1　なんとかして列車にのる

員が歩く板の道が左右に少し湾曲してついている。カバン、風呂敷等を持った人々ともっと大きな荷物を持った中国人が屋根に乗っていた。トンネルだ。人々は頭を低く、荷物を押さえて転落しないようにしっかりと屋根板にしがみつく。列車は途中で止まったり、走ったりしながら時間とは関係なく走った。

列車が止まった時には、中の兵隊達が線路脇で大きな石やレンガを使って、にわか作りの竈を作り飯を急いで炊いていた。突然列車が動き出し、あわてて半炊きの飯釜を持って列車に飛び乗った。丁度列車が止まった時、線路脇の兵隊のひとりがわたしたちが撫順の学校の生徒と知り、いろいろ話しかけてきた。二年生の息子の消息を尋ね、夏休みで家に帰っていると言うと安心し、わたしたちを列車の中に入れてくれた。列車の中は床に二〜三枚の毛布を敷いただけで、回りには米やいりこの袋、砂糖の麻袋、コンペイトウ、靴、靴下等日常に必要なものが列車の半分くらいを占めていた。その真ん中ほどを少し広くして年配の准尉を筆頭に兵隊が五人位いた。他の貨車も同様のようであったと思われる。貨車は再び動き出し、兵隊たちは急いで釜や鍋を持って乗り込んできた。飯と茹でたソーメンが皆の前に出され、わたしたちも食べさせてもらった。おかずはいりこに醤油をかけたもので、大変美味しく、ありがたく、助かったと思った。沿線の中国人民家に中華民国の国旗が揚がっているのを見て准尉が急にいきり立ち、他の兵隊はなだめるのに困っていた。列車の行先は幸いわたしが行く通化市だった。このことはわたしにとってなんと幸運だったことかと今でも思い返す。線路は梅河口で通化方面と四平街とハルピン方面の三方向に分線しており、友達はみな四平街方面に乗り換えるため、降りて行った。彼らははたして無事に親元に帰ることができただろうかと今でも心配している。幸い通化まではこの列車に乗っていれば着くことは間違いなく、兵隊もいるし、武器もあるので、ひとりになっても安心であった。

通化までは順調に走り、通常十六時間のところを三日かかってやっと到着した。いつも降りる一つ手前の通化旧駅だったが、兵士たちは一斉に降りてどこかに行ってしまった。プラットホームも駅舎も日本軍だけでごった返している。電話を借りようと駅舎に入るが兵隊に追い出されてしまい、駅を出た。早朝であるが、駅の周囲は武装解除の兵隊たちが石鹸、軍靴、書類の山に火をつけ、火柱があちこちで立ち上り、銃、天皇からお借りした神聖な品の剣があちこちに山のように積み上げられており、混雑していた。父の会社の独身寮を思い出し、その寮に向かった。四十分位の道程を重い雑嚢を肩に乗せ、やっと寮に着き、父に連絡を取った。父は残務整理のため出勤しており、そこに母も銀行に行くために立ち寄っているとのことで、わたしは再び通化川（この川で七カ月後、多くの邦人が川の氷の穴に生きたまま投げ込まれ虐殺されるのである）を渡り、市内中央をめざした。市内は外見上は安定しているように見えるが、道路には人や馬車、トラックが往来し、埃っぽく騒然としていた。電電会社に着き、久しぶりに会った父母は共に元気でわたしを迎えてくれた。一時間半位して母と一緒に日本人街のある台地に向かった。両側に樹木が植えられた大阪の千里の坂を歩いているような感じの住宅地で会社の社宅が多く、レンガ造りのこじんまりした家で、姉（高等女学校四年）、弟（六歳）、妹（四歳）皆元気に迎えてくれた。

第五章　通化市での戦後の日本人の生活

それからの生活は暫くは単調な日々で、父の本を少しずつ出して読み始めた。漱石の「坊ちゃん」、講談の「快男児」は面白かった。また、美術にあまり興味がなかったわたしも本棚の美術全集を暇々に眺めることもあった。市内にはソビエト軍の進駐が始まり、続いて八路軍の進駐が始まった。日本軍の投降、逮捕、武装解除が本格的になり、ソビエト兵の目に余る行動に涙をのんで為す術もなく、見ているだけだった。我が家には一歳、四歳の子供を含む四家族八人が疎開しており、他人同士いろいろトラブルも多かったが、皆助け合い協力して困難に立ち向かっていた。これらの人々を母はよくリードして纏めていた。炊事、食事、入浴、部屋割、起床時間、洗面、トイレ使用、消灯睡眠、金銭問題等上げればきりがない。人々は持ち金を少しずつ使っていたようである。市街地に行くと、日本人の金を求めて、タバコとマッチ、油、醤油、梅酒、キュウリ、トマト、かぼちゃと叫びながら行商する中国人がたくさんいて、日常の物、食品は手に入れることができた。毎日全く仕事のない日本人はいつしか彼らのまねをして、日本人同士の商売をしだしたが（図2）、お互いがお金をぐるぐる回しているのと同じようなものだった。我が家は父のお陰で困ることもなかったが、共産党支配の世界では何時も働き、財産は持たずに生活しているのが理想で、身の安全のためにも仕事をしなくてはいけないということで、父とわたしは中共の関連企業の木材工芸社で大工として雇ってもらった。急ぎ大工道具一式を求め準備を整えた。しかしなにせ俄か大工で、レンガ建ての窓枠、扉、間仕切りを作る仕事は難しく、家に帰ると壊れた窓枠を分解しては構造、組み方などいろいろ研究し、翌日に備えるのであった。

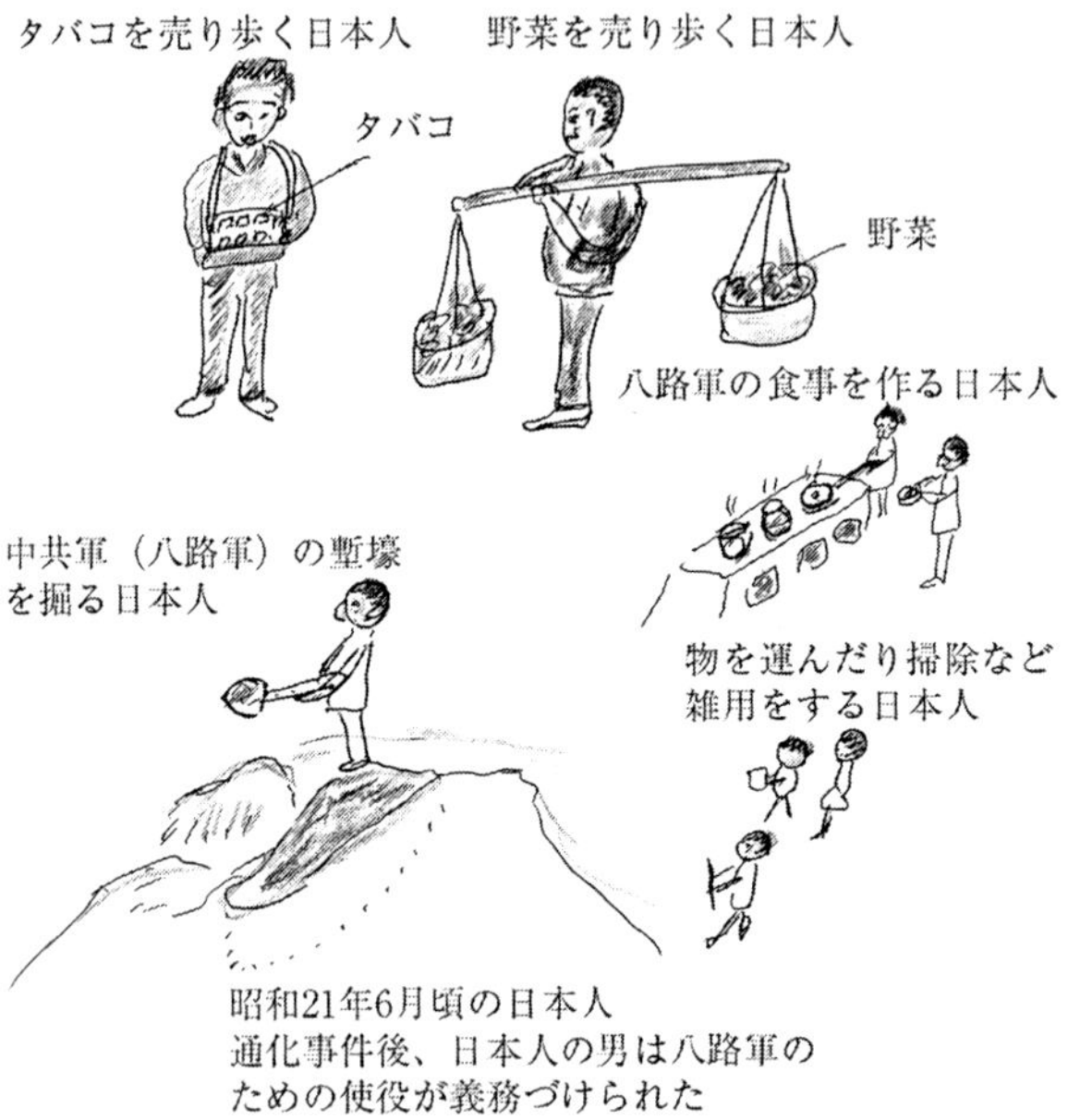

タバコを売り歩く日本人
野菜を売り歩く日本人

八路軍の食事を作る日本人
中共軍（八路軍）の塹壕
を掘る日本人
物を運んだり掃除など
雑用をする日本人
昭和21年6月頃の日本人
通化事件後、日本人の男は八路軍の
ための使役が義務づけられた

図２　日本人達の生活

ガラスを入れたらなんとかしっかりする程度のぐにゃぐにゃしている窓枠で、工芸社の中共委員がカンカンに怒っていた。しかし賃金を払ってくれたのは共産党の良いところかもしれない。三週間位して、一人の元陸軍工兵（指物大工）が入って来て、わたしたちの仕事を見てあきれかえって、いろいろ教えてくれ、本当に助かり感謝した。その棟梁は実にすばらしい腕を持っており、その仕事ぶりは神業のようで次々と見事な品を作った。わたしは今でもこのような素晴らしい物を作れる方はどんな仕事であっても尊敬されるべきと思う、またどんな仕事でもやれば将来必ず役に立つということが大工仕事をすることによりよくわかった。外科医にとってはなにか、いわんやである。程なく体よくクビになったので、父の会社のエリートサラリーマンだった近所の大石さんと一緒に野菜屋をすることになった。天秤棒に籠を前後にぶら下げて約五キロの田舎の中国人農家の畑まで野菜を仕入れに行った。巨大な野菜畑には綺麗に育ったきゅうり、かぼちゃ、なす、人参、トマト、ニラ、ねぎ、実に綺麗で、いずれも美味であった。野菜はよく売れて少しは利益も得られたし、野菜売りも始めは体裁悪いものであったが、慣れると結構おもしろかった。これも今から思えば良い経験である。

　このようにして、我々はなんでもよいから仕事をして生活した。

　終戦時に奉天市に勤務していた兄の消息は遥と知れず、家族一同心配しあらゆる手を使い消息を尋ねていた。一度人づてに元気に無事でいるとの連絡をもらい、信憑性がなくても一同は喜んだ。兄の消息を知ろうとして、夜遅く家族一同でコックリさんをし、一喜一憂した。連絡が全くなかった兄が元気に一足先に日本に帰還していて、高松市円座で顔を見た時はうれし涙でいっぱいであった。コックリさんありがとう、皆無事に帰ることができましたと感謝した。

　八路軍が進駐して一応の政治体制が出来てくると、邦人を雑用に使役として使い始めた。父も時々使役に行った。父は体があまり丈夫でないので、母が心配するし、代わりにわたしが行くようになる。わたしは十六歳で小柄だったので、中国人もあまりひどい扱いをしなかったし、他の日本人も比較的大事にしてくれた。使役は軽いものは倉庫の整理、建築現場の手伝い、飯炊き、掃除、少しきついものはレンガ運び、麻袋の砂糖、塩、米、大豆運びなどである。麻袋の破れた穴からこぼれ落ちた米や氷砂糖を拾った日本人が八路兵に殴られ蹴られ、血を吐いていたこともあり、平和な時はなんでもなくすむことが大けがどころではなく、命をも取られかねない時代であった。最も厳しいものは塹壕掘り、山の陣地へレンガを三～五枚背負って運ぶ、石灰運び（口も鼻も石灰だらけ）などがあったが、もっと酷い作業もあったであろう。

　我々日本人は共産主義の世界など知る由もなく、日々どうしたものか、日本にも帰れないし、金もなく、移動でもしようとすればたちまち逮捕され、銃殺されるのがおちであることは承知していた。実際に移動して早く日本に帰れると思い実行して家族がばらばらになり、殺されたり、誘拐された多くの人々を知っている。人は追いつめられると実に無茶な、勇敢というか、馬鹿なことというか、そこから逃げようとして、生命をも失うことになる行動をとる。父はいつも冷静でよく考え、的確に指示してくれた。わたしが今ここに医師として存在するのも父母の冷静な判断のお陰と感謝している。

第六章　通化事件

　通化市といっても殆どの人はどこかわからないであろう。地図の上からは旧満州と北朝鮮の国境から北西の壮大な山岳地帯と盆地平野の地帯で、通化市を中心に約百キロ平方の現在の中国吉林省南西地帯にある。この地には鉄、石灰など豊富な地下資源があり、昔から多くの民族と国が争い興亡を繰り返していた。通化市は旧満州国の通化省の省庁があった所で、敗戦も近い頃、関東軍と満州国政府はこの天然一大要塞を最後の拠点と決め、多くの関東軍、政府の要人、主要企業の主要人材が集められていた。父もその一人として家族と共にこの地に来ていた。

そして、この地で戦後の悲劇が起こるのである。日本は既に完全に負け、周りは戦勝国の人たちばかりで、日本人には今や全く何の力もなくなっているのに、まだ力があると勘違いをしている日本人がいたのが悲劇の引き金を引く結果になった。勝った人々も敵討ちだ、生意気だ、この際一挙に殲滅してしまえの気持ちがあったのだろう。だけど敗戦した国民を虐殺したりする事件は世界でも極めて少ないと思う。

千人以上の命はもう帰らないのである。今でも思い出す、あの浴室で俯せに撃たれ倒れた人を。酷いのは生きている日本人を凍った通化川の氷に穴をあけ、その穴の中に投げ込んだり（図３）、五～六人を前を歩かせ後ろから小銃でいきなり撃ち殺す。本当に情けない死に様で、皆さん悔しかっただろう。わたしは体が小さいためか幸

図３　人間の氷漬

いにも逮捕されず、軍隊の帯革バンドで二十回位、頭、顔、背中を激しく打たれただけで一応解放してくれた。喜びなんて全くないし、ただ両手を合わせているしかなかった。これも母の機転によるものと感謝している。八路軍兵が入って来る少し前に、母が「出来るだけ小さな服を着なさい、体を小さくして座って立ち上がらないこと」と注意したので、こまく、ちいさくなっていた。

母親の力は実に賢明で素晴らしいものだと今も思い出し、神に、母に感謝している。

この母は現在も健在で齢百五才であり、今も私に注意を下さり深く感謝し健康を見守っている。母も私に感謝をして下さっている。母よ本当にありがとう。

第七章　帰国命令がでる

昭和二十一年七月末のある日、中共政府は全ての日本人に二週間後、通化地区より日本国に帰国するように命令を出した。日本人街は正にてんやわんやで、家財を処分したり、帰る喜びと逆に今後の長期にわたる苦しい旅、危険の遭遇、飢え、略奪、病気、怪我、人さらい、野垂れ死と起こりうるあらゆる可能性に心配をしながら、準備に二週間を過ごした。着物は丈夫な木綿の洋服、暖かいもの、天秤棒、リュックサック、さらに食料（米、塩、炒米、乾燥野菜、焼き肉の乾燥肉）を用意した。携帯に良く、軽く、腐敗しない物、水筒は二重底にして水筒の底に紙幣を詰め込み、水が入らないように底をハンダで溶接し、ボロ布で覆い、紐を付けて金を盗まれないようにした。家財はすべて放置した。命あっての物種と言われる通り、命を守ることに家族一同心一つにして帰国の為努力をした。父母に感謝したい。

八月はじめの早朝、ぞろぞろと歩いて通化駅に集合、貨物有蓋車にすし詰めになって乗る。いよいよ出発だ、汽車は梅河口に向かって走り出した。しかし、梅河口の手前約三十キロの野原で止まり、全員下車。梅河口に向かってリュックサックを背負い、天秤棒荷物を担ぎ、手提げ袋を持ち、子供の手を引き、子供をおんぶして、皆、必死で歩き始めた。歩く途中で中国人に持ち物を略奪され、また、暴行されたりする人も出た。汽車を降りてからは中共支配でなく、国民党支配でもなく、いわゆる無政府地帯で、強盗、人殺しが出ても仕方がないのである。故に自己防衛で自身を守らないと致し方がないのである。我々は女、子供の周囲を囲み、手には包丁、天秤棒の先に刺身包丁を紐でしばり銃剣のようにして、警戒しながら目的地に進んで行った。夜間は火を焚き、棒銃剣を持って不寝番に立ち、警戒しながら昼は先を急いだ。やっと国民党支配地に着いたが、ここで国民党軍の身体検査、貴金属、時計など金目の物の没収、略奪、女を出せなどそのやり方はどこも同じで、共産軍の方がまだましである。国民党側に来て再び貨物列車の平べったい貨車に多く乗せられ、落ちたら命がないので落ちないように荷物を貨車の周囲に置き、人々は荷物の中心部分に座り、荷物が落ちないように手で引っ張っていた。上から雨、雹が降り、子供は病気になり、死に、死体は列車が野原で止まった時、急いで降りて線路の付近の草むらを掘って埋めて、再び急いで列車に飛び乗り、本当に辛いと言える状況であった（図４）。

かようにして列車は二十日位して（トラウマのことなので正確な日時が分からない）、瀋陽（旧奉天）に着いた（普通なら十五～十六時間の乗車時間）。

瀋陽駅構内の屋根のある有蓋車に移り、そこで一週間生活をする羽目になった。雨風は凌げたが、食べ物を駅構外に出て買い出しの必要があった。一週間後、列車は錦州市に向かう。途中列車は夜昼なく理由も知る由もないが、止まったり、動いたりで、匪賊が出たので列車が止まることもあった。列車に揺られて十日かかって錦州に着き、駅から五百メートル離れた破壊された鉄筋のアパートの廊下に収容され、またも国府軍の身体検査、略奪のための検査を頻繁にやられ、また女を出せという。出せと言っても出す女性もいない、玄人の女性にお金で無理を頼んで兵隊の所に行ってもらったようである。

錦州から客車に乗って五十キロ西に向かい、錦州湾の港葫蘆島で降ろされ接岸されていたリバティー米軍の上陸用軍艦（戦車や車を積む）の講堂のような船底に乗せられ、鉄の床に毛布を敷き、その上に皆は疲れた

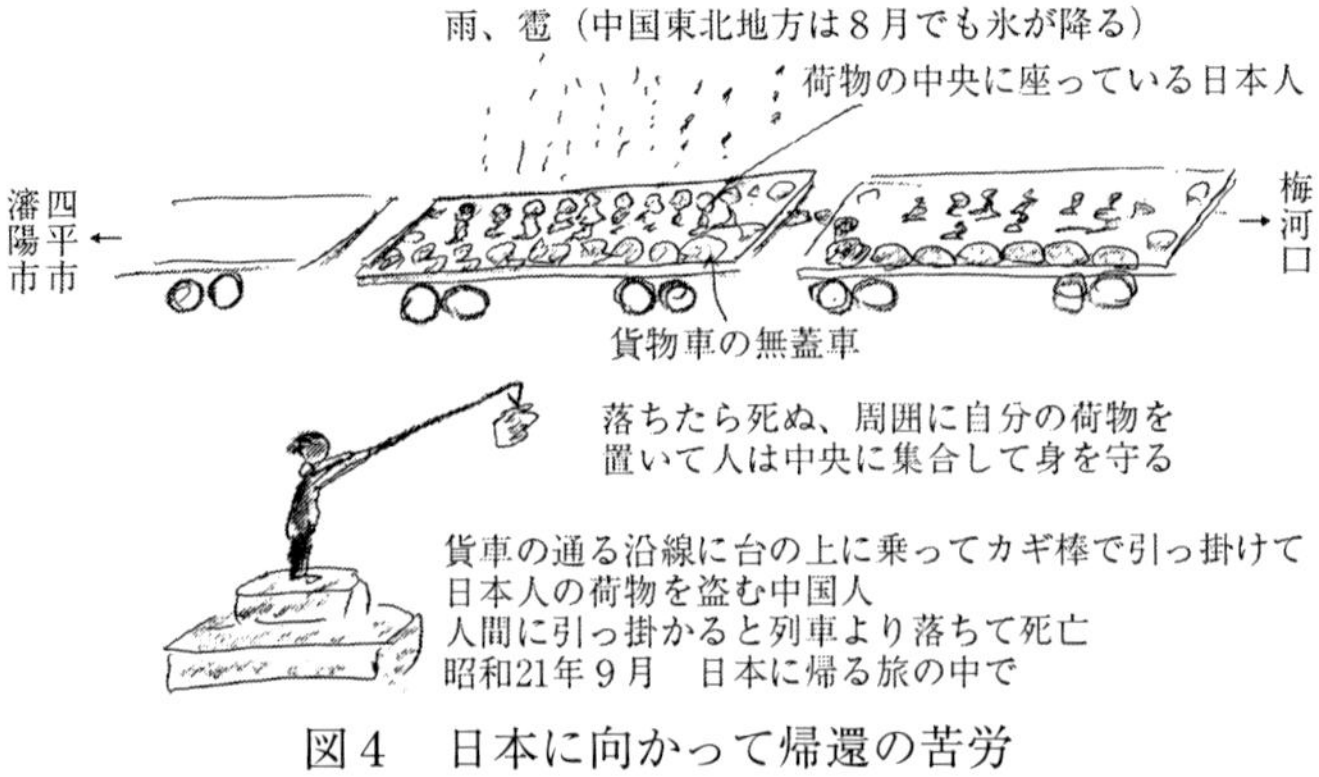
雨、雹（中国東北地方は８月でも氷が降る）
荷物の中央に座っている日本人
四平市
瀋陽市
梅河口
貨物車の無蓋車
落ちたら死ぬ、周囲に自分の荷物を
置いて人は中央に集合して身を守る
貨車の通る沿線に台の上に乗ってカギ棒で引っ掛けて
日本人の荷物を盗む中国人
人間に引っ掛かると列車より落ちて死亡
昭和21年９月　日本に帰る旅の中で

図４　日本に向かって帰還の苦労

体を横たえた（図５）。それでも米軍の船の中は安心して寝ることもできた。通化を出てもう六十日余り経過していた。船は長崎の佐世保港に向かって玄界灘を越えて、船は大きく揺れ、多くの人々は船酔いで吐いている人もいた。無理もないのである、長旅の疲れは人々の体を蝕み、疲労していたのである。五日間の船旅はわたしにとってはとても楽しかった。グライダーの訓練のおかげか少し位船に揺られても、全く酔うことはなく、船内の食事もおいしくて何時も平らげていた。乾燥野菜や乾燥味噌を使って料理しているので、ビタミン不足でひどい便秘になって困っていたが、トイレで気張ったら象の便のような大きな便塊が出て便秘は解消した。いまだかってこんな大きな便が出たことはない。船員は日本人で大変親切であり、日本の皆さんの親切は心が癒え、有難かった。

　無事佐世保港に入港したが、船内にコレラが発生したとのことで、船内に七日間隔離され、検便されたりしてやっと下船した。中にいた一人が「天皇陛下が迎えに来ていない」と騒ぎだし一時騒然としていた。そしてやっと下船し、日本の地を踏むことができて、本当に家族共々感謝し、喜びあった。

　早岐にあった少年海兵団の宿舎に収容され三日間泊って、身体検査を受け、ひとり千円ずつ戴き早岐駅から汽車に乗り、関門海峡は船で渡り、再び汽車に乗り、焼け野原の広島市を左に見て故郷高松に向かって汽車は走り、宇高連絡船に乗り、高松桟橋に着いた。高松は焼け、三越は焼け落ち、桟橋から琴電瓦町駅舎が見えていた。琴電桟橋から電車に乗り、円座町横内の家に家族五人無事に到着できた。祖父、従兄弟たちも元気で迎えてくれた。

　有難うございました。神に感謝します。日本国万歳、日本人はもっと日本を大切にしなければならない。感謝

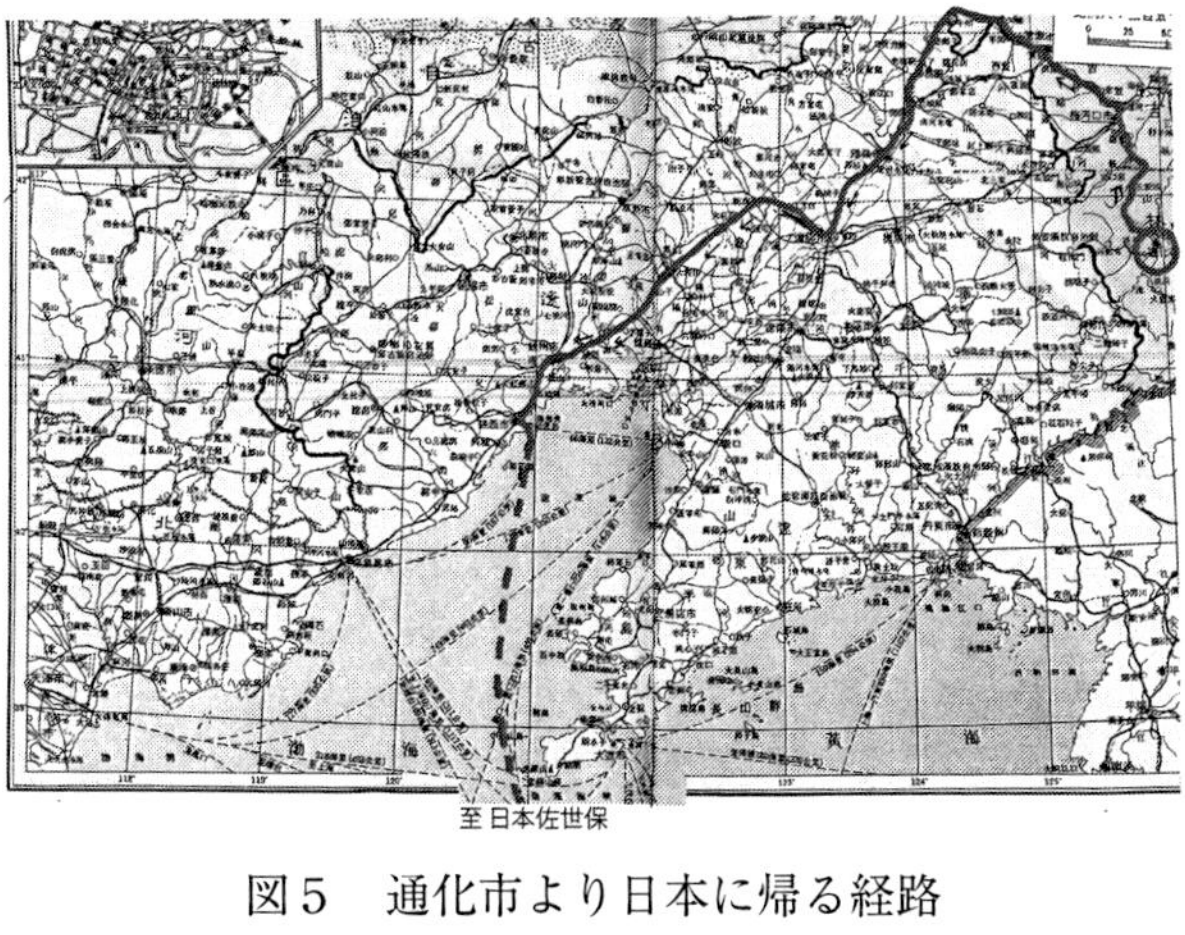

図５　通化市より日本に帰る経路

昭和わたしの証言

村井　直樹

上海の思い出

わたしは昭和十四年二月、上海の長春路で生まれた。長春路・狄思威路・北四川路・新公園（現在の魯迅公園）辺りが、わたしたちの遊びのテリトリーで、その頃、まだ空襲はなかったが、それでも防空頭巾を被った大人たちが真剣な顔をしてバケツリレーをする防空訓練が時々見られた。

父に召集令状が舞い込んで出征したのは、昭和十八年の暮、わたしが物心ついた五歳の時で、父が三十七歳、母が三十五歳の時であった。日本人の多くの男子が働き盛りの頃に家族を残して戦地に赴いたのだった。父が出征した後に、母と、七歳の姉・三歳の妹・父方の祖父母とわたしの六人が残されたが、まもなく、南京路にある哈同ビルの六階の一角へ引っ越して、終戦までの二年余りを過ごすことになる。

居留民団立上海第一国民学校に入学するまでの一年余り、幼かったわたしたち三人は結構楽しく、そこで過ごした記憶がある。そこはそれまで母方の叔母一家五人が住んでいた比較的広々とした居住空間だった。クリスマスには我が家に多くの人々が集まり、その中には、北四川路にある上海内山書店の内山完造氏も居た。わたしたちはローペイ・ローペイ（老板）と呼んでいたが、ローペイにはとても可愛がられたものだ。内山完造氏は父の弟の養子先の義父に当たり、後に知ることになったのだが、魯迅と親交があって、戦前戦後を通じて、多くの中国人に信頼され、戦後、日中の架け橋となった人物だった。

昭和十九年の春だったと思う。母に連れられて、父の居る戦地を訪問した。上海駅まではワンポーツォー（人力車）で行き、上海駅から夜行列車に乗り込んだ。翌朝目が覚めて汽車を降りると、そこは一面レンゲの花で覆われた、野原か畑のようなところだった。

内山完造夫妻のお墓

束の間の、父と母の出会いの間、広い野原で、楽しいと思うこともなく、のろのろと時間が過ぎて行った。両親は、どのような気持ちで、この時間を過ごしたのだろうか、今、その時の二人の胸中を思うと、堪らない気持ちに襲われる。南京路では、母と三人の兄弟姉妹の四人暮らしが終戦まで続いた。

昭和二十年四月に、北四川路にある上海第一国民学校に入学した。その当時はかなり遠い通学路に感じられたものだが、実際には三キロメートル足らずの距離だったのだろう。朝の通学は近所の上級生や姉と一緒に電車に乗ったが、電車は前後二両で、前の立派な車両には日本人が後の粗末な車両には中国人が乗り、あからさまな差別が当然のように見られた。帰りは、同じ方角への同級生と、虬江路・海寧路から四川路橋を渡って、ガーデンブリッジの北詰に堂々と聳え立つブロードウェイマンションを左手に見ながら南京路まで帰る日々だった。夏休みまでの三ケ月余りは、結構楽しかった。顔は覚えていないのに、高橋君・森本君・村井（洋）君・下里育子ちゃんなど、いく人かの名前だけは、今でも出てくる。

上海第一国民学校一年の夏休みに、空襲で学校の四階にある講堂が破壊され、そして八月十五日に終戦を迎えた。「耐ヘ難キヲ耐ヘ、忍ビ難キヲ忍ビ……」という、あの独特の抑揚の玉音放送は、内容がよく判らなかったのだが、大変な事件が起こったことが子供ながら実感された。まもなく結構優雅に暮らしていた南京路のビルの六階から追われるように、以前住んでいた長春路の小見山小児科医院の八畳ほどの病室に移った。布団・衣類・米櫃などの生活物資をトラックに積み込んでの引越しだった。その後、二学期の途中からは、大幅に自由を制限された長春路の日本人集落の中で、寺子屋のような空間での授業を受けた。

復員して来た父が、マラリアの熱で、長い間うなされていたのを覚えている。そうするうちに、前述の内山完造氏が奔走し、窓口となって、日本への引き揚げが始まり、先ず、昭和二十一年三月初めに祖父母が故郷の秋田に向けて引き揚げ、わたしどもは三月下旬の引き揚げが決まった。引き揚げの前夜、最後に食べたワンタンの味が懐かしく思い出される。その夜は、まんじりともせず、翌朝トラックに乗せられて、上海市政府の建物が見える桟橋近くの広場に移動した。日本へ持ち帰るのを許されたのは、行李三個と布団袋二個だけで、それでも昼頃には支障なく、乗船していた。引き揚げ船の名前は、確か白竜丸だったと思う。黄浦江から揚子江の本流に出たのは、明るいうちであったが、外海に出た後も、暗くなるまで水は茶色に濁っていた。翌朝、目を覚まして甲板に出た時、周りは一面、紺碧の海で、生まれて初めて見る海の美しさに感動したのだった。

ずっと後に、還暦を迎えて上海を訪れた折、嘗て住んでいたビルを見つけることは出来なかったが、ホテルに程近い宋慶麗墓苑に行き、内山完造夫妻のお墓を訪ねて五十数年前を偲んだ。

第二の故郷、鹿児島

乗船してから数日後、初めて見る日本は博多湾だった。下船した後、全員が頭から真っ白い粉のＤＤＴをかけられた。その後、博多駅まで、大勢の人々と一緒に歩いたそうだが、わたしは熱を出して父の背中で眠り続けたらしく、全く記憶がない。汽車であちこち迂回しながら、四月はじめに、母の故郷・鹿児島に降り立った。鹿児島市武町に母方の祖母と曾祖母が住んでおり、その広い家に住むことになったが、同じ家に、わたしたち家族のほか親戚三家族十四人が身を寄せた。二年生のはじめに入った「武国民学校」は、やがて名前が「武小学校」となったのだが、二年生の時の古ぼけた通信簿では、「武国民学校」となっている。

冬は室内の暖房と言えば火鉢くらいで、一つの火鉢の周りに入れ代わり立ち代わり集まって、手をあぶっていた。戦後しばらくは靴もなく朝は裸足で学校へ行ったものだ。もちろん夏は快適な冷房という訳には行かず、窓や雨戸を開け放って団扇を扇いで暑さを凌ぎ、夜になると蚊帳を吊ってやすんだ。風鈴・夕方の打ち水・木蔭の夕涼みなどが、何処にでも見られる風景であった。

四年生の時、父が温泉を利用した製塩業を主な仕事にしている「指宿産業有限会社」に勤めるようになったため、鹿児島市から指宿に引越し、指宿の丹波小学校から南指宿中学校・指宿高校へと進んだ。戦後四～五年目のその頃、食糧事情は今ひとつで、昼の弁当に白米などというのは何処の家でも夢のような話だった。麦飯や粟飯はざらで、弁当代わりに、蒸したカライモ（薩摩芋）を二～三個、ハンカチに包んで学校に行くこともあった。小学校時代は野球に夢中だった。上海に居た頃にピアノを始めていた姉が、引き揚げ後も続けていたこともあり、丹波小学校時代、音楽の先生が執拗にピアノの練習に誘ってくれたが、わたしは優雅なピアノを断って、楽しい野球に没頭した。ずっと後に、医学部に入って、ショパンのピアノ曲やベートーベンのピアノソナタを、こともなげに弾く友人・中島敏郎君（内科）に出会うことになったのだが、音楽の先生の助言に従っていれば、わたしも今頃、少しくらいはピアノの楽しみが持てていたのかも知れない。

指宿では、野球・サッカーにのめり込み、夏休みになると、毎日のように海で泳ぎ、昆虫採集・植物採集・貝殻採集・魚釣りなど、楽しい遊びで、あっという間の数年間だった。中学校の遠足では、時には池田湖や長崎鼻など、十〜十二キロメートルのかなり遠い道のりを歩いたこともあったし、指宿高校一年生の時には、開聞岳に登った。映画は、ジョニー・ワイズミュラーのターザン・シリーズ（「鉄人ターザン」「ターザンの凱歌」「ターザンの怒り」「ターザンと黄金」など）が懐かしく思い出される。そのほか、「鐘の鳴る丘」「手をつなぐ子ら」「蜂の巣の子供たち」「きけわだつみのこえ」「二十四の瞳」など、学校からみんなで行ったものだが、映画が終わって明るくなった時、クラス一番のガキ大将が目を真っ赤にしていたのが印象的だった。

忘れられぬ甲南高校の思い出

指宿高校二年、一学期の半ばに父が転職し、家族そろって鹿児島市に転居した。夏休みまでの二ケ月間は、鹿児島から指宿高校まで汽車で通学したが、夏休みに編入試験を受けて、二学期のはじめに甲南高校に転校した。父の勤務するM金物店は、いわゆる老舗であったのだが、当時、経営は厳しく、まもなく閉店を余儀なくされる運命にあった。給料の遅配は日常的で、母がN生命保険の外交員をして家計を助けるなど、我が家の生活は非常に苦しかったことを憶えている。そんな矢先の転校であった。転校して最初の週、体育の時間のことをわたしは今も忘れることができない。

甲南高校では体育の時間、男子生徒は所定の白い短パンを着用して運動場に出なければならないのだが、その日、指宿高校で使用していた白のトレーニングパンツを着用して体育の授業に出たところ、体育のF教師から、「今まで君が居た高校とは違う。何故、決められた短パンをはいて来ないのか？」と厳しく咎められた。少し恥ずかしかったが、短パンを買うお金を両親に貰う事ができなかったと正直に答えたところ、「高校は義務教育ではない。それなら無理に甲南高校に来ることはないだろう」と一喝された。その時の口惜しさ、そして悲しさは、今でも忘れない。その日の放課後、家へは帰らず、歩いて照国神社の近くにあるM金物店に向かった。そして、仕事中の父に会い、体育の時間の出来事を話して、短パンを買うためのお金を無心した。社長の机の前で、頭を何度も下げている父の姿が見えたが、しばらくして、何がしかのお金を押し頂いて戻って来て、黙ってわたしに渡してくれた。見栄も外聞もかなぐり捨てて社長に頭を下げ、短パンを買うために給料の一部を貰ってくれた父、そのお金を無言で渡してくれた父のことを、今でも鮮明に憶えている。それと同時に、「高校は義務教育ではないのだから、甲南高校に来る必要はないだろう」と言ったF教師の言葉も忘れることができない。因みに、F教師は、その後、驚いたことに、県の教育委員会に栄転して行ったのである。ところで、その足で甲南高校指定の制服販売店に行ったところ、なんと二学期のはじめで季節外れのためか、短パンの在庫はなかったのである。

F教師のことはともかく、楽しい高校時代だった。卒業後も、五年毎の同窓会は欠かすことがなく、同期生の結束は堅い。今でも、上京の折には必ず、関東在住の十数人の同期生が集まって旧交を温めている。

高校二年の冬休み前、旺文社の「高校時代」という雑誌に付いていた付録の「百人一首」を切り抜いて、冬休み中に丸暗記し、三学期の初めに開催された三人一組でのクラス対抗百人一首カルタ大会に出場し、女子クラスの強豪を次々に破って優勝してしまった。翌週の朝礼の時、全校生の前で表彰されたのも懐かしい思い出である。

アルバイトに明け暮れた学生時代

その後、昭和三十三年四月に九州大学医学部に入学した。教養部での二年間は、福岡市にある私立の幼稚園に勤める姉のもと、二人で狭いアパート暮らしをした。医学部の六年間は、家からの仕送りなしで、日本育英会の奨学金と、優雅に過ごす同級生を横目に見ながら家庭教師その他のアルバイトで生活費を稼ぎ、それでも何とか卒業することができた。

教養部から医学部に進んで、九大YMCAの寮に入った頃、部員が足りなかった九人制のバレー部に誘われて入部し、西日本医科学生体育大会（西医体）や、九州山口バレーボール大会などに、右前衛で出場するようになった。最初の「西医体」では京都に行ったが、写真には、竹嶋康弘君（左端）、川波寿君（右から二番目）、柴崎浩君（前列）、わたし（右端）が写っている。当時の九大バレー部は、数合わせでわたしが入部するほどで、まるで弱いチームであったが、楽しい四年間だった。アルバイトで忙しいわたしは、みんなと一緒の合宿や、充分な練習ができないことが多く、一度などは一学年上の中川英二先輩（放射線科）と武田晃一先輩（放射線科）が、病理学教室でプロトコールを清書するというわたしのアルバイトを手伝ってくれたお陰で、練習に参加できたことがあった。やさしい先輩に恵まれたわけで、今思うと涙が出てくる。当時のバレー部は、バレーそのものは強くなかったが、多くの人材を輩出している。六年上の杉岡洋一先輩（故人・整形外科）は、九州大学医学部長・九州大学総長を歴任したし、わたしの同級生の竹嶋康弘君（整形外科）は日本医師会の副会長、わたしをバレー部に引きずり込んだ同級生の川波寿君（放射線科）は福岡県医師会の副会長の要職を務め、二年後輩の永末直文君（外科）は島根医科大学助教授の時代に、日本で最初の家族からの生体肝移植を行なうなど、華々しい活躍を見せた。そんな九大バレー部を今でも誇りに思う。わたしは、学生時代こそ、数合わせの選手に過ぎなかったが、卒業後も、医局対抗バレーや関連病院対抗バレーのほか、自由ケ丘クラブという地域のバレーチームに所属してバレーを続けるなど、結局、五十九歳まで現役でバレーを続けた。

大学時代の夏休みは指宿に帰省することもなく、家庭教師のほか、いくつものアルバイトで、学資・生活費を稼いだ。六本松に程近い護国神社の横にあった学生相談所に通い、いろいろな仕事にありついたものである。映画「太閤記」の宣伝で、足軽の衣装で行列に加わるアルバイトもやったし、九州大学医学部内科の建物の中にあるエレベーターの工事にも携わった。ヘルメットを被って仕事をしているので、たまたま第一内科の服部絢一助教授と鉢合わせした際も、「ご苦労様」と声を掛けられただけだった。まさか、医学部の学生がエレベーター工事に携わっているなど、思いもしなかっ

西日本医科学生体育大会

たのだ。医学部の何年生の時だったか、定期試験の折、作業服で試験に臨み、午前中の試験が終わって、工事現場に直行したこともあった。その頃、学生相談所への仕事探しに付き合ってくれた九大英文科の女性は今の女房で、今でも相変わらず苦労を掛けている。振り返ってみると懐かしい学生時代ではあった。

九大YMCAの思い出

九大YMCAの寮で、ある年、中秋の名月の夜、誰かの発案で、「名月、め・い・げ・つ」の四文字を、七・七・七・五の頭に入れて、折り込み都々逸を作ることになった。

「飯はまだかと、言いたいけれど、下痢のこの身じゃ、つまらない」

「迷惑するのは、一体誰だ、厳に慎め、つまみ食い」

と、わたしの考えついた都々逸を黒板に書いておいたところ、しばらくしてその横に、後に眼科に入局した大石隆興先輩が付け加えていわく、

「名都々逸と、威張っているが、下の下の点をつけてやる!」

まったく恐れ入った次第であった。


同じ寮での昭和三十九年の初めその年、歌会始めの御題が「紙」であったのだが、年が明けて何日目かの新聞に「紙」という題で、いくつかの入選作が発表されているのが目に入った。他人の作品はともかく、ふと「紙」という題ならわたしにだって一つや二つ詠めると思い、何とか捻り出してその日の寮日誌に公開した。無論まじめな和歌など詠めるはずがない。要するに五・七・五・七・七の戯れ歌である。

冬の朝、厠にて詠める歌二首
「あるものとばかり思いて用を足し、トイレットペーパーの短きに泣く」
「ちょっぴりと出でし後、紙の足らざるを、知りて慌てて隣へうつる」(「知りて」と「尻手」は掛詞?)因みに、寮のトイレは二つ並んでいて、一方でトイレットペーパーがなくなっていても、もう一方には、ちゃんと残っていることが多いのだった。ところが翌朝になってこの歌は作者の経験に基づいた歌に間違いないと断定される羽目になった。この歌のために落とす必要もない品位を落としてしまったわけでこの傑作(?)も、わたしのお蔵入りとなってしまった。

父はわたしの大学時代に転身して牧師となったが、父の口から直接、戦争での不条理な体験が語られたのは、ずっと後のことである。戦地でスパイ容疑の中国人の少

年が大勢の兵士の前に引きずり出された。もともとクリスチャンであったため上官に睨まれていた父が、突然指名され少年を銃剣で刺し殺すよう命じられた。いつまでも躊躇っている父に、「上官の命令は天皇陛下の命令だ！」と言われ、父は目をつぶって、とうとう命令に従ったそうである。その時の「ぶすり・ぶすり」という、あの感触は一生忘れることができないとも言った。少年を刺し殺してしまったという罪の意識は、その後一生消えることなく、戦後十数年経って父は牧師に転身したのだった。

薬害スモン訴訟、そして平成の今

昭和三十九年にわたしが医学部を卒業する前後の数年間に、原因不明の奇病（スモン）が多発し、やがてキノホルムによる薬害であることが決定的となった。その後、いわゆるスモン訴訟が起こったのだが、昭和六十年頃、スモン訴訟の原告団に加わった別府宏圀君に声を掛けられ、「医薬品・治療研究会」から刊行される「正しい治療と薬の情報」という小さな副作用情報誌の編集に携わることになった。以来二十七年になるが、今も海外の副作用報告を短くまとめて読者に提供するというような仕事を続けている。編集部の代表・別府宏圀君は奇しくも、わたしの指宿での小学校時代、別府君の父上とわたしの父が同じ「指宿産業有限会社」に勤めていた関係で、小学校こそ違ったが、一緒に遊んだ幼馴染である。中学入学を前に、別府君は両親とともに東京へ移り、後に東京大学医学部から卒業後、神経内科に進み、スモンと関わることになったのだった。今も「医薬品・治療研究会」の代表として活躍している。

クスリの開発といえば、今でこそＥＢＭ（根拠に基づいた医療）が当たり前になり、科学的な（？）治験が行なわれるようになってはいるが、あの薬害スモン以前の昭和五十年頃までは、二重盲検による比較対照試験は殆んどなく、「使ったら効いた」という症例の積み重ねだけで、恰も医学的に薬効が証明できたとして、市場に現れるクスリが少なくなかった。実際には効きもしない高価なクスリが、数十年に亘って処方され続け、最近になって有効性のないことが明らかになり、消えて行ったクスリもある。そればかりか、平成になって二十年余りになるが、製薬会社と一部学会とが一緒になって治療ガイドラインなるものを作り、治療をする必要もない患者に必要もないクスリをせっせと使わせる仕組みが巧妙に作られ、相変わらず今でも薬害が繰り返されている。

よく遊びよく学んだ学生時代（昭和二十五年四月〜二十九年三月）

山本　正幸

一、復興さなかの高松

わたしは昭和二十五年四月から四年間、高松で学生生活を送った。当時は、昭和二十一年からの吉田　茂内閣が続き、日本中が戦災からの復興さなかであった。高松市内ではバラックや焼け跡も残っていたが、商店街では店舗が次々と復活し、住宅街でも建設の槌音が響いていた。高松復興のシンボルになった幅広い「中央通り」は昭和二十九年の完成を目指して、建設資材を運ぶトラックや荷馬車がしきりに動いていた。その中を縫うようにして進駐軍のジープも走っていた。この時期、高松では進駐軍の数は終戦直後よりは大幅に減ってはいたが、まだＣＩＣ（民間情報部）が駐留していたからである。

昭和二十六年四月十一日、米国のトルーマン大統領が日本駐留の連合国軍最高司令官のマッカーサー元帥を解任し、リッジウエイ中将を任命したというニュースが流れた。その理由は昭和二十五年六月二十五日に勃発した朝鮮戦争の処理問題にあったという。そしてその年の九月九日にサンフランシスコで対日講和条約が調印され、昭和二十七年四月二十六日に条約が発効した。これで日本は国際社会に復帰でき、日本中が喜びで沸いた。

そのようななかの香川県では、昭和二十五年九月に初当選した金子正則知事が近代化の施策を次々に推進し、県土は目に見えて変化していた。その結果の一つが昭和二十八年十月二十二日から天皇・皇后両陛下をお迎えして第八回国体秋季大会が四国で開催されたことである。このとき、七千四百余名の選手のほか応援団が多数来県した。とくに陸上競技・籠球・排球など十種目の香川県会場では各自治体や今でいうボランティアの接待で盛り上がった。

一方、この時代の県内の世相は、依然としてインフレが進むなか、多くの県民の家計は赤字、食料難に苦しんでいた。配給米は少なく、ヤミ米の横流しで検挙されるニュースは枚挙の暇がなかった。生活苦による痛ましい心中事件も耳にした。強盗や殺人の凶悪犯罪のほか空き巣狙いや掏摸も多発していた。朝鮮戦争の特需による金ヘン景気で、電線泥棒が県内各地で横行したり、国鉄列車のシートや洗面所などの金具まで盗まれた。高松では巡視艇が強盗に襲われ高価な機器を盗まれたという特異な事件もあった。

他方、高松市内の常設映画館はどこも大盛況で立ち見は当たり前、数多くのパチンコ店も繁盛していた。昭和二十五年に開設された高松競輪や観音寺競輪は売り上げを伸ばし続けていた。また、この時代の海水浴場は今よりもきれいで、高松近辺では鬼ヶ島海水浴場、塩屋海水浴場、津田の松原海水浴場などが賑わっていた。普通の家庭では、夏休みに一回は海水浴をする習わしを楽しみにしていたからである。

夏の夜の高松では昭和二十五年七月からライオン通りで名物の「一・六デー」を始めた。これにならって丸亀町通り・片原町通り・兵庫町通りなどの商店街でも「一・六デー」が開かれ、各商店の特価大売り出し、金魚売りや風船売り、映画会（ＣＩＥ映画・新東京映画）、素人のど自慢などで賑わっていた。

今回は、このような時代の学生生活にタイム・スリップし、そこで体験した一端を記して昭和を生きた証言としたい。

二、よく遊んだ学生時代（昭和二十五～二十六年度）

地元の大学に入学

高松生まれのわたしは、昭和二十五年四月に香川大学学芸学部に入学した。一緒に入学した旧制中等学校以来の友人宮武　隆君の日記には、入学試験四月一～三日、合格発表四月十日、入学式四月十七日と記されている。今と比べると、随分遅い入試や発表であったが、前年の昭和二十四年五月三十一日に設置された香川大学であったからそうなったのであろう。

受験のとき、わたしの父は新制中学校の教員であり本俸は月額九千三百六円であったから、家計は火の車。無論、県外への進学は無理。経費のかからない地元の国立大学を選んだ。大学の授業料は月額三百円（高校より百円高い）であったから何とかやっていけそうであった。そして何よりも助かったのは、教員を目指す学生には教育奨学金の月額千八百円が支給されたからであった。

角帽に学生服

当時の大学生の服装は、角帽に学生服が普通で、わたしも四年間角帽を被っていた。学生服は約四千円（サージの場合）と高いので、高校時代の服のままであった。この時代の革靴は今と異なり誂えが主流で、一足が二千〜四千円と高価で欲しくても手が出ずズック靴のままであった。もっとも二回生になりアルバイトで稼いで買ったラバー・ソールの革靴も履いた。

しかし、学生のなかには甚兵衛を羽織り、縄を帯代わりに結び、下駄ばきという豪傑もいた。鞄は持たず当時流行っていたブック・バンドで本を括り提げていた者が多くいた。大学ノートは一冊五十円、万年筆は安物から高価なものまで様々であった。

香川大学本部前にて（昭和27年４月）

この頃は長髪が普通で、ポマード（一個五十〜百円）を付け、さらにチック（ワセリン）で固めて調髪していた。当時、一般男性の髪形でリーゼント・スタイルが流行し、学生のなかにはそのような者もいた。

数少ない女子学生の服装は、紺のツー・ピースが一般的であったように思うが、はっきりは覚えていない。

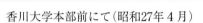

ダンス・パーティで野球

わたしは、大学では四年間に教育職員免許状取得に必要な単位を取れば卒業できると単純に認識していた。そのうちの必修科目以外は選択し受講すればよかったが、面白くない講義は欠席することも多かった。その結果、落第制度はなかったものの最初の二年間は取得単位が不足した。その不足分は後の二年間で取り戻したらと安易に考え、一向に学習意欲が湧かなかった。

そのうちに野球の好きな者が何となく集まり準硬式野球部を創る話になった。とは言っても野球道具やユニフォームがなかった。その資金を作るために「ダンス・パーティをしよう」ということになった。当時は社交ダンスが流行り、市内の幾つかのレッスン所では若者で賑わっていた。

ダンス・パーティを開催するためには「自分たちが踊れないのでは話にならない」ということで、瓦町にあった「銀星ダンスホール」で仲間と共にレッスンを受けることなった。

ダンスをするときはダンス・シューズを履かなければならないが、高価で誰も持っていなかった。ところが銀星ダンスホールでは心得たもので藁草履を何足も用意していた。藁草履は床面でよく滑り軽快にステップを踏むことができた。そのお蔭か、それとも別ぴん女性教師の指導が良かったのか、短期間でフォックス・トロット、タンゴ、ワルツなどの基本をマスターすることが出来た。

昭和二十五年当時の高松には、戦災で焼け残った三越の六階にあった「レインボーガーデン」と大工町に「ハスイ」というダンスホールがあったが、いずれもダンサーがいるキャバレーでパーティ会場には不向きであった。そこで、キャバレーではない「ヤング」というダンスホールを借りた。

手作りのポスターを市内各所に貼り、手分けして前売り券を売り捌いた結果、当日は立錐の余地がないほどの盛況であった。学生のほか、当時市内に多数あった洋裁学校の生徒、会社員、公務員などの若者が集まった。会場の片隅には高松税務署の職員二人がラストの『蛍の光』が流れる十二時まで座っていた。入場税をちゃっかりと徴収するためであった。

このようなダンス・パーティを何回か催した結果、その収益で香川大学学芸学部準硬式野球部を創設することができた。しかし、わたしの実力は草野球の域を脱し切れず実績を残さないまま、クラブ活動は二回生時代で終わった。

これもアルバイト

空腹を満たすことに窮していたこの時代の学生は何らかのアルバイトを希望していた。しかし、今のように多様な職種はなく求人も少なかった。教員志望の学芸学部学生のアルバイトは、大部分が小・中学生の家庭教師のようであった。その収入は月額千〜千五百円程度であった。わたしも昭和二十七〜二十八年の二年間に知人の子どもの小学生二人を教えたが、それほど熱心にはなれなかった。

選挙運動のアルバイト

その代わりに、人があまりやらないアルバイトをした。その一つが、昭和二十六年四月三日から始まった高松市議会議員選挙の運動員であった。そのときは定員三十六名に候補者百二十名という大激戦、わたしは仲間と共にK候補の選挙運動をした。

運動期間中の二十日間は、凛々しい鉢巻姿で三輪トラックの荷台に乗り、マイクで連呼しながら高松市内を走り回った。日給は賄い附きで二百五十円のアルバイトであったが、次第にK候補を当選させたい気持ちが強くなってきた。

開票の結果、K候補は惜しくも落選した。その残念会でK候補は涙を流しながら「君は、ほんまに誠実な人間や」と言われた。それ以後、その一言を大事にしている。

競輪のアルバイト

競輪のアルバイトもした。この仕事は、わたしが客となり車券を買うのではない。また、競輪場の仕事をするのでもない。わたしは知り合いのY氏からの依頼を受け、競輪開催日の前日に出走予定表が発表されると、出場選手のタイムを競輪雑誌で調べて、各レースごとに手早く編集する作業であった。それをY氏が見て着順を予想する。当日、その予想と賭け金を預かって高松競輪場や観音寺競輪場に行き、Y氏が予想した通りの車券を買う仕事である。

Y氏は何かの理由で競輪場に行けなかったからであり、それなりの日当を貰っていた。しかし、このアルバイトは長くは続かなかった。後で聞いたことではあるが、このことをY氏の奥さんが知る由となったためらしい。後味の悪いアルバイトであった。

娯楽その一　映画と実演

昭和二十五年十月に高松大劇場が開館して高松市内の常設映画館は九館になった。高松大劇場のほかに高松東宝劇場、ライオン館、第一電気館、第二電気館、高松大映、松竹南座、常磐座、常磐映画館などがあり、洋画・邦画を問わずよく観た。映画を観る前には『キネマ旬報』や『スクリーン』などの映画雑誌を読み、友と語る楽しみもあった。

昭和二十五〜二十六年の二年間で印象に残ったのは、バレリーナ、モイラ・シアラー主演の『赤い靴』、黒澤明監督の『羅生門』、日本最初の総天然色映画で木下恵介監督の『カルメン故郷に帰る』などであった。このような大作の場合の入場料は、大人八十～百円、学生割引五十～八十円であり、うどん一杯十～十五円の時代であった。また、これらの映画館では、歌手をはじめ漫才師や浪曲師などの実演もよく行われていた。

昭和二十六年四月二十～二十一日の二日間、高松東宝劇場で笠置シヅ子の香川大学設立募金興行があった。それは、香川大学の創設にあたって香川県知事や地元有志などにより「香川大学設立募金委員会」が結成され、一億五千万円の募金目標を達成するための一環であった。その募金があまり芳しくなかったので郷土出身(現・東かがわ市引田町相生)のブギの女王・笠置シヅ子が一肌脱いだ。その純益を寄付するという。

公演当日の笠置シヅ子はエプロン姿に下駄ばきで『買い物ブギ』を大声で歌いながら舞台狭しと駆け回っていた。同時に服部リズム・シスターズ、堺駿二、リーガル千太・万吉なども出演し賑やかな舞台であった。

『娯楽その二　初期のパチンコ

わたしの学生時代はパチンコ時代の初期であった。香川県にパチンコが本格的に移入されたのは昭和二十二年頃らしいが、既に市内の至る所にパチンコ店があった。昭和二十七年六月二十五日の四国新聞では、五月末で香川県に六百三十九軒のパチンコ店があると報じている。

この当時は、貸球料金一個二円（昭和二十四～四十六年）の球をパチンコ台に入れて手打ちで弾くと、球はバラ釘や羽根車の間をくぐり抜けてセーフ穴という入賞口に入る。入賞口には各種あって、一個、二個、三個、四個などの球がコロコロと受皿に出てくる。しかし、大抵はアウトの口に入るしくみになっていた。うまく球が溜まると景品の煙草や菓子、ハンカチや靴下、アクセサリーのほか特殊景品（別の店で買い取ってくれる）などと交換してくれた。因みにこの頃（昭和二十六年）の煙草の値段は、ピース五十円、ゴールデンバット三十円であり、コーヒ一杯二十円の時代であった。

昭和二十七年になるとチン、ジャラと派手な音を立てて球が出るオール二十連発式のパチンコ台が現れた。それが客の射幸心を更にそそり「ギャンブル依存症」になる者が現れ始めた。生来、賭けごとに弱いわたしは、この頃からパチンコ台の前に立つ機会が少なくなったが、完全に止めたのは何年か後になった。

三、よく学んだ学生時代（昭和二十七～二十八年度）

学ぶ意欲が湧いたきっかけ

わたしは三回生になった昭和二十七年四月にそれまでの遊びをきっぱりと止めた。下手すれば卒業が危うくなったからである。そこで意を決し、それまでに余り顔を出さなかった生物学教室を訪れた。

そこには、小野嘉明教授（後に香川大学名誉教授）がおいでて、黙ってわたしを厳しくも優しい目で見詰められた。小野教授は、高校時代にも生物を教えて貰った恩師であった。当時の学生たちは小野教授を〃メダカ先生〃と呼んでいたが、メダカを実験材料にしてその行動を研究していた日本動物心理学会の権威であったからである。わたしは卒業後も相変わらず学問上は厳しく、日常は優しく指導していただき、仲人まで引き受けて下さったのでその恩義は決して忘れられない。

そのとき、そこに植松辰美実験実習副手（後に香川大学名誉教授）もおいでて、「学業に専念するように」と励まされた。若い植松副手は以前に一宮小学校在職中（昭和二十六年度）に父と知り合っていたようで、その言葉に頭が上がらなかった。その後、植松副手と共に大学からの帰り道、栗林町にあった屋台紛いの食堂に立ち寄り、一杯五十円のコップ酒（二級酒）と田楽一本だけで将来の夢を語り合っていた。このように小野教授や植松副手との出会いがきっかけで、学業への意欲が湧き起こった。

早めに始めた卒論研究

大学を卒業するためには卒業論文（以下、卒論）を提出しなければならない。これは今も変わらず、普通は卒業学年の四回生になってから研究を始める。わたしは、生物学の研究は時間のかかる実験もしなければならないので三回生から始めることにした。

指導教官は内分泌学（ホルモン）専門の矢崎幾蔵助教授（後に教授）であった。いつも白衣を纏った学究で、研究には厳しいという評判の先生であった。矢崎助教授から示された卒論のテーマは「妊娠におよぼす哺乳の影響」というまるで医学部でやるような研究テーマだったから驚いた。

当初は何のことか分からなかったが、「動物が哺乳中には受精卵が胎盤に着床しないことを実験的に証明し、それをホルモンの働きから説明しなさい」というものだった。このためには実験動物のシロネズミを飼育してどんどん殖やし、妊娠・哺乳をさせなければ研究が進まない。一時は飼育小屋で二百匹余りを飼育していたから、その世話で盆も正月もなかった。

そのようななか、植松副手に誘われて昭和二十八年十一月一日から四日間、京都大学で開かれた日本動物學會第二十四回大会に参加した。二人は一泊五十円（米持参）で寺に泊まり、夜は他の大学の学生や若手の研究者と語り合った。後年、これらの学生の多くは研究者となって大学などで活躍していることを知った。このときの学会では、動物学最前線の発表や討論を聞くことが出来たり、比叡山や京都大学大津臨湖実験所でのエクスカーションでは著名な学者と身近に接して、益々卒論研究の意欲が湧いた。

そして、卒業前の一月末には「卵の着床についての研究—哺乳との関係」というタイトルの卒論が完成した。どこで聞きつけたのか四国新聞が取材に来た。記者と共に訪れたカメラマンが国民学校時代の同級生、黒田恵一君（後、四国新聞社切っての名カメラマン）であったから驚いた。そして、昭和二十九年二月六日の朝刊に「哺乳と妊娠の関係を確証、香大山本君の論文動物学會へ」という見出しで写真付きの記事が掲載された。

なお、卒業後の昭和二十九年五月二日に日本動物學會中国四国支部大会が岡山大学で開催され、その卒論を発表した。会場には日本の著名な動物学者が居並び、鋭い質問を受けて汗をかき学問の厳しさを肌で感じた。

そして、昭和三十年五月にその論文が日本動物學會会誌「動物学雑誌第六四巻第五号」に矢崎教授との共著で掲載されて感激した。わたしは、この卒論研究の体験が後の教職に生かされたと信じている。勿論、今は亡き矢崎教授のお蔭であったことは言うまでもない。

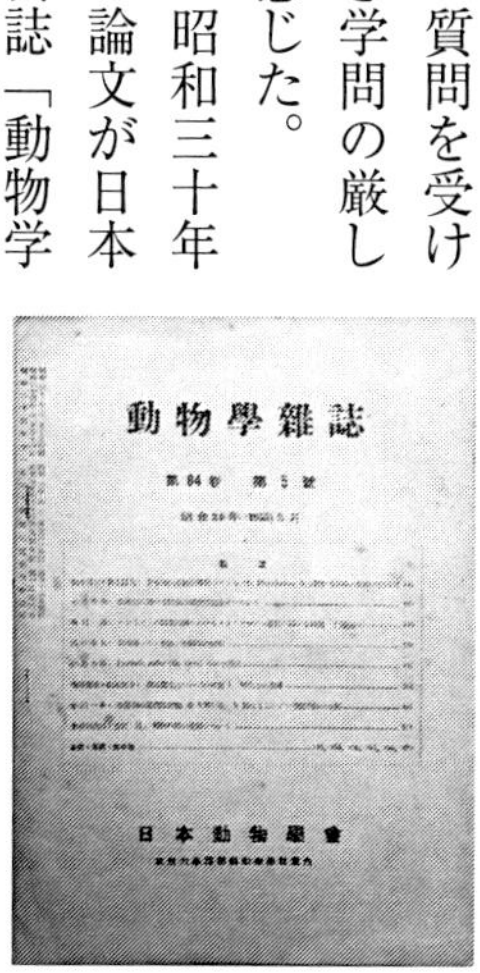

動物学会誌の表紙（昭和30年５月）

日本動物学会京都大会に参加、友人から借りたスーツを着て鴨川のほとりに立つ（昭和28年11月２日）

山への誘い　大雪の東赤石山

生物学教室には植物分類形態学専門の野口　敦講師（後に教授・昭和五十七年香川県文化功労者）もおいでた。ベレー帽にステッキが似合う華奢な体躯は、どこか植物学者牧野富太郎を連想させる先生であった。野口講師はその語り口から比類稀な山の愛好家であり、著名な登山家の知己も多くその経験も豊富であることを知った。

わたしが四回生になった昭和二十八年六月に野口先生の引率のもとに理科専攻の学生数名が植物採集を目的に愛媛県四国中央市土居町の南部に聳える東赤石山（標高千七百六・六メートル）に登った。さらに、真夏と晩秋にも登った。東赤石山は四国でも有数の高山植物の宝庫であり、コケモモやオトメシャジンは四国ではここにしかない。また、盆栽界では有名な赤石五葉（チョウセンゴヨウ）の自生地でもある。それらを知ったわたしはこの山が大好きになり植物採集に熱中するようになった。後年、中学校の理科教員となり毎年夏には生徒たちを連れて東赤石山をはじめ石槌山、剣山など登ることを行事としていたが、これも野口講師の影響であることは間違いない。

しかし卒業前の昭和二十九年一月の東赤石山登山は命にかかわる大失敗となった。その二週間前、親友である経済学部のM君が失恋により落ち込んでいた。わたしは気分転換のためにと東赤石山登山に誘った。冬の東赤石山の経験はなく不安もあったが早速登山の準備をした。準備といっても今のような冬装備は皆無の時代で、手製のリュック・サックのほかに父の冬オーバー、戦時中の防空頭巾、マフラー、軍手などを用意した。

一月十四日、国鉄予讃線に乗り土居駅で下車、関川沿いに歩き東赤石山の麓にある住友林業株式会社営林課五良津詰所に着きそこで一泊した。翌日は天気も良く登山を開始した。ところが、五合目に差しかかると天候が急変し雪が降り始めた。降雪量が次第に多くなり気温も下がり歩きにくくなったが登り続け、やっと東赤石山の北壁下にあるクロム鉄鉱採掘の飯場に着いた。そこは冬のために閉坑していたので飯場は無人であった。飯場の寒暖計はマイナス十三度、二人で雪を掻き集めてドラム缶風呂を沸かして体を温めた。

翌朝は快晴。積雪によって登山道は消えていたが、頂上辺りが見えていたので雪を掻き分けながら登った。やっとの思いで尾根に辿り着いたが一メートル以上の積雪、「足跡ではなく股跡ができる」などの冗談を交わしながらも頂上に着いた。

辺り一面は銀世界。そこで登頂記念にと用意していたトリスウイスキー・ポケットサイズ瓶をリュックサックから取り出し、二人とも一口ずつ飲んだ。この残りのウイスキーが後で役立った。しかし、昼食は大雪のために飯ごう炊さんが出来ず、スルメを噛んでその場を凌いだ。

それからの下山が大変であった。積雪一メートル以上の尾根筋は百メートル移動するのに一時間以上もかかった。さらに、尾根から下山する登山道は雪で見えず大体の見当で下るが、滑っては転倒を繰り返した。そのうちに辺りが暗くなり、疲労と空腹と寒さのために雪の中に座り込み眠りたくなった。M君も「眠りたい」と言い出した。わたしは雪の中で眠ると死ぬ話を聞いたことがあり「M君、起きろ」と叫んだ。

そのとき、ハッと残したウイスキーを思い出し、一口飲んだ。そして、何気なくウイスキーを手につけて擦ると温かくなった。顔につけて擦っても温かくなった。それをM君にも勧めた。

二人は再び月明かりの斜面を下った。所々の雪面に残るノウサギの足跡を頼りに、それに沿って滑り下りた。全くの第六感で下山したが、やがて見覚えのある谷間に辿り着いたとき「助かった」と思った。五良津詰所に着いたのは夜半であった。

二人とも疲労が甚だしく用意してくれた食事もそこそこに眠りこけ、目が覚めたのは翌日の午後であった。

五良津詰所では二人の下山が予定より大幅に遅れたので捜索に出ようかと相談していたようであった。大変なご迷惑をかけてしまった。この大失敗を肝に銘じ、それ以降はどんな小規模の登山でも事前調査をし、綿密な計画と準備、そして天気予報の収集を忘れることはなかった。因みに、

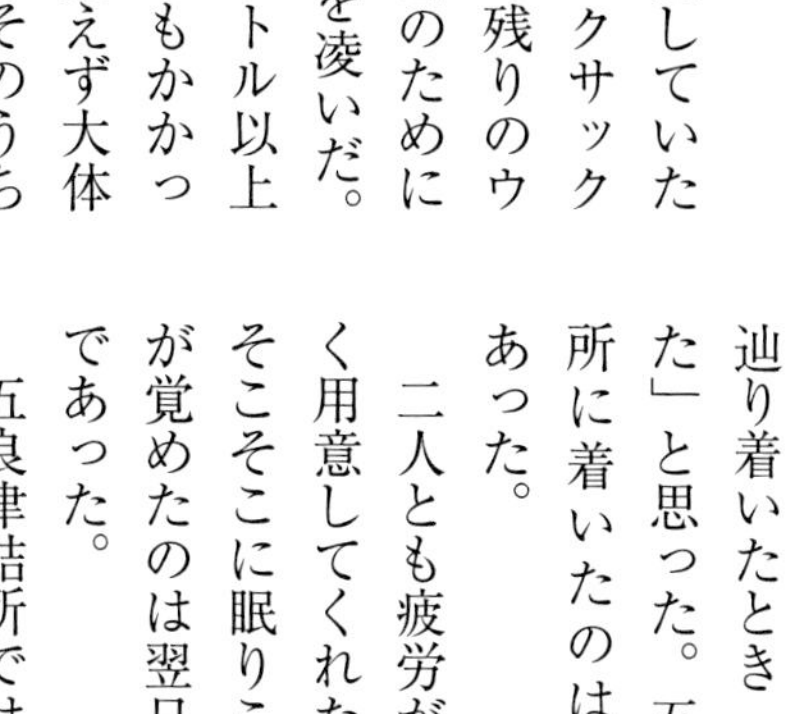

大雪の東赤石山を歩く
（昭和29年1月15日）

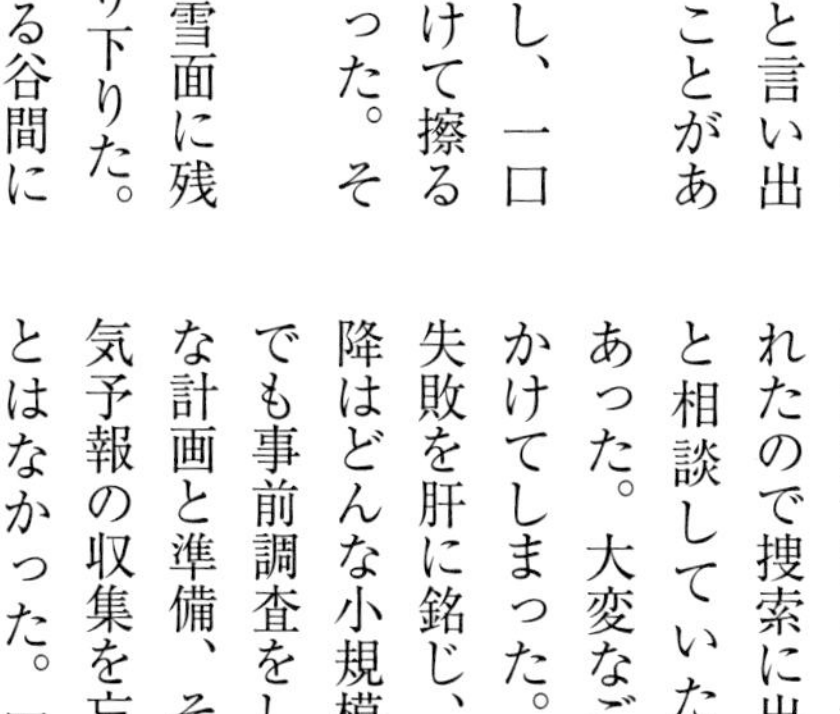

東赤石山の頂上で、
ウイスキーを一口飲む

M君はそれ以来すっかり元気になっていた。

海への誘い　厳しくしごかれた向島

在学中に理科専攻の学生は臨海実習という集中講座を受ける必要があった。臨海実習は海に生息する生物を材料にして観察や実験の基礎能力を高める実習である。理系の大学はどこでもやっていたらしい。当時の香川大学には臨海実習の施設がなかったので、わたしを含めて十名の学生は昭和二十年七月下旬から八月上旬に、広島県尾道市向島町にある広島大学理学部附属向島臨海実験所で実習を受けた。

このときの引率指導は植物生理学専門の国分　寛助手（後に香川大学名誉教授）であった。福島県出身の国分助手は昭和二十五年に東北大学を卒業し、昭和二十七年五月香川大学に着任された。失礼だが兄貴のような感じの先生であったので、誰となく〝分々さん〟と呼んでいた。

向島臨海実験所では様々な実習をした。夜明け前、船を沖に出しプランクトン・ネットを海中に投じてプランクトン（浮遊生物）を掬い、持ち帰って顕微鏡で覗きながら正確にスケッチする作業をした。これが数日間続いた。また、採集してきたムラサキウニから卵を取り出し、人工授精をした後に受精卵を顕微鏡でスケッチする実習もした。受精卵が発生し幼生になるまでを発生段階ごとにスケッチをする作業は時間がかかり、徹夜もしなければならなかった。不思議なことに、この実習後にはスケッチが一段とうまくなったような気がした。

このような実習を〝分々さん〟に厳しくしごかれた。〝分々さん〟は東北大学在学中に青森県青森市浅虫にある東北大学理学部附属臨海実験所（現・東北大学付属海洋生物学研究センター）で厳しい実習を受けたようで、学生たちにも同じを体験させようとした親心があったらしい。

実習期間中に向島臨海実験所長瀧　巌教授によるマダコの解剖実習を受けた。瀧教授は軟体動物の権威で知られた学者であった。先ず瀧教授がマダコの解剖をされた。そのときのメスとハサミを扱う手際のよさは正に芸術的であり、わたしは見惚れてしまった。それを真似てマダコを解剖したが、そのようにはいかなかった。後年、わたしが中学校でカエルや魚などの解剖授業をすることとなり、その事前にはメスとハサミを扱う練習を何回も繰り返して、生徒たちを感動させるよう努力した。

海への誘い　豪快な魚博士

わたしは、昭和二十八年七月下旬から八月上旬に、高知県土佐市宇佐町にある高知大学附属臨海実験所（現・高知大学海洋生物教育研究センター）においても臨海実習を受けた。このときは、国分助手はもとより小野教授や矢崎助教授も同行され、参加学生は二十三名もいた。

前年に向島で受講していたわたしは別行動をとった。伝馬船を借りて浦ノ内湾（横波三里）でウニ類を採集し、実験所に持ち帰ってムラサキウニ、バフンウニ、ガンガゼなどの交雑実験を楽しんだ。もちろん、このときにウニの殻を割って卵を存分に食べたことはいうまでもない。これがわたしのウニ食の出発点になった。当時、浦ノ内湾の海水はとてもきれいで、潜ると色鮮やかなヒトデ類や熱帯性魚類などの群れに魅了された。「何と美しい海だろう」と思ったが、今、その海はどうなっているだろうか。

この実習中に、突如、高知大学の蒲原稔治教授が実験所に現れ、今夜の香川大学と高知大学との合同コンパに出席されるという。当時、蒲原教授は日本でトップの魚博士と知っていたから胸が躍った。

高知大学附属臨海実験所で学者２人
（左は蒲原稔治教授、右は小野嘉明教授）

コンパが始まる前、蒲原教授は獲れたてのカツオを片手に持ったまま、出刃包丁で三枚に下ろしていたから驚いた。そして、手際良く刺身を造った。それがコンパの肴になった。

コンパでの蒲原教授は、常に浦戸湾などで魚の採集をしているためか日焼けしたお顔であった。そのお顔を和らげて豪快に酒を飲み、酔うほどに衣服を脱ぎ棄てて褌一つになって踊り出した。わたしはそのとき、「蒲原教授は坂本竜馬に負けない土佐人だなぁ」と思った。その強い印象からか、蒲原教授の不朽の名著『原色日本魚類図鑑』を今も大切に愛用している。

ウサギの解剖した教育実習

教員養成の大学では教育実習は必修である。わたしは四回生のときに附属高松中学校で四週間の教育実習を受けた。数時間の授業をした後に綜合実習という採点される授業をしなければならなかった。当時、「人のからだ」という内容を指導していたが、指導教官から綜合実習では「消化器」の授業を命ぜられた。

この授業では、カエルの解剖をして内臓を理解させるのが通例であるが、わたしは内臓が大きくて分かり易く、しくみが人体により近いウサギを解剖しようと考えた。指導教官の許可を貰ったので、当時、中野町の稲荷神社の手前にウサギやモルモットを売買する店があったので、そこでウサギ十頭を購入した。そのウサギを麻酔して、生徒たちに解剖させた。生徒たちは大喜びしたが附属の教官たちは驚いていた。

もし、今であれば親たちが生命の尊重とか何とかの理由をつけて大騒ぎするだろうか。因みに後年この学年の生徒の中から多くの医師や薬剤師を輩出した。

五球ラジオの組み立て

昭和二十八年十月十八日の未明に学芸学部で火事があり、物理学教室棟が全焼した。わたしはラジオのニュースで知り駆けつけた。当時は「物理実験」を受講していて課題であった組み立て中の五球ラジオを置いていたからである。ラジオは灰燼に帰したが、講座が再開すると改めてラジオを組み立てた。講座では理論的に考えながら組み立てなければならないが、部品を配線図通りに半田付けすると音が出るところが気に入った。

この年はテレビの試験放送や県下のラジオ屋などでの受像実験もあり、十月からの本放送に向けて受像機が売り出されていたが十四インチテレビが十七万円、十七インチテレビは十九万円であった。人事院が公務員の平均給与一万五千四百八十円に引き上げるよう勧告した時であったからテレビは高根の花であり、依然としてラジオの時代は続いていた。

昭和二十八年十月一日、高松でラジオ四国（現在の西日本放送）が開局し、ＮＨＫ、ＡＢＣ、ＮＪＢなどと共にラジオ放送を始めた。当時、ＮＨＫの『今週の明星』『なつかしのメロディ』『とんち教室』『二〇のとびら』『陽気な喫茶店』などの番組が懐かしい。

物理実験でラジオを学んだお蔭で、卒業後にはラジオ屋で部品のトランス、真空管、コンデンサー、抵抗などを買い求め、シャシーに組み立てて中学校の生徒たちに聞かせていた。なお、昭和二十九年の年頭には、五球スーパラジオが九千九百円以上、六球スーパラジオは一万六千八百円、電気洗濯機二万七千五百円、アイロン三千三百円、電球五十五円、単一電池四十円が売られていた。電気製品の価格が高い時代であった。

就活もなかった就職

四か月後に卒業を控えた昭和二十八年十一月十五日の四国新聞に、来春の香大学芸学部新卒生就職状況の記事が掲載された。それには、「卒業予定者約二百五十名の就職の見通しはあまり芳しくなく教授連は県内外の求人開拓に努めている。今のところ就職予定者は県内四十、大阪二十一、岡山三十、東京二十、その他合わせ約百名」と書かれていた。わたしは暗たんたる気持ちになった。大学では北海道の教員採用の説明会もあり、給与と同額に近い石炭代と称する地域手当に魅力もあったが未知の土地へ行く勇気はなかった。

その一か月後の十二月二十日の同紙には、「香大学芸学部新卒生新規採用増える?」の見出し記事が出た。その理由は児童生徒の激増と新恩給法の実施で退職者が増えるからと説明しているが、「取らぬ狸の皮算用」という寸評も付け加えられていた。このように先の見えない報道があったものの事情が分からないので益々不安になった。

年が明けて昭和二十九年一月、近くの峰山に登って市街地を遠望しながら教員以外の就職の道も真剣に考えた。

そして、昭和二十九年三月三十一日、わたしは香川県教育委員会から採用通知を受け取った。翌日の四月一日に教職員異動の新聞発表もあり、わたしの名前を何回も見直した。報道では約五百名の教員志望のうち、新規採用は二百四十名のようであった。当時は今のような就活もない時代、天から与えられた贈り物のような感慨を覚えた。

四、新しい出会いと新しい道が開けるチャンス

わたしは昭和二十九年四月一日の辞令で小豆郡北浦中学校教諭を命ぜられ、月額九千三百円の給与で赴任した。その当時、小豆島では映画『二十四の瞳』のロケが始まっていた。それから三十八年間、主に中学校に勤めて平成四年三月に定年退職をした。その後は香川県立保育専門学院、香川大学教育学部、高松短期大学文化講座などの非常勤講師をさせていただきながら現在に至った。

わたしは、卒業後も母校の香川大学に度々足を運び、

今も訪れている。教職の身であったから教材について教えて貰ったり、先生方に講演会の講師をお願いすることも度々であった。ときには、特別の用事がなくても先生方の研究室を訪れてお茶をいただきながら、どんな本や雑誌が出たとか、誰がどんなことをしているとかの世間話のなかで情報をたくさん貰った。

昭和四十一年に学芸学部は教育学部に名称が変わった。そして現在の香川大学は、教育学のほか法学、経済学、医学、工学、農学の六学部に規模が拡大した。

平成二十年十一月一日に、「母校に帰ろう・ホームカミングデー」という催しが大学と同窓会連合の共催で行われた。タイトル通り、「卒業生の皆さん母校に帰ろう」という趣旨であり、多数の卒業生が参加した。午前中は各学部でキャンパスの見学をし、午後から教育学部に集まって歓迎式典の後、特別講演、懇親パーティが行われた。このときの特別講演にわたしが指名された。わたしは、「自然を見つめて五十年」の題でお話したが、その大部分は学生時代の思い出話になった。後の懇親パーティでそれが良かったと喜ばれ安心した。参加者の中には、卒業以来五十四年、初めて会った方もいてお互いに感激し目を潤ませていた。

わたしは、今まで多くの後輩に「母校へ行こう」と勧めてきた。もちろん、他の大学の卒業生にも「母校を尋ねよう」と勧めてきた。そこでは新しい出会いがあり、新しい道が開けるチャンスも待っているからである。

ホームカミングデーで講演する著者（平成20年11月１日）

喰い違った証言

米本　仁

名前が示すように米屋の九代目にもなっているわたしは戦争の落とし子と自認している。今では考えられないことだが、六人兄妹の五男坊のわたしは幼いころから兄たちにくっついて猿真似をしながら成長していったものだから、長ずるまで自我意識というものがなかった。戦争が終わって目標としていた前を歩いていた兄たちが戦死や殉職で全ていなくなるし、両親は悲しみの極限に達してオロオロしている。

丸亀中学四年で強制的に繰り上げ卒業させられ兵隊予備軍の立場にあったわたしの考えることは、如何に国のために役立つべきかであったのが、〝国破れて山河あり〟ではわが家は滅茶苦茶に狂わされ、未完成のわたしが中心に据えられてしまった。

「よし、これがわたしに与えられた試練なら受けて立とうではないか」と、開き直りの番狂わせ人生が始まった。先ず両親に生きる希望を持たすべく、長兄の意志を継いで医師になるためには不勉強であったので時間的余裕を求め、三年間の浪人生活を送ったものだが、この期間はわたしに辛抱することと、ものを考える習慣を与えてくれた。

苦節二十年、四国で唯一の新設医大で学び始め関連病院で数多くの研修の機会を与えられ、両親にしても番狂わせの後半人生に教育費の捻出に苦労させられたものと同情していた。

古い商家を壊して古里で開業したのが昭和四十三年夏、診ることを拒まず医療技術は自他ともに認めるところで、人の何倍もの仕事をしていたものだから収入が多いのは当然のことで、個人情報とかプライバシーなど面倒なことをいわれなかった時代だったので、管内税務署の個人所得公表では常時上位にランクされていた。病院利用者の老齢化を身近かに見ていると、保健と福祉は分離すべきものではないと早くから施設福祉事業にも手を染め始め、幸い後継者にも恵まれたのでわたしの原点を振り返える余裕が出て来た。

長兄の遺骨は南溟の果てに朽ち、わたしの番狂わせにさせた人生を強いた太平洋戦争の後始末も自分なりに整理すべきだと考えて、県下に住むソロモン戦線で戦没した将兵の遺族ならびに生還者をあわせた、約二百人の会員を擁する香川ブーゲンビル会（香川ブ会と略）を創設して、遅ればせながら現地での慰霊碑建立に始まり、遺骨収集や慰霊巡拝などの諸行事に取り組んだのが病院開設十年目からである。

　昭和十八年（一九四三）六月上旬から十月上旬にかけて、ガダルカナル島から中部ソロモンの攻略を計画通り実施して来た連合軍は、次の目標に北ソロモンの攻略を当然のこととして選んだ。これに対してブーゲンビル島（ブ島と略）を防備する第十七軍は一個中隊の守備隊のみを配置していたタロキナに十一月一日、大挙上陸して強大な橋頭堡を築き、そのうえ滑走路も三本用意したものだから、北ソロモン戦線のみならずラバウル要塞も孤立化し、南太平洋の制空、制海権は完全に連合軍の掌中に落ちてしまった。そんな中での第二次タロキナ作戦は全島駐屯部隊の総力を挙げて実施されたものである。

　一機の飛行機も一台の戦車もない肉弾突撃が如何に憐れなものであるかは、近代戦のどの戦争展開をみても容易に理解されるところで、第十七軍司令官の回想録でも「司令部は最後の部隊とともに撤退したが途中、至るところに鉄帽、防毒面が放棄してある。誠に惨憺たるもので負傷兵や病兵が落伍して三々五々ぶらついている。か

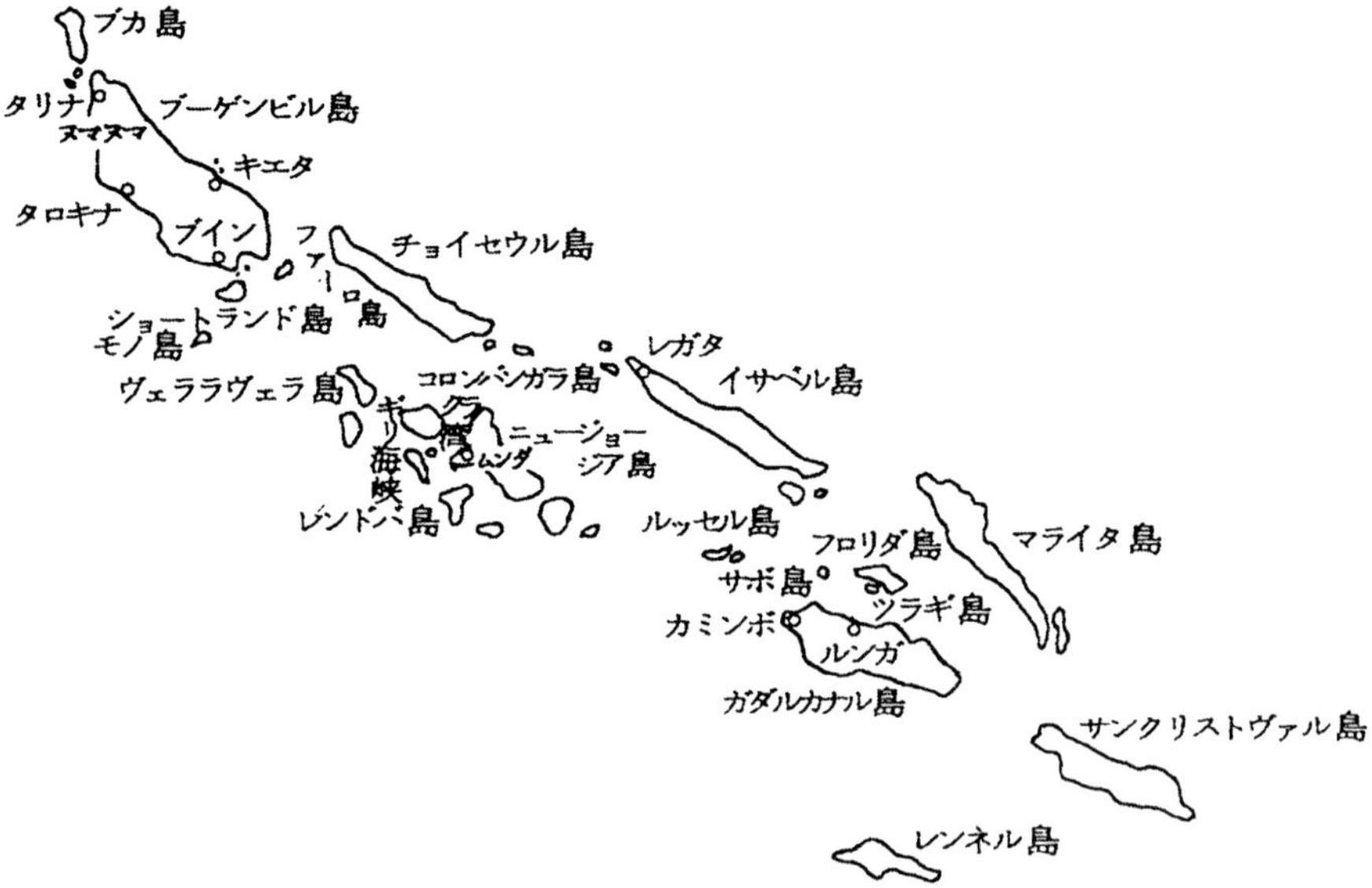

ソロモン群島

って、これが精強を誇った第六師団（熊本）だったのかと思うと、つくづく敗戦、否、飢えの恐ろしさを痛感した」と述べている。この作戦で戦死したもの長兄も含めて約五千四百名、戦傷約七千百名、合計約一万二千五百名（米軍の戦死は二百六十二名）が尊い生命を祖国のために捧げた。

それからは守りだけの北部ソロモン戦線であったが保有糧秣は殆ど消尽し、連合軍は太平洋中央突破に作戦変更したものの、ラバウルからの補給も途絶していたので甘藷の自活栽培で疲労と栄養失調から戦病者が多発していた悲惨な状況下に事件は発生した。

ウェーバー事件

このブ島には日本軍の進駐後も島内（四国の半分の大きさ）に居残った西洋人、中国人は二十数名いた。その中にはキリスト教宣教師として現住民たちの保護者となって布教を続ける者もあったが、連合軍の勢力範囲が拡大するのに伴ない敵側に奔るものが続出し、その諜報により我が軍の損害も大きくなっていた。当時、独立混成第三十八旅団駐留地区内にドイツ人宣教師ウイリヤム・ウェーバー神父がいて、本人の承諾のもとに憲兵隊長の指揮下に現住民の宣撫と教化を主任務としていたが、同盟国人の誼みもあってか我が軍への協力は熱心なものがあった。

戦況の悪化とともに優勢側に付こうとする現住民が離反逃亡し、敵第五列部隊と敵性現住民に襲撃される事件が頻発し、奔敵した宣教師や現住民の情報による爆撃目標もより正確になって来て、軍の玉砕ももはや間近かとの判断から内部にいる外人を一掃する指示が下され、ウェーバー神父の処断が下達された。憲兵隊長は長い間の協力者であり、自隊で処断するのに偲びないと申し出て、処断は現住民地区にもっとも遠い砲兵隊第四中隊駐屯地を処断場所に決定して神父を誘導して来た。昭和二十年五月初めごろのことである。

「命令が下って処断しなければならない。戦況は極めて不利で我々の玉砕も間近い」

と説明すると、一瞬、びっくりして怯えた表情で踉踉となったが、全局的な状況も既に承知してか素直に納得し、準備した処断場で祈りの時間が欲しいとのことで、彼の立ったままの敬虔な祈祷が続き、指揮班長の合図でウェーバー神父は後頭部を銃撃されて果てた。遺骸は中隊戦没者墓地へ鄭重に埋葬し十字架の墓標を建てて冥福を祈った。

このウェーバー神父処断のことは、昭和二十三年ごろになって発覚、豪州軍法務部に関係者らが呼ばれて事情聴取されたが、年末に至って巣鴨拘置所にB級戦犯容疑者として収監されたのは次の七名である。

第十七軍司令官　神田正種中将（既に本件以外の嫌疑で収監中）
同軍　参謀長　眞方勲少将
同軍　参謀　田巻和吉大佐
独混第三十八旅団長　木島袈裟雄少将
同旅団　参謀　若松繁好中佐
同旅団　砲兵隊長　藤江義一少佐
同旅団　砲兵隊第四中隊長　横山一三大尉

喰い違った証言

香川ブ会は季刊誌として会報を発行していたが、戦争に対する考え方や遺族の心情などについての内容がいいのかよく読まれていて、国内より海外からの反響が多い中でウェーバー神父殺害方法に異論が出たのが発端である。昭和四十一年七月に行われ始めた政府派遣第一回遺骨収集団員が撮影したウェーバー神父墓碑写真を附して、命令とはいえ意に沿わなかった事件として、その大要を会報に掲載したことがあるが、その碑文を虫メガネで判読したオーストラリアの退役将校ジョン・フエルサム大学教授が、かつてブ島での戦歴もあり、ブ島キエタ港近くに世界第三位の露天掘りパングナ銅山に勤務した経験もあった関係から、ブ島に深く関心を持っていて「お墓には斬首と記載されているのに日本側は銃殺といっている。どちらが本当なんだ？」とブ島のアラワ新聞に投稿してから大騒ぎとなった。

現地で農学校を運営しているパトリック修道士より送られて来たマリスト教会公式記録には、近くのタララ村の目撃者と同じくポーペ村の公教要理教師（カナカ・ティーチャーと呼ばれる現住民の布教助手）によって多くの事実情報が提示され、十二項目にわたる斬首確認証拠の記載と証人も生きているとの反論があった。この喰い違った二つの証言は、どちらかが虚偽の申し立てをしていることになるのだが、昭和六十三年五月に発行した六十頁におよぶ香川ブ会報第三十四号別冊「ウェーバー事件の真相は何か⁉」における、パトリック修道士より寄せられた証言に対するわたしの論評には、日本刀のあるべき姿や日本人の立場から日本軍側の証言を信じて次のように弁護した。

第四中隊建隊時には八十名構成だったのが敗戦時には三十名に過ぎなかったという酷しかった時代で、病魔と栄養失調で痩せ衰えた体力のない兵士に斬首という行為が出来ようか。斬首には日本刀を用いる因習があるとしても現場には三名の将校しかいないし、これを他人に貸したりもしないし、記録では九州に現存しているA兵長が三八式騎銃での後頭部への銃殺と証言している。現住民が常用している蕃刀と違って、日本刀は力で以って切るのではなく業で切るシャーベルと同じく指揮刀と解釈すべきもので、簡単に抜き放つことが出来ない権威溢れる誇り高きものである。

また、もし日本刀を斬首に用いたと仮定すれば刃こぼれが何か所も生じて指揮刀としての価値はなくなるし、現地では刀磨ぎもままならない。斬首している現場を見たという証言もあるが、指揮権のある将校が抜刀して指揮をとるとしても、指揮抜刀と斬首抜刀とではフォームがまったく異なるもので、かつて首切り族なる名称を与えられたことがない日本民族であり、古い昔のことはいざ知らず首切りの風習のない風土に育った同朋に、そうした非難を受けることは心外であるといわざるを得ないし、第一、立ったままの姿勢で斬首行為は出来たものではない。

胸の上に頭部が載っていたから斬首であるとする見解は医学的に論拠が極めて乏しいもので、戦後、捜査隊がウェーバー神父の浅い墓を開けて見て、この事実を斬首としたそうだが、彼らは医師ではないだけに切断されたという頭部側と躯幹側の断端面の所見が明記されていない。恐らく最初から斬首と決め付けていたものだけに、断端面や遺骸周辺の客観的記載は公式文書には記録はない筈である。

昭和二十年一月に戦病死した井原軍曹の埋葬からウェーバー神父の埋葬まで四名、ウェーバー神父の埋葬から敗戦まで二名の日本兵たちが、ある程度の広さがあるとしても同じ場所に埋葬されたとすると、複数の遺骸と遺骸とが重なり合って、ある戦没兵士の胸の上にウェーバー神父の頭部が載っていたということも十分考えられ、遺骨収集団が見付けた「井原」なる印鑑がその周辺に転がっていた証拠は、遺骸の劃然とした配列状況ではなかったことを示している。

まだある。近距離で三八式騎銃による後頭部銃殺の場合、頚椎々体を貫通していたとすれば、その他の頚部は軟部組織で成り立っているのに過ぎないので、頭部は簡単に胸部に載り得る解剖学的位置関係にある。従って、胸部にウェーバー神父の頭部が載っていたというだけでは斬首とはいえない訳で、斬首しているのを見たという証言もどこまで信憑性があるのか疑っていけば際限がない。

逃れ得ぬ鉄の軍律下にあった当時としては、軍命令によりウェーバー神父を銃殺刑にせざるを得なかったのだが、銃殺後、神父のものといわれる時計、衣服、祈祷書を横領着服したとあるが、腕時計は当時から日本兵にとって生活必需品であったし、私物の衣服は軍隊とは無関係のものであり、かつ、日本人の大部分のものは仏教徒であることから祈祷書など不必要で、全ての点においていいがかりも甚だしいといわざるを得ない。

直接、ウェーバー事件に関係のない香川ブ会ですら何通かの文書の上からも、日本刀によるウェーバー神父斬首説に対して示された根拠が極めて薄弱なものとして反論出来よう。ましてや、銃殺時に立ち合った数名の日本兵士にとってはとんでもない濡れ衣であって弁明なり反論の余地は幾らでもある筈である。心ならずも違った形で返って来たボールに対するわたしのいい分を、何回かのやり取りの末にパトリック修道士は理解され、和解を示唆するような便りが届いたのは八月下旬のことである。

便りの核心部分を述べると、痛ましい想い出を呼び起こして復員軍人を苦しめるつもりは毛頭もなく、現地では日本側の見解と違うと反論しただけで、自分たちの信条からいって他人に迷惑を掛けようなどと露ほども思っていず、我々は次のような立場に置かれている。

一、日本の復員軍人たちは銃殺であって斬首ではないと主張している横山中隊長と木村曹長を目撃者として了承する。

二、タララの村民たちは胸の上にウェーバー神父の切断された頭部が置かれているのを発見した。

不思議なことだが、我々は日本人の二人の証言もタララ村民の言葉も信じなければならない。今となっては立証不能のミステリーであるとするだけで、ウェーバー神父の名前を忘れないようにすることは大切だが、それによって苦悩を引き起こしたりしないことも大切で、これはそのままウェーバー神父の願いでもありましょう。罪を消されるべき第一の人はウェーバー神父自身であり、全てのマリスト会派の信者は心の底から彼と結び付いているので、ウェーバー神父は彼自身罪なくして日本軍に殺されたと、神父の無罪を認めて下さったことに感謝する。

そこで、我々としても日本国民に対する友誼と殺害関係者に対する特別の配慮として、ご提案通り斬首の語句を死刑執行に置き換えましょう。過去のことは過去のこと、お互いに許し忘れることに致しましょう。我々は皆さんの幸せと神の祝福を、ことにマビリから帰還された方々のために祈るとあった。

さすがにマスター・オブ・サイエンスの称号を許された修道士だけに、理路、情理とも間然とするところなく、お互いに信頼づくめでことを運べるとの読後感を深くした。なお、当方からの申し出の寄付金については、そちらの極く自然な、また、遺憾の意の表われとしての立派なお気持ちに対し、遠慮深い表現で受け入れを表明されていた。

和解への道程

香川ブ会として為るべき仕事は会員の親睦や慰霊祭、遺骨収集や慰霊巡拝ばかりが全てではない。過去の現地とのいさかいを一つひとつ解きほぐしていって将来への友好親善、ひいては世界平和への貢献に繋がなければ、あれほどの多くの犠牲は何だったのだろうかと問いたくもなる。たとえ鄙びた地に建っているにしても、永劫に残るような未来へのメッセージとしての不条理な碑文のようなものは、取り去って戴けるように要求出来るのも、戦争を引き起こし、戦後の処理をしなければならない我々世代の責任ではなかろうか。

いずれにしても亡くなられた人たちは生き還える訳ではないし、不本意でもこちら側の誠意以外に世の常として金銭的に解決する手段しかないので、香川ブ会報第三十五号（昭和六十三年十月発行）に基金募集のための勧進帳として、全国に拡がるブ島にゆかりある方々を中心に発送した。四百名を越える方々から合計四百七十二万円の浄財が寄せられたが、一人ひとりの金額の多寡は別問題としても発送部数の五分の一に近い高率に協賛を戴いたのは、主催者側の行為に共鳴して下さったものとして有難く感謝している。

ところで、かつての侵略国が勝手に線引きしていたのが、太平洋戦争を切っ掛けに数多く独立した国々の一つにパプア・ニューギニア国がある。地理的、人種的、経済的その他の因子が重なり合いながら何とか国家として成立しているとしても、その結び付き方は脆いもので、平成に入って十三年間にわたり本国と北ソロモン自治州の間でブーゲンビル紛争が起こって、往来が途絶してしまった。

この紛争の期間はわたしの老化と老人病が一段と進行した年齢で渡島は無理な状態となり、大学一年生のときからわたしの右腕としてブ活動を支えてくれていた甥の加納一三君（西武文理高校教務部長）に、全面的に委嘱せざるを得なくなった。現地との交渉なり実務的な話し合いになると、国際感覚の豊かな、名実ともに逞しくなった一三君の方がわたしよりも遥かに優れ、逆に古典的日本人として老化して来た立場では邪魔になる可能性があり、動くことも億劫となり、丁度、ブ紛争はわたしにとってけじめが付いてよかったと思っている。

それから一三君は毎夏のように慰霊巡拝、遺骨収集のかたわらウェーバー問題解決に向けて活動するなか、偶然にも大学同級の沓掛暁氏が国際協力事業団職員としてブ島で培った地元の人々との信頼関係と、堪能なピジン英語（五百種類もある現地語と英語、ドイツ語でチャンポンになった共有語）が凡ゆる場面で力となり、協力してくれたからこそ様々な局面を乗り切ることが出来たのも、不思議な人の縁としかいいようがない。

この二人が碑文の訂正は勿論のこと、マリスト教会本部でヘンク・クローネンベルグ司教と何回となく折衝して、ウェーバー神父が存命中に実践していたのも村々の指導者を養成していた関係もあって、そのマビリ教会に全島の教会責任者を集めて再教育する二百人収容のウェーバー神父記念ホール建築に基金を投入することで話が纏まり、一年半を要して完成、いよいよ最後の仕上げである。

教会永久保存の公文書記録も斬首を銃殺に書き変え、香川ブ会報を参考に日本側の目撃証言を、さらに後日行われる予定の譲渡式典内容も附記して戴いて、ブ島における日本軍の汚点を全て抹消した功績は筆舌に表し得ない誇りとして、両君の胸深くに刻み込んでいる筈である。最後に加納一三君の書いた「ブーゲンビル調査日誌」から譲渡式当日の模様を要約して締め括ることにしよう。

平成十六年八月四日（水）

長い一日がはじまった。ウェーバー神父記念ホール・オープニング・セレモニーの当日である。八時三十分、マビリに到着すると屋根つきの来賓席が完成していた。入口には黒い手とメカニカルな腕時計をした黄色い手が握手した絵、そして日章旗と北ソロモン州旗が描かれた横断幕がかけられ「歓迎・カガワ・ブーゲンビル会」の字が大きく、ホールの中央にも国旗が掲示されていた。

十時、州政府の車が到着、日本大使館富野総領事、州政府からはチアマリリ行政長官、ジエナルド副知事、タニス平和維持大臣そしてジョセフ・ガブイ州議会議長が降り立った。ブ紛争後のブ島を立て直している主要閣僚たちで、百戦錬磨の重量感と迫力のある連中である。

十一時、ほら貝の音を合図にピシ神父の歓迎の挨拶に続き入場行進がはじまる。顔に彩色を施した厳つい男性が弓を引く仕草を繰り返えしながら飛び跳ねて先導し、次に頭に白い鳥の羽毛を付け美しいコーラスを歌いながらの二人ずつ腕を組んで踊る若い娘たち、その後をレイをかけられた慰霊巡拝団二十五名のわたしたちがゆっくりと続き、最後は竹の楽器を吹き鳴らす男性陣である。大勢の人々が集まり既に四、五百人が行列を取り巻いている。子供から老人までみな楽しそうだ。ホール前に設置された来賓席まで行進がすすんだところで座席に案内され、司会者が日本側の挨拶を求める。

ホールを背にしてわたしが米本仁のメッセージを英語で読みあげた。これに対してピシ神父の答礼があってから和解の儀式である。足を縛って地面に寝かせた野豚に司会者に指示されるまま片足をかけ、教会側も神父をはじめ代表者数名が肩を組んで向き合い、行進を先導していた男が弓を教会側に、矢を日本側に差し出し、司会の合図とともに弓矢を折ると歓声があがった。和解が成立したのである。

「これでウェーバー神父事件に関し、もはや何の心配もわだかまりもなくなりました。お互いの対立も終わりました」

司会者の高らかな宣言で握手、そしてまた握手。次にカラフルな絵柄のついた布が掛けられた石碑の除幕、表は英文で「ウェーバー神父記念ホール」の文字と「ウェーバー神父ならびに戦没した島民、連合軍、日本軍兵士を弔う」という文章、

オープニングセレモニーを待つ、ウェーバー神父記念ホール

裏に同じ内容で日本文、高さ七十五センチメートル、幅七十センチメートルと形も大きさもホールによく合ったもので、丸亀市広島町の青木石が石材となった花崗岩は、このブ島の人たちは見たことがないようで石の美しさは大変好評であった。

法衣に身を包んだピシ神父がホールの周囲から木の葉に含ませた水を撒き祈りを捧げる。オープニングだ。玄関扉には乾燥させた椰子の葉に花を編んだ暖簾がかかりテープが張られていた。用意された鋏でテープカットし鍵を開け扉を開け放った。歓声が沸き、ふたたび女性陣がダンスとコーラスを添える。先ずは日本側の巡拝団の皆さんが入館し、州政府代表者、教会関係者が続く。内部には既に並んだ蝋燭に美しく火が灯されて、華やかに歌い踊る建物の外とは対照的に静かで厳粛な世界が演出されていた。

全員が来賓席に戻ると来賓の祝辞である。最初は富野総領事の英語による祝辞を頂戴した。続いて行政長官、副知事、最後はカブイ州議会議長である。

「今回のプロジェクトが国のレベルではなく民間レベルですすめられたこと、そして六十年も昔の出来事にもかかわらず日本の人たちが忘れずにいてくれ、誠意を持って、こうした活動をすすめてくれたことに感謝するとともに敬意を表したい」

と挨拶された。ブ紛争では革命軍側から独立運動を押しすすめ最終的には長引く紛争を収拾させた人物である。演説がうまく、人を引き付ける魅力を持ち、現在、島民からもっとも支持され間違いなく次世代のリーダーとなることを直感させる力強い信頼感があり、沓掛氏に祝辞の同時通訳を依頼する気配りが出来る人物でもある。

白髭の老人に率いられた子供たちが来賓席の前に整列した。日本式に深々と頭を下げる。老人の指揮で歌い始めたのは日本の歌。「日の丸」、「夕焼けこやけ」など、恐らくはその老人が戦争中に日本兵から教わった歌であろうが、今回、子供たちに教えたものであろう。「日の丸」の中の「日本の旗は」という部分は「ジャペニ（日本）の旗は」に変えられていたが、これも当時の兵士がそう教えたのに違いない。聞き終えて涙を拭っておられた巡拝団の方もいらっしゃった。それくらい純粋で感動的な歌だったと同時に、日本に帰りたかったであろう兵士の気持が「夕焼けこやけ」の「カラスと一緒に帰りましょ」という歌声から、時間を越えて伝わって来る気がしたとの感想をのちほどお伺いしたものである。最後に子供たちから折鶴が日本からの来客一人ひとりに手渡された。折鶴には「PEACE MABIRI」の文字。鶴の折り方も日本兵士が教えたものだろうか。思わず手の平に乗った折鶴をジーッと見詰めた。

セレモニーが終わり昼食が案内された。来賓席の横には魚や鳥の蒸し焼き料理をはじめ、ご馳走が盛り沢山に用意されていた。手に手にお皿を持ってご馳走にあずかる。食事は来賓席に戻り椅子でとった。目の前では次々と地元住民の歌と踊りが繰り広げられている。長さの異なる太い竹を束ねて順番に叩くと南国ムード一杯のリズムが奏でられる。手に持ち竹を叩いている道具を見ると靴底だった。小さな竹を並べた笛も掠れた音に味がある。女性陣が椰子の葉の扇子を持って楽しげに踊っている。扇子は膝に近いところで拍子をとっていた。

時刻を見ると二時を過ぎていた。ソハナの宿舎に戻るには三時間が必要だ。後ろ髪を引かれる想いで帰り支度を始めた。お世話になった神父さんやシスターをはじめ皆さんと握手してお別れをする。最後に走り寄って来たのは石碑の組み立てを手伝ってくれたタララ村の青年だった。にっこり笑っての握手だけだったが、彼は日本人と一緒に組み立てた記念碑のことを語り続けてくれるだろう。

新しいスタイルの戦没者慰霊施設が出来たと思う。地域の人々の生活の一部となる施設であり、集会、教育、布教活動を通じて大勢の人々がここに集い、その度にウェーバー神父ならびにブ島に眠る将兵たちに想いを馳せる筈だ。そのことが戦没者に対する大きな供養になると思う。また、志半ばで戦渦に巻き込まれたウェーバー神父の遺志は、施設の活用を通じて教会活動の内で末永く受け継がれ、これがウェーバー神父の最大の供養となるだろう。そして六十年を越える過去の不幸な出来事に対し、誠意を持って対応したことが日本に対する信頼感を醸成し、ブ島との友好関係を今後とも進展させるものと期待したい。

執筆者一覧

雨宮惠二（あめみや・けいじ）
一九三〇年、長野県伊那市生まれ。東京神学大学大学院修士課程修了（新約聖書神学専攻）。牧師として全国各地の教会、学校に於いて、宣教、牧会、教育に従事。七十歳にて隠退。現在、老人ホームにて閑居（不善はなさずと言いたいが、果たして？？）。

和泉幸男（いずみ・ゆきお）
一九四一年（昭和十六年）、善通寺市生まれ。昭和三十四年県立坂出商業高等学校卒業後、石油販売会社に十八年勤務。五十二年守口市議会議員二期六年、五十八年大阪府議会議員五期二十年（平成十一年第九十三代大阪府議会副議長）六十二歳で勇退後、現在、関西文化学術研究都市・津田サイエンスヒルズまちづくり協議会事務局長、大阪香川県人会理事、近畿坂商同窓会名誉顧問、NPO法人さぬき夢桜の会理事長、守口門真歴史街道推進協議会代表幹事。

糸山東一（いとやま・とういち）
一九三四年、東京市生まれ。九州大学大学院修了、香川大学教授、香川大学大学院教科教育学研究科教授、放送大学非常勤講師、高松大学非常勤講師、現在、香川県歯科技術専門学校非常勤講師、香川大学名誉教授。

井原彰一（いはら・しょういち）
一九四四年、東京都生まれ。東北大学医学部卒業。カナダ・オタワ神学校で哲学、スイス・フリブール大学神学部で神学を学ぶ。一九八〇年神父に叙階。上智大学神学部博士課程卒業後、一九九七年聖マルチン病院心療内科勤務。現在、聖マルチン病院院長。

岩瀬多喜造（いわせ・たきぞう）
一九三七年（昭和十二年）台湾台北市生まれ。東京大学法学部卒業、大蔵省入省、浜松税務署長、宮城県開発計画課長、北海道開発庁予算課長、大蔵本省各課長等を歴任後、青森県副知事、国税庁間税部長を経て退官、雇用促進事業団理事、あさひ銀行特別顧問、東京海上火災保険顧問。平成十九年瑞宝中綬章を受章。

片山泰弘（かたやま・やすひろ）

一九四三年、山口県宇部に生まれ三歳の時父の故郷観音寺へ。昭和四十二年岡山大学医学部卒業後本邦最後のインターン。昭和四十七年岡山大学大学院医学研究科修了、同年岡山大学泌尿器科助手。昭和五十二年玉野市民病院泌尿器科部長。同院副院長を経て平成八年同院病院長。岡山県自治体病院協議会会長、全国自治体病院協議会副会長、日本医師会病院委員等歴任。現在岡村一心堂病院顧問、玉野市民病院名誉院長、全国自治体病院協議会顧問、自治体病院共済会取締役。

國重昭郎（くにしげ・あきお）

一九三四年、坂出市生まれ。昭和三十五年徳島大学医学部医学科卒業、四十年徳島大学大学院医学研究科修了、四十一年香川県立津田病院内科部長、四十五年坂出市で内科医院開業。平成二十一年国重まこと医院名誉院長。坂出市医師会誌編集長、香川県医師会誌編集委員、香川大学教育学部附属坂出中学校同窓会初代会長、国際協会坂出ライオンズクラブ第四十代会長。現在、坂出市医師会理事・監事、坂出市教育委員・同市教育委員長、坂出市立瀬居中学校他七校学校医。

黒田一吉（くろだ・かずよし）

一九四九年、多度津町佐柳島生まれ。多度津町立佐柳中学校卒業後、大阪に集団就職。大阪府立藤井寺工業高校定時制課程卒業と同時に大阪府警察官を拝命。一九七五年、近畿大学Ⅱ部法学部卒業。一九九九年、警視昇任、大阪府東警察署刑事課長、大阪府警察本部刑事部暴力団対策課調査官、刑事部捜査共助課長、大阪府池田警察署長を歴任。二〇〇九年、大阪府警察第三方面本部副本部長を最後に退官。現在は、太陽生命保険株式会社参与として勤務。

桑島正道（くわじま・まさみち）

一九三七年、西宮市甲子園で生まれる。国民学校二年生で学童疎開のため香川県に来たことが縁で香川県に定住する。昭和三十四年香川大学学芸学部卒業後、香川県内公立小・中学校で三十八年間、さらに大内町教育長六年間、東かがわ市教育長を五年間勤め、平成十九年「文部科学大臣表彰」を受賞、平成二十一年には「瑞宝雙光章」を受章。

湖﨑武敬（こざき・たけよし）

一九三三年、高松市生まれ。大阪大学歯学部卒業、大阪大学歯学専攻科（口腔外科）修了後、口腔外科学教室入局。一九六九年高松市で湖崎歯科継承、医療法人社団湖﨑歯科クリニック理事長、二〇〇四年息子と交代し理事に。高松市歯科医師会会長九年間、香川県歯科医師会会長六年間務めた。大阪大学（医学部）・岡山大学（歯学部）・香川大学（医学部）非常勤講師。高松地方裁判所・簡易裁判所調停委員、高松地方裁判所司法委員。日本尊厳死協会常任理事、四国支部長。一九七二年より現在も警察協力医。二〇一〇年「旭日小綬章（保健衛生功労）」を受賞。

小林宏暢（こばやし・ひろのぶ）

一九三六年、高松市生まれ。京都大学医学部卒、横須賀米海軍病院でインターン後、京都大学大学院中退、米国で卒後臨床教育を受ける。フロリダ州ジャクソンビル市 Duval Medical Center で泌尿器科チーフレジデントを歴任、その後一年間 2nd year 外科レジデント。帰国後、京都大学泌尿器科助手。学園紛争渦中に帰郷、小林病院を父と共に設立。現在小林医院院長。

笹本正樹（ささもと・まさき）

一九三一年、静岡県下田市生まれ。東京教育大学大学院博士課程修了。専攻、教育方法学。現在、香川大学名誉教授。著書、詩集「愛のシスコ」、歌集「爪木崎」「オリーブ岬」、小説「さくらんぼ分教場」「少年夢二帖」、評論「北原白秋論」、学説「現代修辞的教育学」「斉藤喜博の教育美学」、対談「心のとじ糸」など。四国詩壇選者、平成相聞歌選者、香川菊池寛賞選考委員。

塩田博文（しおだ・ひろふみ）

一九五三年、福島県東白川郡棚倉町生まれ。神奈川歯科大学卒業。郷里棚倉町にて塩田博文歯科開業。塩田義塾塾長・義歯作りや歯科医院の経営の講師。歯科医師・行政書士。

高徳敏弘（たかとく・としひろ）

一九五五年、香川県綾歌郡宇多津町生まれ。一九七七年、岡山大学法文学部法学科を卒業し、同年に香川県職員となる。香川県人事課人事管理室長、子育て支援課長、交通政策課長、健康福祉総務課長、県大阪事務所長を経て、現在は香川県監査委員事務局長を務める。高松市在住。

高橋　幹（たかはし・つよし）

一九四三年（昭和十八年）、岡山市生まれ。昭和三十七年 丸亀高等学校卒業。昭和四十五年 岡山大学卒業。平成元年 坂出市で高橋内科医院開業。

武田和久（たけた・かずひさ）

一九三二年、岡山市生まれ。昭和三十二年岡山大学医学部卒業、昭和三十七年岡山大学大学院医学研究科終了、同年第一内科入局、昭和三十八年米国テネシー州ヴァンダビルト大学研究員、昭和三十九年ニューヨーク州オルバニー医科大学研究員、昭和四十二年岡山大学医学部第一内科助手、昭和四十五年セントルーイス大学医学部客員教授、昭和五十一年岡山大学第一内科講師、昭和五十五年香川大学保健管理センター教授、平成三年岡山大学医学部公衆衛生学教授、平成十年退官、岡山大学名誉教授、現在老健康施設仁和の里施設長。

津森　明（つもり・あきら）

一九三四年、高松市生まれ。関西大学法学部卒業。四国新聞社取締役東京支社長、事業局長、常務取締役などを経て高松短期大学秘書科教授、高松大学生涯学習教育センター長、高松市歴史民俗協会会長他。

内藤達郎（ないとう・たつろう）

一九四一年、広島市南区生まれ。一九四五年爆心地より四・八㎞で被爆、一九六五年広島国泰寺高校（定時制）卒業、一九七三年デンタル・ラボラトリー開設、一九八八年広島県歯科技工士会会長、二〇〇〇年広島大学法学部（夜間主コース）卒業　法務コンサルタント部併設、二〇〇五年広島大学大学院社会科学研究科（社会人選抜コース）修士課程修了、二〇〇九年ヒロシマ平和学習講師。著書に「歯科の歴史への招待」「社会保障の市場化・営利化と医療保障制度改革の方向」、「歯科技工士の歯ぎしり」「写真集・地球一周の航海」「写真集・石内の四季」、「たっちゃんの関係法規　インターネットサイト」http://www.kawashima-world.com/regulations/top.html」、法務コンサルタント（法学士、経済学修士、労務管理士、歯科技工士）。

西岡幹夫（にしおか・みきお）
一九三六年、山口県出身。山口県立医科大学（現山口大学医学部）大学院修了、山口大学助教授、香川医科大学教授、愛媛労災病院院長などを経て、現在、岡村一心堂病院顧問、ＮＨＫ文化センター高松講師、高松大学生涯学習教育センター講師、香川医科大学（現、香川大学）名誉教授。

藤井洋一（ふじい・よういち）
一九三一年、さぬき市生まれ。法政大学経済学部卒業。公立学校勤務、多和小学校校長を退職後、ＮＨＫ文化センター高松講師、香川大学非常勤講師、かがわ長寿大学講師、早稲田大学文学部非常勤講師などを歴任。現在、日本民俗学会会員、高松大学生涯学習教育センター文化講座講師他。

宮武正弘（みやたけ・まさひろ）
一九三一年（昭和六年）旧関東州城子童生まれ。昭和二十一年十月二十日日本に帰還。昭和三十二年徳島大学医学部卒、玉造厚生年金病院医員、徳島大学整形外科病棟医長、高松赤十字病院整形外科副部長、四国中央病院整形外科部長、医療法人弘仁会三条整形外科スポーツクリニック理事長。県知事表彰、警察庁長官表彰、平成十九年叙勲瑞宝雙光章受章。香川県警察医会会長、香川県警察協会理事長、日本警察医会評議員、香川県医師会裁定委員会委員。

村井直樹（むらい・なおき）
一九三九年（昭和十四年）、中国、上海生まれ。昭和三十九年九州大学医学部卒業後、第三内科に入局。門司労災病院内科を経て、現在、池友会福岡新水巻病院健診室勤務。副作用情報誌「正しい治療と薬の情報」編集委員。

山本正幸（やまもと・まさゆき）

一九三二年、高松市生まれ。香川大学学芸学部卒、県内国立・公立中学校勤務。定年退職後、香川県立保育専門学院講師、香川大学非常勤講師、高松大学生涯学習教育センター講師、現在、環境省希少野生動植物種保存推進員など。

米本　仁（よねもと・ひとし）

一九二八年、丸亀市生まれ。昭和三十五年徳島大学大学院医学研究科修了。昭和三十八年国立善通寺病院外科医長、四十三年丸亀市で厚仁病院開業。現在医療法人社団厚仁会名誉理事長。

あとがき

今回は香川県外からも、また牧師や神父をはじめ多くの方々から原稿を戴いた。

幼年時代、軍国少年の思い出、学徒動員の実態などを軍歌に託して語られた雨宮、笹本証言を筆頭に、出身地の県内では高松市、善通寺市、宇多津町、さぬき市、佐柳島（多度津港から約五キロの海上にある塩飽七諸島のひとつ）、県外では大阪、岡山、広島、九州、さらに上海、台北、旧満州関東州などの外地での貴重な証言ばかりである。

台北市でも終戦前には灯火管制、米国の空襲、児童の集団疎開があったが終戦後は他の外地と違って台湾人は日本人に危害を加えることはなかったし上海でも終戦後も半年ばかり小学校に通うが特に危害はなかったという。一方、撫順市ではソ連の空襲が始まると混乱をきわめ、また終戦後は中国兵が日本人に銃を向けるなど目に余る行為があったらしい。中国吉林省南西部にある通化市では千人以上の日本人を虐殺する事件が昭和二十一年二月九日に起こり、このような敗戦国民を虐殺した事件は世界にないのではないかと証言されている。なお、この宮武証言では、貴重な地図ならびに筆者自筆のスケッチの多くは枚数の関係で四枚のみしか掲載できずおわびしたい。

昭和十九年六月、徳之島沖を航海中の輸送船、富山丸がアメリカ潜水艦の攻撃を受け、沖縄守備要員の三千七百余名が犠牲となった。今もなお遺族が集い、徳之島でその慰霊祭が行われる。桑島証言では富山丸に乗船した父親の無念の戦死、最後の瞬間について述べられている。

ソロモン群島の一つブーゲンビル（ブ）島で起きたウェーバー事件、戦没者慰霊施設であるウェーバー神父記念ホール設立の経緯などの米本証言を知り、ブ島との友好関係が今後とも進展することを期待したい。

軍都広島とヒロシマに変容した日についても語られ、原発は「昭和」の問題でヒロシマへの裏切り、ヒロシマからフクシマへと続くと内藤証言は言う。

一九六〇年代を回想した高橋証言では「人間の不安は

科学の発展から来る。進んで止まることを知らない科学はかつてわれわれに止まることを許してくれたことがない。（中略）どこまで伴れて行かれるか分からない。実に恐ろしい（行人）」と夏目漱石の言葉をかりて感慨を語られている。わたしも漱石のこの言葉で本稿を終えたい。

最後に、ご多用中、ご執筆いただいた各位、ならびに、六名の執筆者をご紹介下さった大阪香川県人会、和田弘毅会長に深甚なる謝意を表すると共に美巧社の田中一博氏にご高配を賜り厚く御礼申し上げたい。

平成二十三年十一月吉日

編集者代表　　西岡　幹夫

昭和わたしの証言Ⅲ

平成二十四年一月一日　初版発行
令和二年八月十五日　再版発行

編著者　津森　明
編著者　西岡　幹夫
発行者　池上　晴英
発行所　株式会社　美巧社
〒七六〇―〇〇六三　香川県高松市多賀町一丁目八―一〇
ＴＥＬ　〇八七―八三三―五八一一
ＦＡＸ　〇八七―八三五―七五七〇
印刷・製本　株式会社　美巧社

ISBN 978-4-86387-122-9　C0023